DOROTHEUS OF SIDON
CARMEN ASTROLOGICUM
The 'Umar al-Tabarī Translation

西頓的都勒斯
占星詩集
（烏瑪・塔巴里譯本）

Benjamin N. Dykes, PHD.
班傑明・戴克 博士

英文編譯

陳紅穎 Rose Chen

中文譯

致謝

—

我要向以下朋友與同事致謝，
名字以字母順序排列：
克里斯·布倫南（Chris Brennan）、
奧內爾·多塞（Öner Döşer）以及
埃杜阿爾多·格拉馬格利亞（Eduardo Gramaglia）。

目錄

第一冊　成長與生命狀態

第二冊　論婚姻與子女

第三冊　論釋放星與居所之主：壽命的主管星與徵象星

第四冊　流年推運、疾病、死亡與過運

第五冊　論問題

圖示目錄

出版序
追溯占星知識的源頭

—

韓琦瑩 Cecily Han
SATA星空凝視文化事業 發行人

自埃及的托勒密一世國王（統治於西元前305-283年）在亞歷山大城建造大型圖書館時期，埃及已有造紙技術。輕盈的莎草紙取代了笨重的泥板，文字的應用也已深入日常生活，引來各種文具商和抄寫員，促進了知識的傳播。埃及更成為優秀學者與科學家薈萃之地，也激發了活躍創意，約於西元前一世紀時出現了希臘占星學——天宮圖式的占星學。

希臘占星發明者不是憑空想像而建構占星系統的，他們引用的資料，是從西元前三千多年起，在美索不達米亞地區的各個民族記載存於泥板上的星象資料。其中最具代表性的是巴比倫人，他們從西元前十六世紀開始，以標準記錄形式彙整一系列星象與獨立事件的關聯，成為巴比倫天文占星大全。西元前597年，巴比倫攻陷猶太王國帶回大批菁英作為俘虜，反而讓猶太人有機會一窺這些觀星資料。之後波斯人於西元前539年攻陷巴比倫，這些資料又被波斯人所獲，爾後再傳到當時波斯的領土埃及，以及北印度（現在的巴基斯坦）。所以這些資料在東方被翻譯成為梵文，在西方就被翻譯成埃及文或希臘文保存下來，成了希臘占星學的基礎內容。

為何希臘占星被稱為天宮圖式占星學呢？因為從美索不達米亞

流傳下來的占星資料係以一種星象對應一個獨立事件，被稱為預兆占星，主要觀察天象推知世運。直到西元前七至五世紀，才開始有本命占星的概念，主要的內容是以出生日期的日、月與其他行星在黃道位置所組成，還未考慮恆星，也沒有提到ASC、MC、宮位等位置。而天宮圖式的占星學開始以本命占星為重，加入了ASC、MC、宮位以及更多細膩的內容，成了新穎複雜的天宮圖占星學系統。

不像現代人用盡各種怪招想出名，希臘占星學的發明者發表著作卻未留下自己的名字，反而以智慧之神赫密斯，或是法老王與祭司的名字——尼切普索與佩多西瑞斯（Nechepso & Petosiris）等名發表，據推測可能的原因，是要讓這門知識連結到古老的埃及神話，增添神秘性與歷史感。然而，這些著作也都佚失了，他們的主要占星理論，只能從之後的希臘占星家的著作所保存的內容看到。

西元一世紀初，羅馬詩人馬可‧馬尼利亞斯（Marcus Manilius）撰寫了《天文學》（Astronomica），這是一部倖存下來的最古老的占星著作，完成時間是在西元14年羅馬奧古斯都大帝死後幾年。本書幾乎完整地應用了黃道十二宮、恆星和後天宮位，但行星幾乎未被提及，且馬尼利亞斯的書籍並非十分普及。

另外有幾位留下片段著作的占星師：

斯拉蘇盧斯（Tiberius Claudius Thrasyllus，逝於西元36年），為羅馬帝國的第二任皇帝提比略斯大帝（西元前42-西元37年）的宮廷占星師，他著有「皮納克斯表」（Pinax Table），雖然為後代的占星家所熟知，但很可惜僅有一個章節的內容被保存下來。

斯拉蘇盧斯的兒子巴爾比斯（Tiberius Claudius Balbillus，逝於西元81年），也擔任幾位繼任的羅馬皇帝的宮廷占星師。巴爾比斯曾寫下著作《占星學》（Astrologumena），但也只留下片段的內容。

　　維替斯·瓦倫斯（Vettius Valens，西元120-175年）在《占星選集》中還引用了克里托德穆斯（Critodemus）、圖克（Teucer）的著作，但完整內容並未流傳下來。

　　由上可知，與都勒斯約同時期（賓格瑞推測都勒斯的年份約為西元75年）的占星作者，多數只有片段內容，或者著作本身即非顯現占星學的完整架構（如馬尼利亞斯的著作未提及行星）。而都勒斯所撰寫的占星五書《五經》（Pentateuch），在新薩珊王朝，與托勒密的作品成為首批翻譯為波斯文的著作。《五經》內容大部份都出現在赫菲斯提歐（Hephaistion）西元五世紀初的作品中。西元八世紀後期，占星家塔巴里將古波斯文的《五經》翻譯成阿拉伯文，亦即現在這本書——《詩集》。因此，都勒斯的著作幸運地被保存下來。書中案例的年份是從西元前7年至西元44年不等，除了在巴爾比斯書中的兩個天宮圖之外，這些案例是已知以書寫形式所保存的最古老天宮圖。

　　著作影響後世甚巨的托勒密（Claudius Ptolemy，西元二世紀），在他所身處的時代他的著作並非廣為流傳，他的觀點也並非主流，反而是比他早了一世紀的都勒斯，他的作品呈現了西元前一世紀發明的天宮圖占星學系統，具有實證的案例，才是當時希臘占星學的主流之作，也是迄今現存的古典文獻中歷史最悠久、內容最完整的著作。戴克博士整合了希臘、阿拉伯及拉丁文的文本，並修訂了賓格瑞教授的英文譯本，經過細膩的比對還原出占星學源頭知識的巨作，SATA十分榮幸能成為另一種語言的傳承者，讓《占星詩集》繼續以中文保存下來。

本文參考引用資料：詹姆士·H.霍登（James. H. Holden）《占星學歷史》（*A History of Horoscopic Astrology*（中文暫譯)，第一與第二章。

英文編譯者中文版序

—

班傑明·戴克 博士

在古代有許多書籍會透過詩的形式教導重要的主題。西元一世紀末期，西頓的都勒斯以五冊希臘詩集教導占星學，而這本著作後來成為歷史上最具影響力的占星文獻之一。

直到幾十年前，都勒斯著作最原始的樣貌還是個謎。但大衛·賓格瑞（David Pingree）在1976年將僅存的阿拉伯文版本翻譯成英文，隨後占星師們開始以全新方式認識都勒斯的占星學。我們如今可以看到，波斯及阿拉伯時期的占星師所實踐的本命、擇時以及卜卦占星大多源自都勒斯。

然而賓格瑞的翻譯艱澀難懂，它十分需要專業占星師解釋其中的技術，並且與其它新近翻譯的文獻進行整合。有鑑於此，我又重新翻譯了都勒斯著作的阿拉伯文版本。

很高興星空凝視占星學院（SATA）能出版中譯本，讓更多華人讀者了解都勒斯以及他的偉大著作。《占星詩集》能夠幫助當代占星師們學習更多的古典占星技巧，而星空凝視占星學院中亦有學養甚佳的老師們協助你們深入了解本書。在此我特別感謝學院在翻譯出版中譯本的過程中盡心盡力的付出，我相信你們也會對此銘感在心。

推薦序

—

秦瑞生

天人之際占星學會顧問

　　西方傳統的神祕學，如占星學、鍊金術，大都傳說源自三重偉大的赫密斯（Hermes Trismegistus）。但他是何許人也？生在什麼時代？有何重要著作？人們從未見過詳細的論述或具體舉證。唯相信有這號人物及其思想學說的人，籠統地宣稱：占星學就是根據天上星體運行來預示塵世間人事吉凶的學問，它著眼於大宇宙與小宇宙的對應，即「天上如此，地下亦然」（As above, so below）———人們一般認為，這就是他所遺留的赫密斯文書的主旨要義。不久前逝世的羅伯特・修密特（Robert Schmidt，1950-2018）努力搜集古希臘化時期的占星文獻，進行翻譯、整理、註釋，對當今希臘占星學（Hellenistic Astrology）貢獻甚為鉅大。他完成的一項獨特的論斷系統，命名為赫密斯系統（The System of Hermes），或許源於他特別對赫密斯文書的認同之故。

　　西元一世紀以來，似乎已見現今天宮圖（Horoscope）形式的占星學出現，如當時羅馬宮廷占星師斯拉蘇盧斯。根據詹姆士・H.霍登《占星學歷史》第25-31頁所述，他們的著作都已提及ASC、MC及一些論斷法則的應用——可惜僅見斷簡殘篇，沒有完整的面貌。幸好這種遺憾並未停留太久。

　　西元一世紀至四世紀之間，西方占星學重要的扛鼎著作陸續出版，已出現完整具體的天宮圖占星學，採用整個星座宮位制（Whole

Sign House System）或有等宮制之遺緒。

一、本命內容：

1. 行星分成自然吉星和自然凶星。

2. 星座按地、水、火、風四大元素分類，也分成啟動、固定、變動三種模式。

3. 宮位分成吉宮和凶宮，四個敏感點ASC、MC（ASC起算第十個星座／宮位）、DSC、IC。

4. 行星隨發光體太陽及月亮而有晝夜區分，日間盤的火星、夜間盤的土星易呈現凶象。

5. 行星位於星座的強衰，廟、旺、三分性、界為強，而陷、弱則為衰。

6. 行星彼此之間的注視——相位（會合、六分相、四分相、三分相及對分相），而沒有注視——不合意（Aversion）易帶來不幸災難（有關相位尚有許多細節，此處暫時不談）。

7. 行星與發光體太陽及月亮之間的相對位置，如東出／西入，是否能被看見，順行、停滯或逆行等現象。

8. 行星應與吉星和其定位星有相位（即容納或互容），不宜不合意或定位星甚衰。

9. 行星不宜逢凶星壓制（Overcoming，又譯：支配），即它起算的第十宮內不宜見凶星。

10. 發光體太陽及月亮或行星能擁有護衛星（Spear-bearing），則顯示格局佳。

11. 希臘點（Greek Lots）——後來衍化成阿拉伯點（Arabic Parts）——的大量應用。

12. 恆星（Fixed Stars）。

二、大運流年（常用的）

1. 出生後各行星管轄的年歲（Age of Man）

2. 黃道釋運法（Zodiac Releasing）

3. 每個行星均等管轄十年九個月（Decennial）

4. 小限法（Profection）

5. 太陽回歸法（Solar Return）

6. 界行向運法（Direction by Term）／主限向運法（Primary Direction）

7. 過運（Transits）

　　希臘占星學的這些原本內容經中世紀阿拉伯時代的增益——特別是在卜卦和世運方面，而有新的技術與詞彙，返回歐洲後改採象限宮位制。十八世紀後又陸續增添天王星、海王星和冥王星，甚或小行星如凱龍星，相位吉凶改以相位形式為主，非行星為要，也增添一些次相位或小相位。二十世紀後現代心理占星頗為火紅，但如去掉十八世紀後增添的東西，希臘占星學所發展出的古典占星學仍顛撲不破。上述整理的本命／大運流年技術已是1800年前的具體內容，它們於占星復古運動後光華再現，驗證其技術頗令人信服，占星先賢的智慧絕對不容小覷。

　　在希臘化時期有四本是古典占星學界公證的經典之作，按出版時間序如下：

1、西頓的都勒斯的《占星詩集》又稱《五經》（因以五冊形式出版）。

2、克勞帝爾斯·托勒密《占星四書》（*Tetrabiblos*）以四冊出版發行。

3、維替斯·瓦倫斯《占星選集》（*Anthology*）。

4、費爾米庫斯·馬特爾努斯（Firmicus Maternus）《論數學》（*Mathesis*）。

　　除了《論數學》僅在拉丁文地區較風行、影響力較小外，其他三本都是曠世鉅作。其中托勒密被視為占星學之父，主因是他試圖建構占星學的合理科學基礎，承襲了亞里士多德「宇宙中心為地球」的觀點，提出均輪和本輪行星運動理論，這大致可以解釋行星逆行的怪異現象，他也因而贏得讚賞。另行星具有四種純質料——溼、熱、乾、冷的本質：木星、金星、月亮為熱、溼，具生產性，故為吉星；土星為乾、冷，具破壞性，火星為乾且熱過度，也具毀滅性，故土星和火星為凶星。又他將希帕恰斯（Hipparchus，約西元前190-120）所發現的歲差現象運用在黃道，即所謂回歸黃道（Tropical Zodiac）的模型中，其自然季節變化相當契合地球的四時遞變。西方占星學一直採用傳承自托勒密的回歸黃道，至今都沒改變過。托勒密對占星學的貢獻，就是以天文學的基礎觀察行星在天空中有秩序地運動，使占星學具理性基礎和穩定運作的原理。他的《天文學大成》（*Almagest*）雖是天文學發展史上相當重要的著作，卻說是為占星學而準備的。

　　但就占星學的技術層面而言，內容豐富且驗證性令人驚艷的，當屬都勒斯和瓦倫斯的兩本著作，尤其前者流傳更為廣泛，影響最為深遠。讀者可細讀本書序言所談及的相關脈絡，它幾乎是古典占星學著述的主要源頭。我們再補充巴西女占星家塞利薩·貝蘭赫爾（Celisa Beranger）整理的源流表，它發表在她的網頁 Espaco do Ceu 所載文章 *A Astrologia de Dorotheus de Sidon*（https://www.espaco-do-ceu.com.br/a-astrologia-de-dorotheus-de-sidon/）之中。圖表中相關時代及人物及年代可參閱修密特的 *Campanion to the Greek Track Part III*。

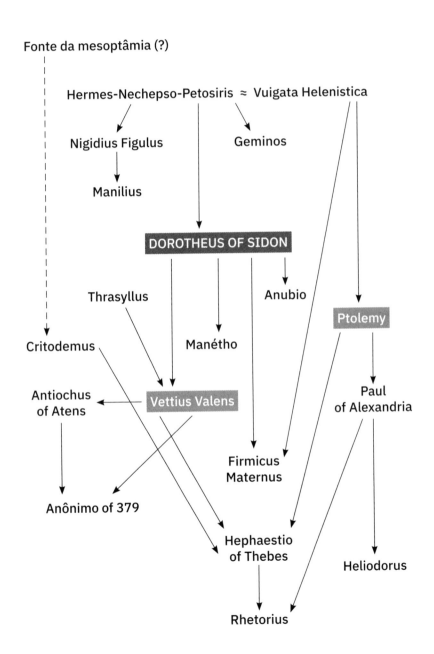

　　班傑明‧戴克博士近十五年翻譯出版的前期中世紀古典占星諸書，向來是我推薦給學員們必讀的書籍，尤其是想追尋或掌握占星學重要觀念和技術源流者，絕對會從中受益無窮。他出版的每一本書的前面序言，都以盡責態度努力爬梳該書流傳的脈絡及重點，書後附錄常勾稽比對諸書議題的章節，所下的功夫甚為紮實。

　　Cecily Han 相當有心地推廣古典占星學，她所經營的 SATA 占星學院成就斐然，在仍屬冷門、小眾的市場，不計成本地翻譯許多重要占星古籍，嘉惠許多學子。她的使命感相當令人敬佩。

　　本書譯者 Rose Chen 畢業於台大外文系，對古典占星、印度占星、塔羅，甚或中國術數的大六壬、八字、三元玄空風水，皆極熟稔，任教 SATA 多年，頗受研習者認同與喜愛。這本重磅級的原著，交由她來翻譯適得其所，整本書讀起來相當流暢，值得大力推薦。

中文譯者序

—

陳紅穎 Rose Chen

　　一下筆寫本文就忍不住要說，《占星詩集》這本書實在讓我又愛又恨，愛的是其內容堪稱占星界的獨一無二的寶藏，就如戴克博士所說：「都勒斯不僅有名，我們甚至可以說，若無他的著作，西方占星學大部份的內容（無論是波斯文、阿拉伯文、希伯來文或拉丁文的文獻）根本無從存在。」我能成為如此重量級作品的中文譯者，實在榮幸之至。

　　然而恨的是，這本書花了我將近十八個月的時間翻譯，當中不僅多次修訂，與博士溝通來往的信件如雪片紛飛般來來回回，與Cecily老師、負責審訂與編輯的Zora老師的頻繁討論更不在話下。翻譯《占星魔法學》像詩般的祈禱文已經夠難了，而《占星詩集》是由一句句簡短的法則所構成的，藏在細節裡的魔鬼更是把我折磨得咬牙切齒，有好幾個痛苦的時刻，都讓我開始懷疑自己的中文跟英文水平！！

　　然而，回過頭來看這段經歷，卻成為我人生中極為寶貴的學習過程。透過這個機會，我深刻地看到古典占星核心的判斷法則流傳至今的脈絡。雖說戴克博士所翻譯的阿拉伯文版本也並非是百分百都勒斯的原著了，但我們現在常用的本命解析方法，例如特殊點、三分性主星的應用，以及古典占星專有的流年預測法，例如主限向運法、界主星配置法、小限法，還有許多擇時占星的法則（大多數亦成為卜卦占星的法則），這些技術最早的源頭都可追溯至都勒斯，其中又歷經希

臘、波斯時期及阿拉伯時期不少名家的詮釋與增補，只要想到此，我的內心就會產生一股激動，不由得對這些為占星貢獻畢生精力的名家致上最深的敬意。若不是他們對占星智慧如此地熱愛與孜孜不倦，我們後世又何以有幸看到這些心血的結晶，又何以能透過占星學來洞悉生命的智慧進而自我提升！

如同戴克博士的其它著作，書中的緒論與部分章節一開始的評論都是不容錯過的。藉由他的整理與詮釋，我們才能充份地理解每條法則背後的意義。翻譯的過程中，偶然會發現博士的英文版本中有未被修改的錯誤，博士對此都會表達感激之情，有疑問之處也都會得到他快速的回答，由於SATA的譯編審老師們對古典占星已有相當程度的學養，有些疑問竟讓博士再進一步審視原始的翻譯，因此讀者在文中會見到博士補充之處，是他因著我們的疑問而修改原譯文，或對文中表達不充份之處作出進一步解釋。換句話說，中文版的讀者要比英文版的幸福許多，書本內容是再次精煉而成，補足已臻完美的英文版未盡之處。

古代文獻的法則雖然字字珠璣，但有些法則卻也讓人摸不著頭緒，甚至博士也無法解答。例如第五冊講述由星座描述竊賊外型的章節中提到：

「獅子座代表竊賊的頭髮略帶藍色或為紅色，膚色偏紅，頭髮平直，外表英俊，上肢比下肢來得強壯，雙腿較細，個性急躁粗獷，眼神銳利，神情如掠食性動物般敏銳，其中亦有人為摔跤手並因此知名。」

我狐疑地問他：頭髮帶藍色是什麼概念，博士坦言他也不明白，古典文獻關於顏色的描述常見如此不明所以，相同段落也被希臘名家赫菲斯提歐在其著作《結果》（*Apotelesmatics*）中引用，但他則寫為藍帶綠，或黃帶紅（bluish-green, yellowy-red）。讓我不禁懷疑起

古人也有類似今日的染髮技術，可以讓一個人的髮色有這麼大的變化。

除了這些難以想像的細節外，我也看到本書有些有趣的主題。例如第二冊的「同性間的性關係」，第五冊的「論婚姻與性」以及「與丈夫爭吵公然離家的女人」，這些主題不僅貼近現代人的生活（與丈夫吵架而離家的戲碼古今皆然），甚至還述及非常私密的性生活。因此，從本書我們不僅學習到古典占星的法則，也間接了解到古希臘時期的文化與民風，也許他們的物質生活不似現代人，但其它領域的生活，包括情欲等非常隱私的部份，與數千年後的我們並沒有太大的區別，這也正是占星法則源於生活，因此能恰如其分地應用於生活的最好明證。

最後仍要衷心感謝不遺餘力將古典占星中文化，且給我這個機會的 Cecily 老師，有著火眼金睛、同時也是 SATA 裡專業的審訂及編輯的 Zora 老師，還有所有 SATA 團隊的成員，使我能夠到達人生中最具意義的里程碑，也希望我的付出能起拋磚引玉之效，讓更多占星愛好者重視古典文獻，不再將其視為武斷不實用的過時理論！

緒論

—

很高興推出最新譯作《占星詩集》（*Carmen Astrologicum*），此書由西元一世紀[1]著名的希臘占星師都勒斯（Dorotheus）所著，而我手上的版本可以說是我所翻譯過歷史最長、保存最久的文獻。此書曾在西元八世紀時由烏瑪・塔巴里（Umar al-Tabarī）從古波斯文翻譯成阿拉伯文，我亦參考了他的版本，後文將簡稱阿拉伯文版本為《詩集》。這本譯作集結並整合了希臘文、阿拉伯文及拉丁文的版本，可說是第一本「重新建構」都勒斯思想的著作。

大致而言，《占星詩集》有五冊，討論以下主題：

- **第一冊**：基本的占星判斷法則，以及針對出生、養育、父母、手足、榮華富貴與幸福等主題的本命占星解析。
- **第二冊**：論婚姻與子女本命主題的判斷法則，並以菜單式列出行星在始宮（及其它宮位）、行星的相位、所在的星座等各種組合的判斷。
- **第三冊**：壽命的計算（主要為界行向運法）[2]。
- **第四冊**：論疾病、死亡以及各種流年的推運方法（太陽回歸法、小限法與過運法）[3]。

---

1 | 我在第四章將提出，從星盤的日期來看，都勒斯可能是在西元二世紀初寫這本書的。

2 | 根據納迪姆（al-Nadīm）（第2卷，第641頁），原始的內容還包括行動或職業；另外從都勒斯《摘錄》（*Excerpts*）中得知，也可能包括旅行和友誼。但也有可能這些內容都含蓋在第四冊中．

3 | 費爾米庫斯・馬特爾努斯（Firmicus Maternus）在《論數學》（*Mathesis*）II.29, **2**中提到，都勒斯曾在第四冊中討論映點的法則。

- **第五冊**: 所謂的開始、事件或卜卦占星(通常被列為「擇時占星」)。

第一章
都勒斯的生平、詩篇與傳承

　　我們對都勒斯的生平所知甚少。從 I.26 的星盤中，可推測他最早生活在西元一世紀羅馬皇帝圖密善(Domitian)的統治之下，又可能是涅爾瓦(Nerva)和圖拉真(Trajan)在位時。曾有人說他是埃及人[4]，也有人說他是埃及國王[5]；類似的傳說還有他的兒子是赫密斯(Hermes)[6]，甚至是許多占星法則的起源者——埃及國王三重偉大的赫密斯或赫密斯·特利斯墨吉斯忒斯(Hermes thrice-great 或 Hermes Trismegistus)[7]。這些與埃及的關聯，或許是因為都勒斯在埃及工作，或他採用了埃及赫密斯的文獻內容——這在當時是合理的，與幾十年後的托勒密和也曾在亞歷山大港工作的瓦倫斯(Vettis Valens)是同樣的情況。但賓格瑞(Pingree)指出[8]，費爾米庫斯(Firmicus)稱他為西頓(Sidon，現在的黎巴嫩)的都勒斯[9]，就如他稱另一位占星師為義大利的米開爾(Michael the Italian，*Michaelis Italici*)[10]是一樣的語法。但這究竟是指都勒斯出生抑或生活於西頓，就不得而知了。《詩集》中曾提到，都勒斯四處遊歷，為的是尋找埃

---

4 ｜第一冊，《引言》，**1**。
5 ｜詳見 V.1，**1**。賓格瑞指出，這本書有關本命占星的內容來自札拉達斯特(Zarādusht)(以古波斯文書寫)，其中稱都勒斯為埃及國王。這一段落的翻譯詳見後文。
6 ｜第一冊，《引言》，**2**。
7 ｜ II.24，**1**。
8 ｜賓格瑞，1976年，第*vii*頁。
9 ｜《論數學》II.29，**2**(霍登，II.30，**2**)。
10 ｜賓格瑞，1976年，附錄 III.E.1 (第436-437頁)以及附錄.III.A，第435頁。

及和巴比倫占星法則[11]的精華，如同蜜蜂在花叢裡尋尋覓覓，為的是將花粉煉成花蜜[12]。在這些法則中，他特別提出太陽回歸盤中[13]，發光體應注視該年小限的星座（或小限主星所在的星座？），也曾提到月亮與代表慢性疾病的特殊點在同宮會合的法則[14]。但除此之外，我們所知甚少。

都勒斯以教誨詩的方式呈現他的作品，與盧克萊修（Lucretius）在《物性論》（*De Rerum Natura*）中詮釋伊比鳩魯派的宇宙觀與人性論類似，這類教誨性的詩體在古代頗受歡迎。這類的詩體稱六韻步詩體，是指一行字裡有六個「韻腳」或是特定的格式，以不同的方式來做分隔。以下為都勒斯的六韻步詩，保存在赫菲斯提歐（Hephaistion of Thebes）的《結果》（*Apotelesmatics*）III.9, 1 中（與《詩集》V.17, 1 對應）：

ἄνδρα μὲν Ἠέλιον καὶ ἀνερχόμενον σκοπὸν ὥρης
受太陽神與冉冉上升的星座所眷顧的人們
The man by Helios and the rising Marker of the Hour

這句話其實出自《五經》（*Five Books* 或 *Pentateuch*）：事實上，當我提到詩文為都勒斯的原創時，我會在詩文上加上引號，或直接寫引自《五經》。許多六韻步詩的章節得以保存下來，且大部份出現在赫菲斯提歐的引述中。另外還有其它希臘文獻的來源，或多或少都有其價值。以下依重要性由大到小的順序將來源一一列出：

---

11 ｜ 第一冊，《引言》，**4-5**; IV.1, **7**；IV.2, **21** 以及 V.1, **3-4**。
12 ｜ 如此詩意的句子讓我相信它應出自《五經》，而都勒斯也如所言到處旅行。
13 ｜ IV.1, **7**。
14 ｜ IV.2, **21**。

- 直接引用《五經》的詩文（大部份出現在赫菲斯提歐的引述中）。
- 赫菲斯提歐引用都勒斯詩篇前的摘要文。
- 都勒斯的《片斷作品》（*Fragments*），即出現在其他名家的作品中，都勒斯針對《五經》的內容所作的摘要文。賓格瑞稱之為《片斷作品》，並將其列在他對《詩集》的翻譯之後。不過這些片斷大部份都出現在赫菲斯提歐的作品中，且赫菲斯提歐的三本著作都已翻譯付梓。我也將其它的片斷列在本書之後。
- 都勒斯的《摘錄》（*Excerpts*）。為都勒斯的摘要或引用文，其手稿由賓格瑞所確認，並以希臘文列在賓格瑞和伯內特（Burnett）所編著的《亞里士多德之書》（*Book of Aristotle*）拉丁文版本（1997年）中。所有《摘錄》內容也以英文列在本書的附錄C中。
- 其它可證實來自都勒斯的參考來源或摘要，大部份都是與《詩集》比對後才得知的：包括瑞托瑞爾斯（Rhetorius）、阿努畢歐（Anubio）、邁克西莫斯（Maximus）的資料等等。

除了以上所列，還有其它無數的阿拉伯和拉丁文獻與都勒斯相關，還有現在的這本書。

一些從古代留存至今的重量級偉大作品，以獨特的方式保留並展現了希臘化時期深刻的論述與法則，其中包括托勒密的《占星四書》，瓦倫斯的《占星選集》（*Anthology*）以及費爾米庫斯·馬特爾努斯的《論數學》[15]。若再加上都勒斯的著作，所有希臘化時期的占星學

---

15 | 我並未將馬尼利亞斯（Manilius）的《天文學》（*Astronomica*）列入，因其影響乎其微，但或許我們可列上瑞托瑞爾斯。

可說盡在其中，儘管仍有其它一些針對特定星象的定義保留在像普菲力（Porphyry）《四書導論》（*Introduction*）的短篇作品中。尤其都勒斯《詩集》第五冊大篇幅討論的擇時、卜卦以及事件占星[16]，這些都是其它著作未曾提及的：可以說沒有都勒斯，希臘化時期占星學的架構就不夠完備。此外，其他作者在歷史上的傳承也都不及都勒斯對後世學者的影響來得深遠。托勒密對於本命占星的論述甚少，因為他拋棄了大部分宮位的意涵而聚焦於尖軸或尖軸度數；瓦倫斯的論述也很少被後世學者採用[17]；費爾米庫斯則是在西方拉丁世界以外就默默無名。然而都勒斯的著作卻在新薩珊王朝（西元224年—651年）被列為波斯占星家應翻譯的第一批作品，從那時開始，他的論述就以不同的外表貫穿整個回教統治時期的所有阿拉伯文占星學著作，之後又被翻譯成拉丁文，進而影響中世紀的歐洲。事實上，也就是在薩珊王朝期間，又或者是在倭馬亞（'Umayyad）和阿拔斯（'Abbāsid）哈里發王朝期間，都勒斯的擇時占星文獻大量地以問題的形式被重新改寫而成為「卜卦」占星。所以上述所提的原創作品中，若沒有都勒斯，就不會有（或很少有）擇時占星；甚至可說，若沒有都勒斯，至少在西元八世紀之前，是不太可能存有卜卦占星這個支派的[18]。

如上所提，都勒斯的影響力並不限於羅馬帝國。西元224年，波斯的薩珊王朝推翻了帕提亞王朝（Parthians，譯註：又稱安息王朝）並建立新帝國（部份學者認為，是與帕提亞的貴族建立的一個邦

---

16 ｜ 我認為《論數學》第四冊的重要部份也是依據都勒斯的法則（至少取材自都勒斯）。沒有都勒斯，《論數學》就少了最關鍵的部份。

17 ｜ 事實上，雖然以波斯文書寫的 *Bizīdaj* 聲稱是瓦倫斯《占星選集》的摘要、濃縮或評論，但我最近所翻譯的薩爾本命占星著作，證實了其許多章節來自都勒斯。

18 ｜ 有人可能會提出仍有許多重要的著作存在於世，例如赫菲斯提歐的《結果》，瑞托瑞爾斯的《占星摘要》（*Compendium*）：但這證明了我的理論，因為赫菲斯提歐和瑞托瑞爾斯的內容大多源自都勒斯。我們又重回都勒斯這個源頭，他與托勒密、瓦倫斯以及費爾米庫斯並列為希臘占星中最偉大且獨立創作的作者。

聯）。新的帝國將翻譯科學文獻列為持續努力的目標。因此，根據占
星家諾巴赫特（Abū Sahl al-Fadl b. al-Nawbakht）[19] 所稱，薩珊王
朝的第二位國王沙布爾一世（Shapūr I）（約240年—270年在位）下
令將《五經》以及赫密斯、托勒密、雅典的菲德拉斯（Phaedrus）[20]
和印度的法瑪西伯（Farmāsib）等人的著作翻譯成古波斯文。而瓦
倫斯《占星選集》的內容（準確來說，其實只有小部份）也是眾多被翻
譯的著作之一。

都勒斯的著作在西元三世紀被反覆翻譯的同時，內容也有了增補
與變化，例如西元381年才有的星盤（III.1）。不過變化的幅度並不
像賓格瑞所稱的那麼大。其中的改變包括：

1. III.1，第**29**句以下，西元381年的星盤案例與討論。
2. III.1的其它部份[21]。
3. IV.1, **14-15**，很明顯（也很怪異）為瓦倫斯針對太陽回歸計算
   法的論點，出自《占星選集》第三冊（修密特[Schmidt]，第
   10頁；賴利[Riley]，第97頁）。
4. IV.3, **28** 參考了一位不為人知的、名叫凱希爾（Kayrsīl）（年
   份不明）的占星師對於天底的三分性主星的說法。
5. 參考九分盤（*navamshas*）或所謂九分部（ninth-parts）的

---

19 ｜ 即八世紀晚期著名的諾巴赫特，曾與馬謝阿拉、烏瑪・塔巴里及其他占星家共事。詳見《群書類述》（*Fihrist*）
第2卷，第575頁。

20 ｜ 道奇（Dodge）在他翻譯的《群書類述》版本中是這麼讀的，而賓格瑞從福魯哥（Flügel）的版本中讀為齊德拉
斯（Qīdrūs）（賓格瑞，1968年，第10頁）。賓格瑞認為也有可能讀為西德拉斯（Cedrus），與《詩集》內文
中的吉特里納斯・沙德瓦利（Qītrinūs al-Sadwālī）是同一人。

21 ｜ III.1的**1-7**的確存有波斯時期的方法（詳見後文的評論），但西奧菲勒斯（Theophilus）《宇宙始源》（*Cosmic Inceptions*）的一個篇章（第2章，**2**）與《詩集》III.1, **1-3**如出一轍，使用了希臘時期的理論，以七天為一個
單位觀察行星與太陽的關係或是否停滯。因此《詩集》的這一部分說明，可能後世的波斯人在都勒斯原作基
礎上又疊加了其它內容。

方法，但這非希臘時期的方法，而是印度占星的方法（V.6，**29**）。

因此，除了III.1的某些部份之外，已知的增補包括兩句話、對一個人說法的引用以及一個詞。除此之外，賓格瑞也錯誤地認為有兩段內容被更動（雖然第一點的確仍有爭議），內容如下：

1. 他認為月亮及其主星的內容來自瓦倫斯的看法（V.6，第**19**句及以下）。但這部份其實是都勒斯的原創，這可從III.2，第**7**句及以下，還有賓格瑞自己確認的《片斷作品》中證實（《片斷》V.5, 16-17）[22]。

2. 賓格瑞認為III.2的星盤日期與相關討論的年代為西元281年，但從行星的位置及使用的方法來看，星盤的日期應在西元44年，和著作中其它星盤的日期相近。雖然土星的位置是錯誤的，但賓格瑞的日期與解析中的兩種徵象不符，已然是另一張無關的星盤（詳見後文第四章星盤#10）。

最後，《詩集》V.42，第**1**句及以下部份與疾病有關的內容據說是來自吉特里納斯·沙德瓦利（Qītrinūs the Sadwālī）。賓格瑞認為應是來自上述的諾巴赫特所提的雅典的菲德拉斯。這不是不可能，但在書中其它部份，都勒斯除了以「巴比倫人或埃及人」、「其他人」或傳奇的「赫密斯·特利斯墨吉斯忒斯」為其引述的來源外，便無其

---

22 | 但老底嘉的尤利安努斯（Julian of Laodikaia）認為這個觀點部份來自佩多西瑞斯（Petosiris）（詳見《先賢》[Sages]，修密特，1995年，第19頁），但也有可能是都勒斯從佩多西瑞斯取得這個觀點。然而在《詩集》中卻說是來自瓦倫斯的。這種情形可能跟現在爭論不休的Bizīdaj有關。Bizīdaj據稱為瓦倫斯《占星選集》的翻譯、摘要與評論。但從我翻譯的薩爾文獻中來看，引述自Bizīdaj的章節其實是都勒斯著作的翻譯。在此感謝克里斯·布倫南（Chris Brennan）協助找出尤利安努斯的章節。

他特定作者。我並未看到有其它的內容引述自菲德拉斯，沙德瓦利究竟為何意也並不清楚[23]。無論如何，從希臘文的《片斷》中可判斷所有內容均出自都勒斯的著作，不管源頭究竟是否來自「菲德拉斯」。

我們可再花點時間討論瓦倫斯（或許是沙德瓦利）的影響，因為經過波斯時期的發展，文獻中或當代學者間存在著各式各樣啟人疑竇的說法。首先，有來源（以阿拉伯文書寫）告訴我們波斯時期的著作 *Bizīdaj* 實際上為翻譯自瓦倫斯《占星選集》的古波斯文版本，其上還有波斯學者布哲米赫（Buzurjmihr）[24]的解釋與評論。然而，我最近翻譯了薩爾《論本命》（*Nativities*）的阿拉伯文版本，其中明顯引述自 *Bizīdaj* 的內容實際上均翻譯自都勒斯，但由誰翻譯、又從哪個版本翻譯仍未知。這中間存在太多不確定性，甚至許多波斯學者都無法分辨瓦倫斯及都勒斯的差異。這同時也說明，除非當代學者能翻譯更多 *Bizīdaj* 的內容，否則我們無法輕易相信早期的說法[25]。

另外，納迪姆對於都勒斯有著許多吊人胃口且不正確的描述：他將《詩集》稱為《五經》，對內容的描述算是精確，並提出職業或行動的內容包含在第三冊中。但之後他卻說還有第六章（與之前的內容是分開的），還有一個第七章討論卜卦及本命，甚至還有一個第十六章（！）討論太陽回歸法。這著實費人疑猜，雖然納迪姆知道古波斯文版本包含了職業的內容，卻又提出這些多出來的章節，這讓都勒斯的著作更難理解。

---

23 │ 若這名字是地名，我傾向認為其字義來自字根سور，有黑暗的（黑色或伊拉克肥沃之地，或伊拉克的），或黑膽汁、主管之意。另一個可能是سدل，有留長髮或蓄鬚之意。但若是代表藥物的字根صمر，疾病這一篇章出自沙德瓦利就可以得到解釋。

24 │ 納迪姆的著作第2卷，第641頁。

25 │ 此爭議與賓格瑞認為瑞托瑞爾斯對八世紀時期占星學的影響有關，這部份我將在另一本翻譯西奧菲勒斯的著作中進行更詳細的討論。

　　現在將焦點移到都勒斯對於阿拉伯時期的影響。西元八世紀後期，占星家塔巴里將古波斯文的《五經》翻譯成阿拉伯文，也就是（僅存的）現在這本書——《詩集》。但都勒斯同時以多種方式影響後代。首先，第五冊有大部份（論開始）被改編成卜卦占星的內容：例如籌劃開始商業交易的法則，被改寫成問題的形式：「若開始一項商業交易，是否能成功？」[26]第二，薩爾的《論本命》（於2019年出版）包含許多明顯出自古波斯文的都勒斯內容，但不存在於塔巴里的阿拉伯文版本當中：因此，都勒斯的本命內容極有可能以不同的版本流傳於世，或隱含在波斯學者安達爾札嘎（al-Andarzaghar）的著作裡，但 *Bizīdaj* 亦包含都勒斯的內容是毫無疑問的。第三，西奧菲勒斯（於2017年出版）也接觸過都勒斯的著作，不過應該是散文形式的希臘文版本，內容比塔巴里所翻譯的古波斯文版本更為完整，但應該不是最原始的《五經》的內容。這一點有點可惜，以希臘文為母語的西奧菲勒斯住在黎凡特（Levant）附近的希臘語區域（儘管在七世紀中期被穆斯林統治），因此我們期望《五經》被傳承下來並為他所知，但顯然並非如此。

　　之後，塔巴里的《詩集》似乎在九世紀時消失無蹤，僅有兩部手抄本倖存。同樣的，*Bizīdaj* 的大部份內容，還有同期的古波斯文文獻也佚失。除了上述的希臘和拉丁文文獻外，都勒斯的生平以及明顯被引述的章節僅散見於少數幾部著作中。

---

26 ｜ 詳見後文第九章。

第二章
近代歷史與新版本的由來

　　德國學者維克多・史岱格曼（Viktor Stegemann）引起人們對都勒斯的再次關注。他所著作的《都勒斯語錄集》（*Die Fragmente des Dorotheus von Sidon*，海德堡 ，1939年），確認了134篇他認為是都勒斯原創的內容，而這些長短不一、被編組的內容是從赫菲斯提歐、伊本・伊茲拉（ibn Ezra）、金迪（al-Kindī）及拜占庭時期多位名家的作品收錄而來的。另外他也確認了59篇非都勒斯原創的內容。但如同該時期許多人一樣，他的職業與生活被二戰弄得天翻地覆，並在二戰結束後九年（1948年，享年四十六歲）猝死，死時無任何成就，著作也來不及完成。

　　史岱格曼之後，再無學者研究都勒斯，直到1976年，美國學者大衛・賓格瑞（布朗大學）以阿拉伯文與英文出版了他自己的《詩集》，並歸功於史岱格曼。賓格瑞的譯本主要依據史岱格曼未知的兩部手抄本（史岱格曼的資料也是有限的），再加上賓格瑞手抄的阿拉伯文內容，並附上他的英文翻譯及對句子的編號。前文曾提及，他書中的附錄包括許多《片斷作品》以及古代文獻中提到都勒斯的部份──其中有許多段落就是史岱格曼確認而來的。

　　賓格瑞的翻譯可說是劃時代之舉，在那之前，除了《占星四書》和《論數學》（布拉姆[Bram]譯，1975年，是品質較差的版本）之外[27]，幾乎沒有其它的占星文獻被翻譯成英文。遺憾的是，當時鮮少有占星師讀過賓格瑞的作品，一方面是因為他的翻譯艱澀難懂，另一

---

27 | 我並未列入其他作者以及賓格瑞早期的作品，例如《馬謝阿拉的占星歷史》（*The Astrological History of Māshā'allāh*）（1971年），因為內容太過專業，大概只有了解托勒密天文學的人才能讀懂。

方面也因為他缺少註解。這樣的困難也造成了第三冊星盤裡的技術性問題。

另一個出乎意料的問題是，我在2016年與同事布倫南發現，賓格瑞有部份句子或語彙並不存在於阿拉伯文版本當中。《詩集》中有列出特殊點的公式，賓格瑞卻逕自加上夜間盤須減掉幾個30度的錯誤內容：由於計算的方向在夜間盤已然相反，他的說明反而讓原來的指示無效。賓格瑞可能認為加上這些內容能讓讀者更加清楚。但由於他所加入的內容是錯誤的，再加上他並未向讀者說明來龍去脈，導致都勒斯的原始內容被誤解。這部份我會在第三章特殊點詳細說明。

往事已矣，1976年後賓格瑞又出版了瓦倫斯和赫菲斯提歐著作的翻譯，但他的版本仍存有爭議。之後新的譯本相繼出現，例如羅伯特·修密特、詹姆士·霍登（James Holden）、埃杜阿爾多·格拉馬格利亞（Eduardo Gramaglia）以及我本人的譯本。有了這些譯本，再加上現代對古典技術的廣泛知識，我們都能回答有關《詩集》的問題。現在大家所看到的這個版本，部份重要的內容來自《結果》（尤其是第三冊，由格拉馬格利亞所翻譯）、我所翻譯的薩爾著作的阿拉伯文版本，還有霍登的瑞托瑞爾斯著作譯本。接下來我們來談談手抄本裡的內容及我的考證。

至於手抄本，我所使用的與賓格瑞的並無二致（亦無其它手抄本出現）：

C：伊斯坦堡，葉尼·卡米（Yeni Cami）784, 3a-70b（日期不明）。這個版本是完整的。

B：柏林，BSB Or.Oct. 2663（整個文本），十九世紀。這個版本內容只有一到四冊。

　　版本C是最早出現的，因為有幾頁有被撕裂的痕跡，只好用膠布貼著——而那些被膠布貼住的地方，正好是版本B的空白處。所以B可能是抄錄自修復好的C。

　　賓格瑞在他的譯本中（頁碼為 *xvi*）列出一些從古波斯文翻譯成阿拉伯文的字彙，非常有幫助（但翻譯品質參差不齊）。細節羅列如下：

《詩集》裡的字彙	位置	古波斯文
Bahrām, Kaywān	多處	（分別為）火星、土星
Dūshīsah or Dhūshisah	V.42, **57-58**	「邪惡」（ش, dush）或「壞脾氣、嚴厲」（ذوش, dhūsh）
Dwāzdah bahrī / bahrā (دوازده بهري \ بهرى)	V.6, **6** V.36, **6** V.42, **1-2**	十二分部
Fashā rashīnat (فشا رشينات)[28]	V.6, **26** V.34, **25** V.40, **6**	等同於在後面或續宮或上升之後
Hāwandrūziyyah (الهاوندروزية)	V.2, **4**	整個晚上和白天或二十四小時
Haylāj (هيلاج)	III.1-2	壽主星
Jārbakhtāriyyah (جاربختارية)	V.32, **2-3** 及 **5**; V.33, **2-3**	時間主星的分配
Kadkhudāh (كدخوداه)	III.1 及 III.2	壽命的「居所之主」
Khard (خرد)	V.36, **36**	「智慧」（但在阿拉伯文通常為「純潔」之意）
Nawbahrah (نوبهرة)	V.6, **29**	九分部

　　除了上述之外，賓格瑞亦確認以下字彙，但對我而言卻是錯誤或較不重要的：

　　Abākhtar（「北方」），出現在 V.7, **1**，波斯文為「北方」之意。但手抄本C卻拼成 *ʿabāhīr*（اباحير），雖然也是北方之意，但它是從字

---

28 | 這個字有不同的拼法，阿拉伯文的手抄本中也不確定究竟為何意。在波斯文則有按壓或推擠之意，延伸為續宮貼在始宮後面。

根「海」而來，因為地中海就在埃及和其它阿拉伯區域的北方。

Daftar（「書、記錄」），出現在 V.36, **56** 和 **60**。這是常見的阿拉伯詞彙，也有一捆書或檔案之意。

我的譯本儘量使用最新的版本與資料來源，以明確表達塔巴里的翻譯，但我又不想太貼著塔巴里的意思來翻譯，因此除了作一些更正外，同時也說明這些更正在手抄本裡的正確意思；至於沒有更正的部份，因為我仍想保留塔巴里的原意，所以僅在註釋上提出不同的含義。整本書中亦提供許多來自《結果》、都勒斯的《片斷作品》和《摘錄》、薩爾的阿拉伯文版本等等不同的解讀與引述。除此之外，我也提供了個人的評論（縮排的方式）以及手抄本上沒有的表格（其上都會標示我的名字，也會列出是根據《詩集》何處）。最後，我將冊數及章數結合在一起編碼，而句數則以粗體字標示：例如I.1, **1**代表第一冊第一章第一句。

以下是我在文中使用括號的方式：

[ ] 方括號是我認為文意對讀者而言要怎麼理解。例如，英文有個習慣（從拉丁文來的），月亮和金星都可以「她」來代表，但在阿拉伯文中，月亮卻是陽性的。因此若阿拉伯文同時提到月亮和金星，會以陽性代名詞代表月亮，此時我就會以**[月亮]**來代替，以避免讀者混淆。我也會用括號的方式列出章節，讓讀者更清楚文字引自何處，但塔巴里的譯本並沒有嚴格的標示。另外一種狀況是，當句子無法辨識或語意不清時，我會標出[不明確]。

< >尖括號代表我認為塔巴里應加上而未加上的內容，這通常

有兩種情形。第一是文法上或字意上必須加上的。例如，當行星注
視（look at）另一顆行星時，阿拉伯文會去掉介詞，變成「當行星看
（look）另一顆行星時」，此時我會加上介詞 <at>。第二種情形是，
當原文出現疑義或在占星學理上不正確時，在參照其它來源後，我會
再加入關鍵的字句，甚至有時加上「不」就能讓意思更為清楚，此時
我就會解釋加上這些字句的原因。I.21, 3 中就有這種情形。最後其實
還有一種情形，就是某些字句明顯佚失，此時我就加上〈佚失〉。

　　（譯註：上述為戴克博士針對由阿拉伯文的文獻翻譯至英文的做
法，但由於從英文翻譯成中文時，囿於文法之不同，無法照著他標示
之處照實翻譯。同時為了讀者更方便閱讀，除了不明確或佚失的狀
況，此中文版本將不再標示英文版本方括號 [ ] 與尖括號 < > 之處。）

　　另外讀者應該要了解，我對賓格瑞對句子編號及區分章節的方法
並不全然認同。例如 I.13 中，手抄本沒有標示出標題，卻明顯起了新
的主題。但賓格瑞仍繼續將其視為 I.12 的一部份，因此我的編號有部
份與他不同。有鑑於讀者或許會將我的譯本與賓格瑞比對（我之前的
作品也使用賓格瑞的編號方式），我將這些差異列在附錄 A（譯註：
中文版略），以便讀者快速查詢。

<h1 style="text-align:center">第三章
特殊點</h1>

　　我在第一章曾提到賓格瑞的譯本中對特殊點有錯誤的理解。此章
節我將列出《詩集》裡的特殊點並釐清錯誤，讀者藉此可先得到一個

整體的概念，之後在閱讀不同章節時，對特殊點能有更清楚的認知。

首先，我們要知道《詩集》、《結果》以及《摘錄》中的特殊點有哪些：我發現有二十三個（請見圖1）。有些特殊點出現在《詩集》和《結果》（確認出自都勒斯）中，但有兩個特殊點牽涉到星座和宮位，描述的方法也不盡相同。例如，死亡點的公式為月亮到「第八宮」（《詩集》）或「第八個星座」（《五經》）[29]。而資產點的公式為第二宮主星到第二宮（《詩集》）或「第二宮本身」（《結果》）[30]。我認為這兩個特殊點的公式都是從星座零度開始起算，但金星—七宮的特殊點不應從第七個星座，而是從下降的尖軸度數起算。

	特殊點	公式（日間盤）	出處
1	幸運點	太陽—月亮，上升	I.28, **11**
2	精神點	月亮—太陽，上升	I.9, **1**
3	情慾點	幸運點—精神點，上升	《摘錄》，XVI, **6**
4	父親點	太陽—土星，上升或 火星—木星，上升	I.14, **2** I.14, **5**
5	母親點	金星—月亮，上升	I.15, **1**
6	手足點	土星—木星，上升	I.21, **1**
7	手足數目點	水星—木星，上升	I. 23, **1**
8	資產點	二宮主到二宮	I.29, **17**
9	生計點	（可能是木星—土星，上升）	I.29, **29**
10	婚姻點（男性）	土星—金星，上升	II.2, **2**
11	婚姻點（女性）	金星—土星，上升	II.3, **1**
12	婚姻點[31]	（不確定）	II.4
13	娛樂和婚姻點	金星—七宮的度數	II.5, **4**
14	結婚點 夜間／日間（男性）	太陽—月亮，金星	II.6, **1**

---

29 ｜《結果》II.25（修密特，第76頁）。
30 ｜詳見《結果》II.18（修密特，第56頁）。
31 ｜我認為這是指結婚點（男性或女性皆可），但內文並無明確說明。

15	結婚點 夜間/日間（女性）	太陽—月亮，火星	II.6, **5**
16	子女點	木星—土星，上升	II.10, **1**
17	生產點	火星—木星，上升	II.1, **2**
18	兒子點	木星—太陽，上升	II.12, **1**
19	女兒點	月亮—金星，上升	II.12, **2**
20	友誼點	月亮—水星，上升	《摘錄》XVI, **6**
21	遠征點	土星—月亮，上升	《結果》II.**19**
22	奴僕點	水星—月亮，上升	《結果》II.**20**
23	慢性疾病點	土星—火星，上升	IV.2, **11**
24	死亡點	月亮—八宮，土星	IV.3, **16**

圖1：《詩集》裡的特殊點

　　此外，只有部份特殊點有明確說明夜間盤須將公式反轉，這是古代文獻中常見的問題。我個人認為除了一些從行星到星座/宮位的特殊點外，所有公式都應該反轉。因此無論日夜間盤，資產點的公式皆為二宮主星到二宮。

　　至於特殊點的計算方法是很直接了當的，所有阿拉伯文獻的描述也幾乎如出一轍。但實格瑞的版本卻加入了原本不存在的內容，導致錯誤的計算。我無意誹謗，也認為他出於好意，但他並未告知讀者他這樣做的原因。我知道有些讀者因此以為自己獲得了什麼「神祕」的指示，能一窺特殊點特別的計算方法，沒想到這其實只是實格瑞錯誤的翻譯而已[32]。

　　以下為I.15, **1** 有關母親點的阿拉伯文：

واحسب قرعة الأمّ للمولود الليليّ من القمر إلى الزّهرة وبالنّهار من الزّهرة إلى القمر
وزد عليه درجات الطّالع وألقى من ثلثين ثلثين, فحيثما انتهى فثّم قرعة الأمّ

---

32 | 其它希臘文獻中有關特殊點的討論，請見布倫南的著作，2017年，第528-532頁。

　　「要計算母親點，夜間盤是從月亮到金星，日間盤是從金星到月亮，然後再加上上升點的度數，以30°為一個單位，將［其］從上升投射：當計算結束後，即為母親點所在。」

　　這句話的意思是，夜間盤以黃道的順序從月亮開始，計算月亮到金星之間的度數。然後再將這個數字與上升點度數相加。最後，由於每個星座為30°，將該數字從上升開始以每30°為一單位的方式往前投射，直到把數字算完：計算結束的地方，即為母親點所在。

　　以下的夜間盤中，月亮到金星的距離為26° 00'。若我們將它加上上升的度數天秤座 15° 13'，將得到 41° 13'。然後從上升天秤座零度開始，將該度數以每30°一單位的方式（或以每一星座的方式）往前投射：天秤座為30°，所以只剩下11° 13'，因此母親點為天蠍座

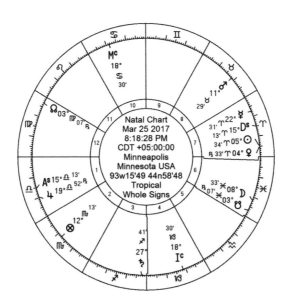

11° 13'。若再早約一個小時，這張星盤會變成日間盤，那麼我們就要從金星起算，以逆時鐘的方向來到月亮位置，加上15° 13'（或當時上升的度數），最後再以30°為一單位的方式來投射計算。

因此，整個過程是很直接了當的，但在賓格瑞的譯本中（I.14, 1），他翻譯為：

「要計算母親點，夜間盤是從月亮到金星，日間盤是從金星到月亮。［夜間盤］再加上上升點的度數，或［日間盤］從上升以［一次］30°的方式將［其］減掉；計算結束的地方，即為母親點所在。」

再次強調的是，這公式一開始是正確的，但接下來我們卻看到：賓格瑞 (a) 以括號加入不必要的字，(b) 加入原本不存在的動詞「減掉」，(c) 加入原本沒有的日間盤跟夜間盤的說明，(d) 刪掉原本有的動詞「投射」。若我們真的依照這些指示，一半的特殊點將會是錯誤的。這個例子中，夜間盤的母親點是對的，但針對日間盤我們卻反轉了原來的計算方法：先從金星算到月亮，但之後還要從上升*減掉*此距離。多出的減法抵銷了日間盤本來就不同的計算方法，原本所求的*日間盤*母親點最後卻變成了*夜間盤*的母親點。

第四章
《詩集》裡的星盤

以下為《詩集》所使用的十張本命盤：

戴克	賓格瑞	儒略曆的日期（戴克）
#1：手足 (I.22, **14-21**)	#6	西元29年5月2-3日
#2：資產與榮華富貴 (I.26, **2-4**)	#8	西元43年5月2-3日
#3：資產與榮華富貴 (I.26, **5-6**)	#3	西元13年1月25-27日
#4：資產與榮華富貴 (I.26, **7-8**)	#5	西元22年3月29-30日
#5：資產與榮華富貴 (I.26, **9-11**)	#7	西元36年4月2日 或 西元66年3月31日-4月1日
#6：資產與榮華富貴 (I.26, **12-14**)	#2	西元12年10月31日？ 西元72年10月27日？
#7：資產與榮華富貴 (I.26, **15-16**)	#1	西元前7年3月28-29日
#8：資產與榮華富貴 (I.26, **17-19**)	#4	西元14年11月26日
#9：壽命 (III.1, **29-67**)	—	西元381年2月26日[33]
#10：壽命 (III.1, **17-40**)	—	西元44年10月2日

　　除了第九張是從薩珊王朝時期誤植的星盤外，其餘大致皆可回推至（當然或多或少有些不確定）都勒斯時期。這些可說是已知名家作品中最早的星盤了。我將在此章節討論星盤的日期並提供現代的版本。大部份星盤的日期確定是沒問題的，但還是有部份仍需再作商榷。

　　賓格瑞是以日期來為這些星盤編號的，而非出現的順序。這樣做的風險是，若有一張星盤的日期錯誤（至少有一張是），那麼整個順序就錯了。另外，其中有兩張星盤他並未編號，因為他認為這兩張是被誤植的。

---

33 | 這張星盤是以恆星黃道系統計算的。

— 星盤 # 1 —
手足 (I.23，14-21)

　　這張星盤並沒有問題，日期可推斷為儒略曆西元29年5月2日 11:30AM。注意到上升是在上方，表示占星師是面向東方來起這張盤的（這與現在的習慣，南方或天頂是在星盤上方有所不同）。《詩集》裡的星盤都以這樣的方式呈現，而這也幫助我發現了《詩集》中一兩個抄寫上的錯誤。

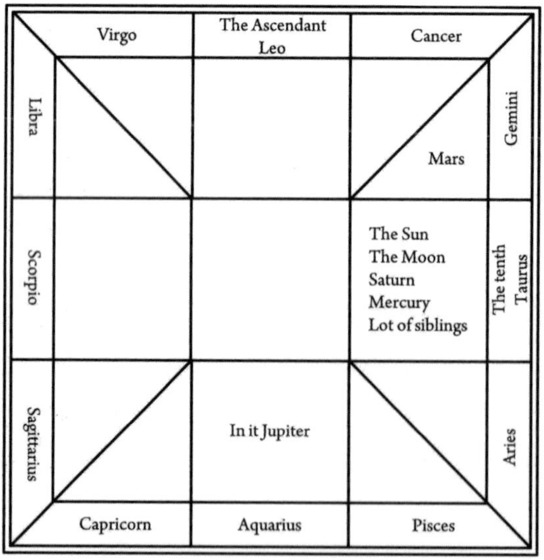

圖 2：星盤 #1，手足 (I.23, **14-21**)，根據手抄本 C

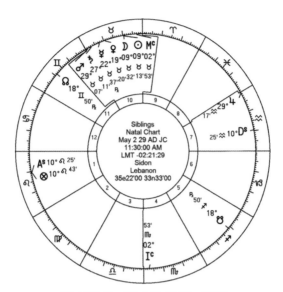

圖3：星盤 #1，手足（I.23, **14-21**），現代版

— **星盤 #2** —
資產與榮華富貴（I.26，2-4）

　　這張星盤中外行星與太陽之間的配置，是不存在於西元前15年到西元75年的這段期間的。但如果將火星改為天蠍座，那麼這張星盤的時間就應該是在儒略曆西元43年5月2日或3日1:30AM，地點是黎巴嫩的西頓。都勒斯有可能錯誤地將火星計算為水瓶座，但我認為這應該是抄寫上的錯誤。更有可能的是，手抄本C（或其來源）認為上升是在左邊，所以火星是在六宮。但實際上上升是在上面，所以火星應該是在九宮。但不論是六宮或九宮，火星都是衰弱的，都勒斯的解析仍然有效。

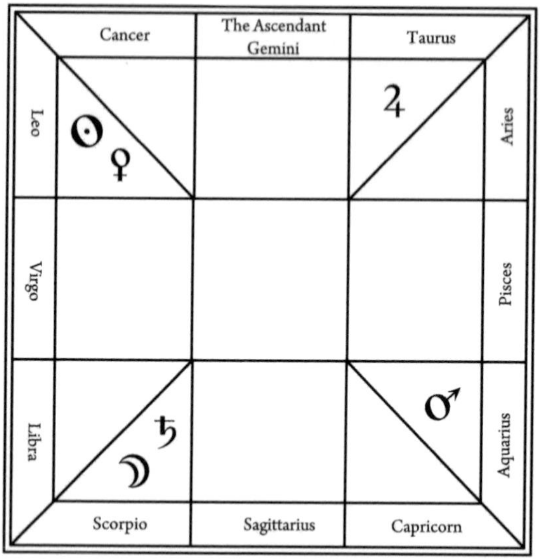

Cancer	The Ascendant Gemini	Taurus	
Leo	☉ ♀	♃	Aries
Virgo			Pisces
Libra	☽ ♄	♂	Aquarius
	Scorpio	Sagittarius	Capricorn

圖4：星盤 #2，資產與榮華富貴 (I.26, **2-4**)，手抄本 C

圖5：星盤 #2，資產與榮華富貴 (I.26, **2-4**)，現代版

— 星盤 #3 —
資產與榮華富貴 (I.26，5-6)

我從月亮在射手座的位置，很快就推算出這張星盤的時間，是在儒略曆西元13年1月25日到27日10:00AM。這張星盤唯一的錯誤是，金星應該是在摩羯座而非雙魚座。這比較像是計算上的失誤，而非抄寫上的錯誤，同時也並不影響星盤的解析。

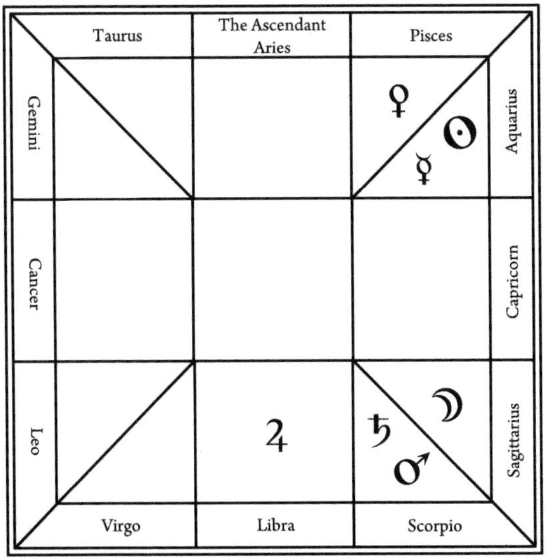

圖6：星盤 #3，資產與榮華富貴 (I.26, **5-6**)，手抄本C

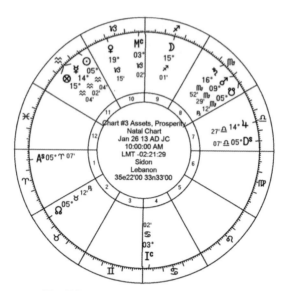

圖7：星盤 #3，資產與榮華富貴（I.26, **5-6**），現代版

— **星盤 #4** —
資產與榮華富貴 (*I.26*，7-8)

　　這張星盤大概可以推算在儒略曆西元22年3月29或30日
12:00PM。手抄本C中並未列出火星，金星不知為何被放在一個不
可能的位置，土星也應該是在水瓶而非雙魚座。由於解析中提到土星
是在衰弱且下降的位置，但與木星三合，而非在續宮的位置、與木星
不合意，這讓星盤與解析之間產生了差異。若以計算的角度來看，這
算是小的錯誤，畢竟土星的確會在13天後進入雙魚座，但與木星不
合意卻讓星盤的解析大不相同。此外，上升的度數也會因為這樣變成
在木星的前面，無論從象限或整宮來看木星都變得更為活躍。

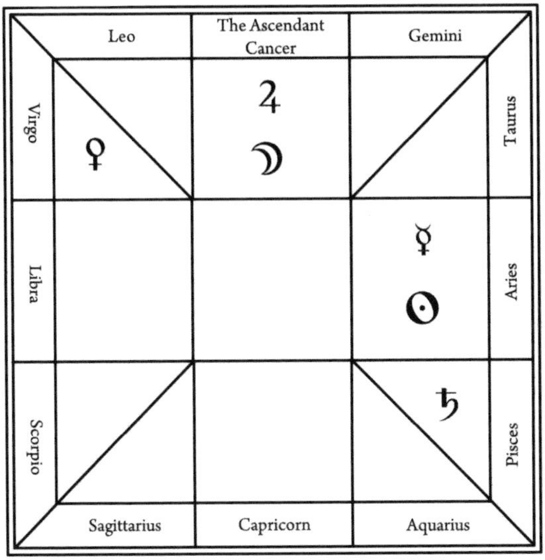

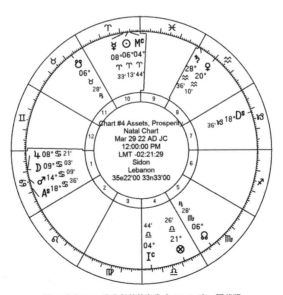

圖8：星盤 #4，資產與榮華富貴（I.26, **7-8**），手抄本C

圖9：星盤 #4，資產與榮華富貴（I.26, **7-8**），現代版

─ 星盤 #5 ─
資產與榮華富貴 (I.26，9-11)

這張星盤的問題是，有兩個可能的日期，且都很符合解析的內容，但兩個日期差距30年。這個問題的準確答案可能會影響《五經》裡的日期。下圖為手抄本C的星盤：

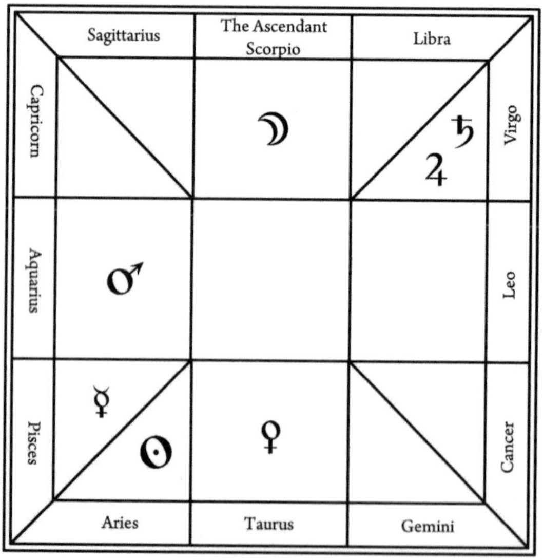

圖10：星盤 #5，資產與榮華富貴 (I.26, **9-11**)，手抄本C

最符合行星配置的日期是在儒略曆西元66年3月31或4月1日8:00PM，星盤中唯一不在正確位置上的是木星。木星應該在牡羊座與太陽會合，然而木星卻未出現在解析裡。雖然像木星這樣的外行星竟然沒有被提及是一件很奇怪的事，但只有這個日期是符合解析中其它行星情況的，此時只好先將木星排除。

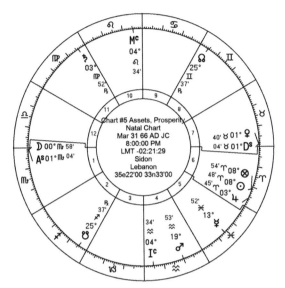

圖11：星盤 #5，資產與榮華富貴（I.26, **9-11**），戴克的現代版

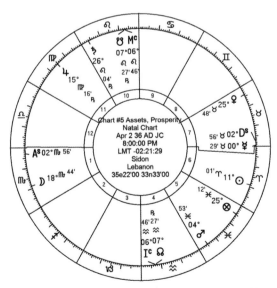

圖12：星盤 #5，資產與榮華富貴（I.26, **9-11**），賓格瑞的現代版

　　賓格瑞則認為正確日期是在儒略曆西元36年4月2日8:00PM。此時有三顆行星不符合解析：土星（獅子）、水星（金牛）和火星（雙魚）。火星與土星與正確的星座只差幾度，而水星通常容易錯誤，可被忽略。

　　賓格瑞版本的兩個論點是有道理的，其一是根據時間的範圍，其二則是根據準確度。第一，這個時間與其它星盤的時間相近，屬於都勒斯生平的範圍；第二，雖然有三顆行星在錯誤的星座，但其中兩顆慢速行星與正確的星座只差5º，也是可以接受的差異。

　　有關第二個論點準確度，誰都會希望愈準確愈好，而西元66年的日期確實是較為準確的。若木星是在其它錯誤的星座，有可能是抄寫上的錯誤：畢竟解析中並無談到木星，我們也無從判斷都勒斯原始的版本究竟為何。尤其星盤 #4 中，金星所在的星座在天文學的計算中根本是不可能的。

　　要反駁第一個有關時間範圍的論點較為困難，且會影響第二個論點的答案。其中有兩個要素：西元66年的日期對都勒斯而言是否太晚，以及著作中星盤之間的差距應該要多久「才算」合理。

　　要記得都勒斯解析星盤的前提是個案的年紀必須夠大，才得以評估一生（至少四十歲）；此外，都勒斯本身也要年紀夠大才能夠解析星盤（例如四十歲以上），更別忘了他還寫了《五經》這本書，雖然書中的案例也許是他年輕時所收集的。因此若最晚的星盤（#10）是在西元44年，都勒斯有可能是在西元84年左右著作《五經》。若我認為的西元66年的星盤是正確的，都勒斯就有可能是在西元106年才著手著作。此時賓格瑞可能會回應，106年也太晚了，但這個回應有可能只是因為他太相信西元36年這個時間了。事實上沒人知道都勒斯究竟生活在哪個時間範圍，因此不應該先入為主地認為西元106年

太晚。

　　然而，另一個認為西元66年太晚的理由是，這與其它星盤的間隔太遠了：例如比星盤#10還要晚22年。但這又如何？星盤#10還比最早的星盤（#7，西元前7年）晚了51年：若都勒斯能活到西元84年來解析星盤#10的話，星盤#7的主人可能已經過世了。但有誰說過都勒斯都是在個案活著時解析星盤的？而星盤#7（西元前7年）與星盤#6（西元12年）之間差距19年又該如何解釋？這中間難道他就沒有再解析任何星盤了嗎？誰規定星盤之間的差距就「應該」要緊密才行，尤其其中有一些星盤又是名人的星盤時？

　　事實上我們並不知道都勒斯是如何選擇這些星盤的，他認不認識這些個案，這些個案出生於何地，都勒斯是從較早的文獻得到星盤或是他自己計算的，這些個案在被解析時是生是死，又在何時過世等等。唯一可以確定的是，若都勒斯是在四十歲著作《五經》的話，那麼最準確的星盤（也是最晚的）是在西元66年，而他著作的時間則有可能是在西元106年左右。若依照賓格瑞較不準確的西元34年的日期，星盤#10則變成最晚的星盤（西元44年），《五經》的著作則可能是在西元84年。

— 星盤 #6 —
資產與財富（I.26，12-14）

　　這張星盤最主要的問題是，行星的配置與解析裡的重要內容並不相符。月亮與木星確實是在風象星座會合且活躍的，但文字中卻寫道水星和土星是在下降或衰弱的位置上，但以整宮制且上升巨蟹座來看，水星、土星不可能在天蠍座同時又是下降或衰弱的。所以若不是上升是錯誤的，就是水星、土星的星座是錯誤的。不幸的是，無論上升在哪個星座，風象星座都有可能在四尖軸之一，因此很難找出上升的位置。有些人可能會認為土星和水星應該在射手座，但在西元前50年到75年之間，土星在射手座，木星在天秤座的配置並不存在。更重要的是，除非都勒斯使用的是象限宮位制，否則土星、水星不可能在相鄰於木星、月亮的同時，前者是下降的後者卻又是活躍的，然而我們並沒有證據證明都勒斯使用的是象限宮位制。

　　賓格瑞提出這張星盤的時間是在儒略曆西元12年10月31日10:00PM，如圖。火星是在處女座而非獅子座，而金星也即將在一天之內進入天秤座。然而土星、水星仍然不在下降的位置上。至於我推斷的時間是在儒略曆西元72年10月27日10:00PM。火星仍在獅子座，金星則在射手座，但問題還是相同。此時恐怕要採取更極端的說法才能合理化這些差異——例如可能是計算再加上抄寫上的錯誤，才導致許多行星都在不正確的位置上。若要符合解析上的內容，就得接受多張星盤的可能性。

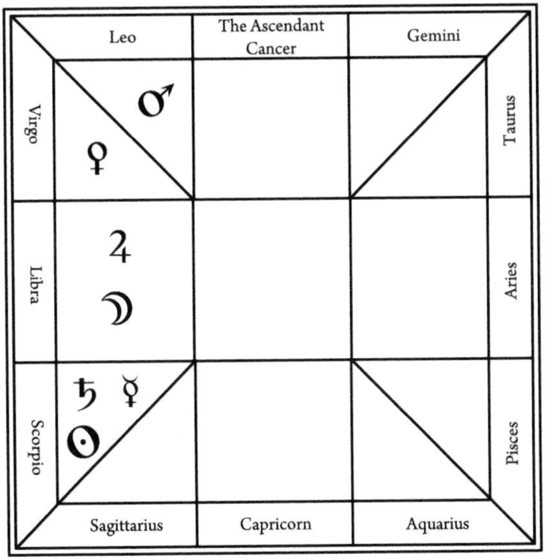

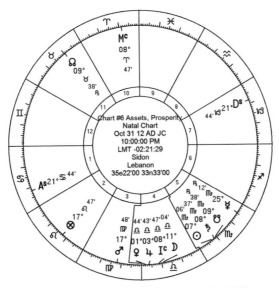

圖13：星盤 #6，資產與榮華富貴（I.26, **12-14**），手抄本C

圖14：星盤 #6，資產與榮華富貴（I.26, **12-14**），現代版

— 星盤 #7 —
資產與財富 (I.26，15-16)

這張星盤應可確定時間是在儒略曆西元前7年3月28日10:00AM。唯一的問題是水星和金星都在不對的星座上。但這種問題很常見，至少水星和金星對太陽而言都在正確的相對位置上。

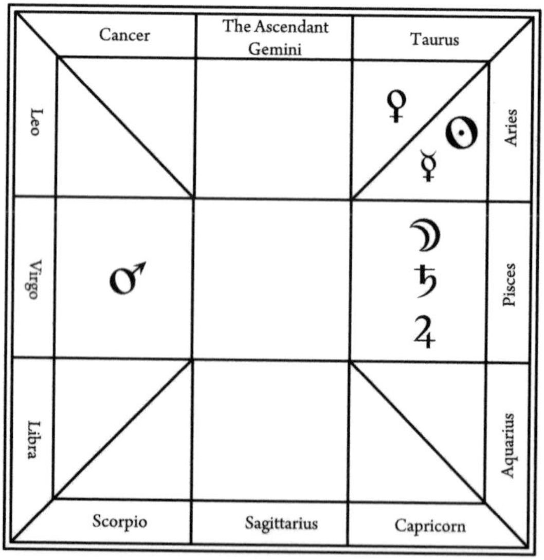

圖15：星盤 #7，資產與榮華富貴 (I.26, **15-16**)，手抄本 C

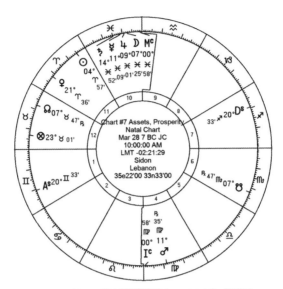

圖16：星盤 #7，資產與榮華富貴（I.26, **15-16**），現代版

— *星盤 #8* —
資產與財富（I.26，17-19）

　　賓格瑞處理這張星盤的方法非常好。星盤中月亮必須位於尖軸
與風象星座，水星和土星必須是下降的，而火星則須以某種方式傷
害父親的資產，金星和木星亦同時位於尖軸。這個時間為儒略曆西
元14年11月26日12:00AM。我們可以看到圖中的星盤仍然相當準
確，不過都勒斯所認為的木星和土星的位置，分別比實際數值稍前
與稍後。另外，我們看到火星在二宮，的確會傷害資產。這部份再
次解釋了類似星盤 #2 中抄寫上的錯誤，而這裡則是將火星誤放在
續宮。另一方面，因為五宮為四宮衍生的第二宮，有些人可能會認

為五宮的火星傷害的是父親的資產，所以都勒斯才將火星誤放在五宮。然而都勒斯若是從之前的文獻取得這張星盤的，也有可能這張星盤一開始就是錯的。

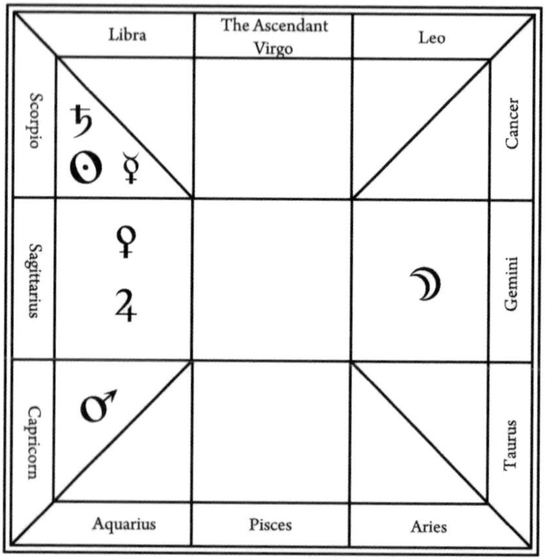

圖 17：星盤 #8，資產與榮華富貴（I.26, **17-19**），手抄本 C

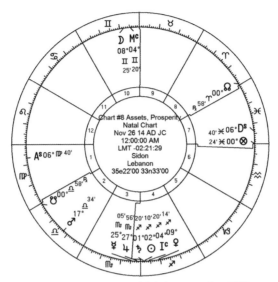

圖18：星盤 #8，資產與榮華富貴（I.26, **17-19**），現代版

— *星盤 #9* —

壽命的配置（III.1，29-67）

　　這張星盤之所以特別有兩個原因。第一，文字的解析中有明確告知時間（波斯曆），甚至也告知是拜占廷帝國曆法（戴克里先皇帝，Diocletian）的年份。根據這些資訊，這張星盤的時間應為儒略曆西元380年2月27日接近日出之時，但若用恆星黃道系統來計算，時間為儒略曆西元前381年2月26日，其中只差一年又一天。這中間的差異可能是古代文獻中經常見到的，與純數和序數之間的混淆有關（尤其是阿拉伯文獻）。

　　以下方形的星盤來自手抄本C。我們可以明顯看到行星的度數有

些奇怪甚至是錯誤的（例如金星和太陽的度數應該對調，火星則有抄寫上的錯誤）。至於手抄本B則將月亮（雖然沒有度數）放在天秤座，符合2月27日月亮的位置。不過還要提出一個論點，即手抄本C中，都勒斯將月亮寫在靠近天秤座的位置上，這有可能是因為空間太小，無法寫下更多的訊息，但他應該是指月亮即將進入天秤座。然而月亮的度數是19°，而26日當天的上升確定是在18°，故月亮應該是在處女座。也就是說，真正的日期應該是儒略曆西元381年2月26日。若根據摩蘇爾（Mosul）等靠近現代敘利亞的城市以及牡羊座的赤經上升時間來看，星盤所在的緯度大概是36° 30'（不過由於其它星座的赤經上升時間長短不同，故也無法依此確定）。另外，這張星盤是依恆星黃道系統繪製的（依照法崗 - 布萊德利[Fagan-Bradley]的歲差系統），但文字解析裡的內容卻顯示行星的度數與星盤有1°的差異，表示薩珊王朝占星師所使用的歲差系統（*ayanamsa*），比法崗 - 布萊德利的還要多1°。

這張星盤之所以有趣的第二個原因是，它揭示了薩珊王朝所使用的天文數據。首先，這張星盤若以恆星黃道系統繪製將更為準確，且其歲差系統與法崗 - 布萊德利系統十分相近（如上述）。第二，**37**的內容亦顯示這些天文數據是如何建構及使用的：

- 這張星盤是依第四氣候區繪製的。所謂氣候區是指以緯度但非平均的方式將世界劃分成七個部份，第四區經常代表「巴比倫」地區。但**42**中，該區域牡羊座的赤經上升時間（19° 12'）與傳統的天文計算資料不符：代表薩珊王朝針對七個氣候區所使用的天文數據是不同的，又或者他們的天文數據可以精算到每個緯度或更窄的緯度帶。根據薩珊王朝的赤經上升度數，該區域

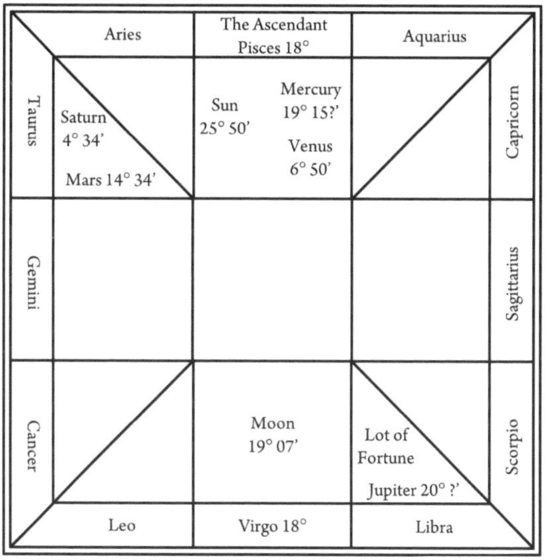

Aries
The Ascendant
Pisces 18°
Aquarius
Taurus
Saturn
4° 34'
Mars 14° 34'
Sun
25° 50'
Mercury
19° 15?'
Venus
6° 50'
Capricorn
Gemini
Sagittarius
Cancer
Moon
19° 07'
Lot of
Fortune
Jupiter 20° ?'
Scorpio
Leo
Virgo 18°
Libra

圖 19：星盤 #9，壽命的配置（III.1），根據手抄本 B 和 C

Carmen III.1
Natal Chart
Feb 26 381 AD JC
7:09:30 AM
LMT -02:52:33
Mosul
Iraq
43e08'00 36n20'00

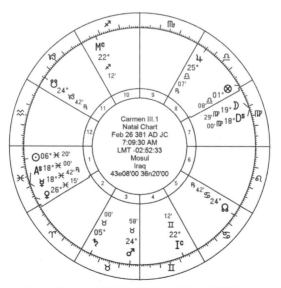

圖20：星盤 #9，壽命的配置（III.1），現代版（恆星黃道系統）

應該是在北緯36° 30'；可惜的是，若依現代的方法計算，金牛座在該緯度的赤經上升時間仍與文獻所記載的不同。

- 更驚人的是，薩珊王朝已將各個氣候區、各個緯度及星座的赤經上升時間精準列出，甚至還加上各區間的分數。這樣的例子在文獻中比比皆是，每個行星的位置附上特定的赤經上升時間，計算時可快速加減。相較於將每個星座分成30等份、並認為每個度數的赤經上升時間相同的傳統方法，薩珊王朝的方法當然讓星盤的內容更加準確。第五章有更多相關的解釋。

- 最後，將赤經上升的時間依比例換算成年份（例如，某某事件會在2.5年後發生）時，他們還能利用特定的表格，例如1/5 (0.2) +1/10 (0.1)為0.3，甚至還有1/13這樣的比例（**56**）。由於一年中不同的時期可代表不同的天數，他們的計算方式可快速地換算出特定的天數。

— *星盤 #10* —
壽命的配置（III.2，17-40）

這張星盤的日期也存有爭議。賓格瑞將日期定為儒略曆西元281年10月20日，並認為這是波斯時期誤植的內容，而非出自都勒斯。這也許是因為賓格瑞認定第九張星盤是波斯時期的產物（霍登亦認為是這個原因[34]），因此第十張星盤也是。不過霍登認為這張星盤的確出自都勒斯，日期為儒略曆西元44年10月2日。我認為霍登是正確

---

34 | 霍登，2006年，第35頁，註釋83。

的，真相顯而易見。我們先來檢視這張星盤。

這張星盤是根據手抄本C重新繪製的。我以括號特別標出出生前的滿月在牡羊座，但手抄本中只列出滿月所在的界而非星座。手抄本上的水星及太陽度數也難以辨識。

我們可輕易發現這張星盤有三個問題。第一，有兩個土星（射手座及處女座）與兩個水星（處女座及天秤座）。賓格瑞在他的版本中並未指出這個問題，並自動忽略位於處女座的土星及水星。這兩顆行星的確不在處女座，但有必要釐清為何手抄本會這樣寫，因為這讓星盤看起來雜亂無章。

第二個問題則是阿拉伯文獻與星盤中常見的錯誤，即純數和序數的混淆：文字敘述金星位在27°（**33**），土星位在射手座的第12個度

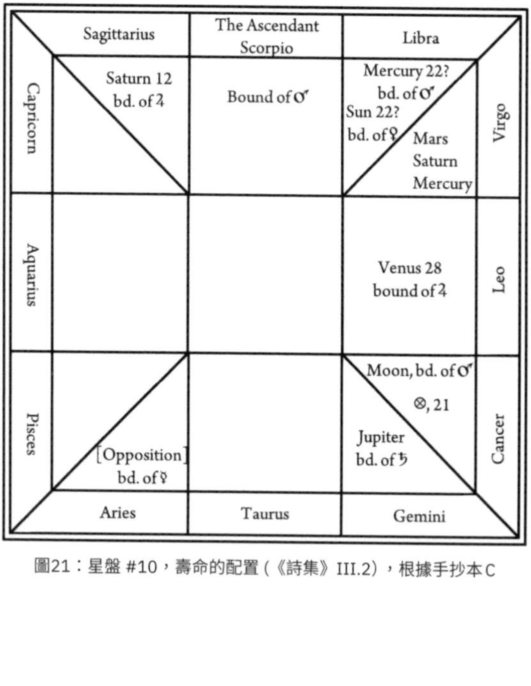

圖21：星盤 #10，壽命的配置（《詩集》III.2），根據手抄本C

數，或11°（**40**），但星盤上卻分別將金星和土星放在28°和12°的位置上。圖上土星的度數肯定是錯誤的，因為射手座的木星界結束於12°，但**40**卻敘述土星位於界的最後度數上，因此土星應該位於11°。

第三個問題與界有關且較為罕見，須特別注意才能發現到。文字中明確指出界的起始與終止的度數（**26, 29, 40**），從中可確認作者（其實就是都勒斯）使用的為埃及界。在埃及界的系統中，位於射手座11°的土星位在木星界上，同時也可確認上升應該是位在天蠍座6°（**22**）。然而金星卻在獅子座27°或28°（**33**），金星的位置無論是在埃及界或其它系統中都不可能位於木星界上。同樣的，水星也不可能位在火星界上（水星看起來像是在22°，但無論如何都不像在28°或29°火星的界上）。即使我們假設太陽和金星所位於的界是錯的，金星的距離也不可能離太陽那麼遠，因為金星的大距（elongation）不會超過48°。因此這星盤本身就是錯誤的，但其中有關界的訊息卻成為我們發現星盤錯誤的重要依據。

根據霍登的說法，我以儒略曆西元44年10月2日8:15:01 AM（回歸黃道系統）計算出以下星盤。這是一世紀中唯一的所有行星都符合文字敘述的星盤（除了位於處女座的水星和土星外）。若月亮位在以下星盤中的界上，月亮不可能成為敘述中配置法的伴星。

這張星盤中，上升、木星、月亮和土星皆位在正確的界上，但水星、太陽、金星、特殊點和出生前的滿月的位置是錯誤的。就我看來這更證明了文字中有關界的資訊似乎是一種誤導。不過除了特殊點外，所有的行星與敏感點均位於正確的星座上。此外，除了土星和有關太陽的奇怪論述（見下文）外，其餘的計算與解析是正確的。例如火星的確注視上升所在的界（**21**），月亮也是，所以月亮應該位在火星的界上（**24**）。

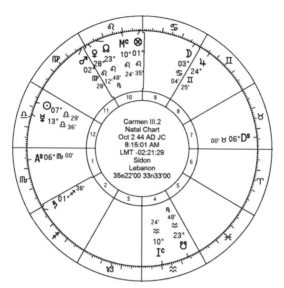

圖22：星盤 #10，壽命的配置（《詩集》III.2），戴克的現代版

圖23：星盤 #10，壽命的配置（《詩集》III.2），賓格瑞的現代版

　　至於土星，其度數與原本星盤上差了10°。但我們可以想像，這也許是因為希臘文的1（α）誤寫成11（ια），僅僅一字之差，整個解析就變成錯誤的了。另外我還觀察到另一個現象，間接支持這個想法。由於太陽在7°，與土星所落的射手座第一個界呈六分相。但土星若在11°，則太陽會在土星之前成為伴星。但這點在文字中卻未曾提到。若太陽在土星之前為伴星，應該能多少減少土星的傷害。

　　還有一個有關太陽的奇怪論述，即太陽的光束來到上升及——我認為是——火星之間（**25**），但坦白說我並不清楚都勒斯所指為何。

　　我們再回頭看賓格瑞的星盤，就會發現幾乎所有的位置都是錯誤的。首先水星和金星位在錯誤的星座，雖然是常見的現象，但若水星是在天蠍座，水星在配置法中就有機會成為伴星，但文字中卻無提及。另外原本的兩個解析也會變得不可能：火星若在處女座17°，就無法投射光線到天蠍座的火星界上，而金星不合意於天蠍座，也無法成為伴星。但若是西元44年的星盤，以上的解析就會完全正確。

　　基於上述理由，我的結論是霍登的假設是正確的，這張星盤的解析的確出自都勒斯。

第五章
《詩集》I.28 的赤經上升時間

　　在《詩集》I.28，**1-8**中，都勒斯根據同區分的發光體（sect light。譯註：原譯「區分內發光體」）三分性主星的活躍度來判斷榮華富貴。他以尖軸為始點，每15°為一個區間，而每區間由高至低代表某程度的榮華富貴。前三個區間代表由高到中等的富貴（0°-15°，

15°-30°及30°-45°），而在下個尖軸前的剩餘區間則代表最低的程度。不過在**7**至**8**的敍述中，他澄清度數並非以黃道度數平均劃分，而是根據赤經上升度數。這代表每個區間會因為星座的不同而有或大或小的分別，我們無法僅以目視就能確認每個區間的位置，必須要透過計算才能得出。

本圖假設某人位於北緯45°（使用該緯度之數據），並藉由赤經上升時間表計算得出。從圖中我們可以看到，黃道的前15°應在雙魚座10° 06'結束，但由於圖中的上升星座為扭曲或短上升星座，赤經上升時間較短，15個單位的赤經上升時間讓度數落在雙魚座後面的度數，即21° 42'：在黃經上離原上升約20°的距離。其它區間的算法亦以此類推。也就是說，位於牡羊座較早度數的木星，雖然距離上升的黃道距離約40°，但以赤經上升時間計算卻落在第二區間。反過來說，若為直行星座或長上升星座（尤其是處女座或天秤座），這些區

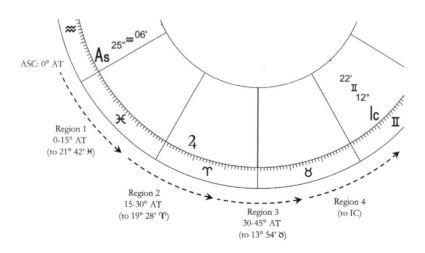

圖24：三分性主星的活躍度（《詩集》I.28, **1-8**）

間在黃經上將會比15°小更多 。

　　與直接用三角函數，或稍後將會介紹的利用軟體「前進」的方法相比，使用赤經上升表格來計算這些區間所得到的結果仍不夠精確。赤經上升表格的數據是針對整個星座而言的，若要計算每一度的赤經上升時間，通常會直接除以30。例如：某星座的赤經上升時間為37，每度的時間即為1.233個赤經上升時間（37 / 30° = 1.233）。由於天空是弧形的，無論是從扭曲星座進入直行星座或者相反，其過程都是循序漸進的：即行經的度數並不會因為星座的轉換而有立即顯著的差異。星座前面與後面的度數所對應的數據是有些許差異的，因為它們會逐變大或變小。因此，當我們將赤經上升時間除以度數時，所取得的只是平均值，若是計算小的區間，誤差還算小。但無論如何，圖上的區間所產生的誤差僅約1°內。

　　在《詩集》III.1所展示的波斯星盤中[35]，波斯人的計算方法比上述更為精確。上述的例子中，每個區間的度數都是個別計算的。但注意到，上升及區間三涵蓋了整個雙魚座與牡羊座：若要找出區間三的最終度數，也可將雙魚座和牡羊座的赤經上升時間相加，然後再從45個赤經上升時間減掉其加總，如此所得到的結果會比個別計算更為精準。在《詩集》III.1中波斯占星師就是以此方法計算的，而他的表格似乎還包括每個緯度的度數，更提高了計算的精確度。

　　利用赤經上升表格的計算有個可惜的地方是，它僅能計算地平線（上升與下降）的度數，而無法計算中天或天底的度數。至於為什麼，這個方法的名稱直接給了答案。它稱為赤經上升時間，而非赤經中天時間。至於西方位於下降點以上的行星，我們須使用表格上相對

的星座。由於這個方法需要經驗與訓練，所以稍後我會再介紹，藉由電腦軟體的時間（例如小時）動態功能來計算的方法，而這個方法簡單到人人皆可上手。

— 軟體「前進」的方法 —

實際上都勒斯這個方法為某種主限向運法，係由赤經上升計算出星體之間的距離，並預測星體或相位何時以主限或周日運動來到地平線或中天。由於天空每四分鐘移動一個赤經度數，若某段區間為赤經15°，換算成時間則為60分鐘（15 * 4 = 60）。若利用軟體的動態功能，依每一小時的速率前進，我們即可確認每個區間的起始與終點。

1. 在軟體的動態功能中打開本命盤，並注意隨著尖軸移動的行星。
2. 讓星盤的時間前進1小時，所有經過尖軸的行星將位於區間一。
3. 再讓星盤的時間前進1小時（總共2小時），所有經過尖軸的行星將位於區間二。
4. 再讓星盤的時間前進1小時（總共3小時），所有經過尖軸的行星將位於區間三。

舉例來說，假設木星為上述星盤的第一個三分性主星，星盤的時間為6:00 AM。欲知木星是否位於區間一，我們可讓星盤時間前進1小時（7:00 AM），觀察木星是否通過上升點：若是，則木星在區間一；若否，則不在。這個例子中木星並非位於區間一。現在再讓我們前進1小時（8:00 AM），觀察木星是否通過上升點：此時木星的確通過上升點，因此木星位於區間二。但若木星未通過，我們可以再前進1小時，觀察木星是否通過上升點。

由於電腦可以自動計算每個尖軸的三角函數，這個方法可運用在

四個尖軸上,來觀察三分性主星是否位於其中一個有利的區域。

另外,由於星座的赤經上升時間在極端的緯度上會變得極多或極少,某些星盤顯示榮華富貴的有利區間範圍相對較大,因此這個方法在某些地方可能無法適用。不過從以上的案例得知,都勒斯認為三個星座約為45個單位的赤經上升時間,這代表位在較為北緯的地方、上升為扭曲星座的人,會比上升為直行星座的人(這三個區間範圍相對較小)具有更大的機會符合榮華富貴的這項法則。從另一個角度來看,正因為扭曲星座上升速度較快,在此類星座上升時出生的人也相對較少。

第六章
《占星詩集》裡的三分性主星(第一、二、四冊)

占星師都知道都勒斯在星盤的解析中對三分性主星著墨甚多[36],在《詩集》中甚至還說「每件事」都可透過三分性主星而決定(I.1, 8)。當然他的意思不會這麼表面,否則《五經》裡的內容可以縮短許多。不過他的確認為三分性主星是重要的,雖然我不記得文獻中他究竟曾和誰討論並解釋其重要性:三分性主星究竟代表什麼,又有什麼作用?在本章中,我會以《詩集》裡的多篇章節來闡述並回答這些問題(參考以下表格)。

三分性主星的起源與行星喜樂有什麼關聯,一直以來都是個引人入勝的主題。在我完成本命占星的課程前,我想先向讀者介紹布倫南

的優秀評論，內容是根據2012年我們共同完成的研究[37]。除了三分性主星是如何衍生的之外，它們代表什麼含義呢？

都勒斯所列出的案例中，有九個是我認為非常重要的三分性主星的類型，另外還有三種相對沒那麼重要。範例中三分性主星（特別是前兩個主星）會與一般性的代表因子共同解析。例如，太陽在自然徵象上常類比為父親，而太陽的三分性主星亦可代表父親，因此除了三分性主星的作用外，也必須考量其與自然代表因子的差異。但我們可能因此而落入某種陷阱，不少現代占星師就面臨著這樣的風險：將所有的因素都丟入同一個鍋子裡，像「燉煮」食物般不停地攪拌，然後再看什麼味道會先跑出來——通常會把所有味道歸類為「好的」或「壞的」的評斷。幸運的是，《詩集》中有許多連貫性的語彙與觀念來協助解決分辨上的難題。以下表格將九種主要的及三種次要的三分性主星羅列出來，同時加上相應的主題與在內文中出現的位置：

代表因子	主題	出處
上升	成長	I.4及I.7, **9**
月亮	母親 奴隸	I.13, **11-15** 及 **18-22** I.10, **1-2**[38]
月相	奴隸	I.10, **24-33**
太陽	父親	I.13, **1-10**及**16-22**
火星	手足	I.23, **11-19**
金星	關係	II.1, **1-5**; II.3, **19-22**; II.4, **3-6**。
木星	子女	II.8及II.9
幸運點	成長與榮華富貴	I.4, **8-9** I.28, **34-35**

---

37 | 布倫南的著作，2017年，第336-340頁。

38 | 不過**2**亦提及日間盤以太陽為主，因此太陽與月亮要綜合考量（月亮為家庭或母親的自然徵象星），亦要考慮是否同區分的發光體（代表格局的自然徵象星）。

同區分的發光體	榮華富貴[39]	I.24; I.26; I.27, **1-4**; I.28, **1-9**。
天底	疾病 死亡	IV.2, **17-19** IV.3, **25-28**
第七宮	死亡	IV.3, **18**
婚姻點	婚姻	II.4, **4**

圖25：都勒斯的代表因子及三分性主星

　　讀者可輕易透過以上表格讀取相關內容，我這裡只先簡單介紹
《詩集》中自然代表因子與三分性主星的不同之處：

　　自然代表因子：主題、人物或動機（例如愛）的本質上／根本上
的*價值、自尊或適切性*。

　　三分性主星：持續的*協助與支持（尤其有「增加」或「減少」的功
能）、保護與存在*。

　　許多占星師將各種尊貴力量類比為多種社會關係，三分性主星
通常與兩種事情有關：自我權威的重視[40]，以及家庭、朋友與同盟等
各種類型的支持。其中我認為家庭與家人般的朋友最為重要，尤其在
古代社會，家庭代表支持與成功的機會，沒有家庭就代表無法從外部
獲得支持與成功。因此，即便當事人的能力或資質良好，但若缺乏支
持要何以有效發揮才能？又或者當事人有能力保護或保持能力的穩定
嗎？自然代表因子或許狀態良好，但若缺少有力的三分性主星，就代
表當事人缺乏支持，自然代表因子所代表的事項亦無法獲得協助、保
護或持續顯現。三分性主星顯示當事人在*一生中*，特定主題或自身狀
態是否有增加或減少、獲得保護或缺少保護、存在或不存在等狀況，
以及特定主題如何影響當事人。我們先從太陽及父親的主題開始討

---

39 ｜ 參見 I.7, **26**，其中開始討論同區分的發光體與家庭背景的關係。
40 ｜ 這其實是最原始的意義，都勒斯曾在《摘錄》VIII 中談及，並與宮位和界一併討論。

論，同時參考我所整理的關鍵字與相關概念。

　　太陽與父親。《詩集》中的確清楚陳述了太陽與父親有關：「從太陽可得知父親的尊嚴，從其三分性主星知道他的生活水平」（I.13,**1**）。「生活水平」(معيشة) 這個詞不儘然是指他的職業或工作，而是他的生活質量、生活形態與方式。這已然道出三分性主星與時間、過程與經歷的關聯。因此，若太陽的狀態良好，就能正面描述父親在社會價值、資源或地位方面的基本水平。若太陽的狀態不佳，也會負面地影響父親的尊嚴與健康（I.13, **6-8**）。以太陽的狀況為基礎，若其三分性主星的狀態良好，將會「增加」父親的吉象，提升他的地位（I.13,**2,9**）；若三分性主星的狀態不佳，將會「減少」父親的資產，無法提供「保護」，甚至造成傷害與災難（I.13, **4,6**）。這樣的方式是先針對太陽做基本的解析，然後再以三分性主星判斷父親的資源能否增加或受到保護。三分性主星不僅對父親產生影響，父親畢竟是命主的至親，命主也會受到影響：若三分性主星受到傷害（或太陽也同時受到傷害），父親的資產將會被「揮霍」（I.13, **17**），亦即資產無法受到保護或保全；倘若全部都受傷，命主甚至會被家族拋棄，因此無法受到父親的關愛與支持（I.13, **20**）。

　　上述關於父親的描述包含了所有三分性主星的基本概念，不過仍然有其它的用法。接下來除了討論這些用法外，也將考慮如何將三分性主星應用在時間的預測上。

　　自然代表因子：價值、尊嚴、適切性。《詩集》中有多章提及自然代表因子在本質上與其代表的人事物的價值有關。例如，上升代表命主的身體與是否能受到良好照顧（I.4, **7**; I.7）；月亮為母親的社會價值（I.13, **13-15**），亦為家庭的基本狀態（I.10, **1**）；太陽為父親

的自尊與生活（I.13, **1**）；出生前的新月或滿月為家庭的價值與狀態
（I.10, **24-31**）；金星為配偶基本的合適度（II.1, **4**）；同區分的發光
體則永遠代表生活的基本要求與生計本身。

「增加」與「減少」。三分性主星的首要作用在於增加或減少代表
因子主管事項的質與量，而且是以一種持續的方式。若上升的三分性
主星狀態良好，將會提升生活的質量（I.4, **2**），若狀態不佳，則降低
（I.7, **9**）。若上升及三分性主星受到傷害，則轉而檢視幸運點及其三
分性主星，將其作為最後確認能否幸運地獲得照顧的指標（I.4, **8**）。
月亮（以及同區分的發光體）作為家庭的代表因子，若狀態不佳，三
分性主星卻能創造天壤之別的情境，例如雖然貧窮卻自由，抑或墮落
到奴役的深淵（I.10, **1-2**）。在其它主題上，三分性主星同樣能影響
一個人的生活品質，將其提升或拉下：例如配偶是壞人或是出身低
下，是否帶來恥辱或悲傷（金星，II.1, **4-5**; II.3, **19**）；子女帶來的
是財還是禍（木星，II.8, **12**）；命主是隨心所欲過生活、享受高的社
會成就，還是必須歷經千辛萬苦、困難重重（同區分的發光體，I.24,
1-7, I.26 相關的描述，I.26, **14**），此時木星與三分性主星的相位能
減輕問題（II.3, **30**）。若從數量的層面來看，三分性主星能增加或減
少手足（火星，I.23, **12-13**）、子女（木星，II.9, **7** 及 **10**）或資產（同
區分的發光體，I.24, **1-7**）的數量。最後，天底代表疾病與死亡，傳
統上有不吉利的意味，但三分性主星能讓死亡變得更為可怕或較為祥
和，或讓死亡的品質有著極大的差異，例如不名譽或不明原因的死
亡，或受人緬懷甚至享有厚葬的尊榮（IV.3, **25-28**）。

「保護」。《詩集》提到三次「保護」及「保存」來說明三分性主星
的功能。太陽的三分性主星若狀態良好，能保護父親的資產（I.13,
6），上升的三分性主星能保護命主的生命（I.4, **2**），而幸運點的三分

性主星若能注視幸運點，命主的資產就得以保存（I.28, **34-35**）。同樣的，木星及火星的三分性主星分別保護了子女與手足，至少他們的生命得以倖存（II.9, **15**; I.23, **12-13**）。最後，我們可以說同區分的發光體的三分性主星若狀態良好，命主的生計與生活方式將受到保護與保存，至少能夠過著「穩定」的生活（I.24, **8**）。

「協助」與「支持」。瓦倫斯曾提到三分性主星有「支持」與「基礎」之意[41]，《詩集》亦採用協助與支持的概念，即便不是直接使用同樣字眼。《詩集》I.28, **9**對此觀點有一種特別的應用，即若僅有不同區分的（*contrary-to-sect*。譯註：原譯「區分外」）發光體的三分性主星位於吉宮（且同區分發光體的三分性主星不在吉宮），命主只會過著中等的生活，他的格局是有限的，無法超過他自身所能達到的水平，無法得到任何協助。《詩集》強調，同區分的發光體的三分性主星應注視月亮、上升或同區分的發光體自身（I.27, **1-2**），其代表的支持並非停留在抽象的層面，而是直接透過行星的連結給予。都勒斯在這段文字中表達了月亮比上升來得重要，因為月亮在廣義上代表養育與家庭地位，而不僅限於命主的身體與存在（I.10, **1-2**）。最後，三分性主星所給予的幫助也隱含了對主管事項的准予：木星的三分性主星若狀態不佳隱含著沒有子女（II.8, **4**），金星的三分性主星若狀態不佳則暗示無法成家（II.4, **5-6**）——也就是說，即使你遇到合適的人（有好的金星），卻缺乏助因結成連理，兩人之間的和諧度也會減少。

都勒斯更進一步強調並確信，三分性主星所扮演的支持的角色是透過與特定行星的強力連結來完成。上面提到他希望同區分的發光體的三分性主星能注視月亮、上升及同區分的發光體本身。但他同時也

41 | *Hupostasis, katabolē*. 參考《占星選集》第二冊之前言（修密特，第1頁；賴利，第25頁）及VI.2（修密特，第69頁；賴利，第116頁）。修密特使用的是「支持」，而賴利使用「基礎」這個詞。

希望上升的三分性主星能彼此注視，並注視上升與發光體（I.4, **5-6** 和**9**）：也就是說，除了與上述發光體所象徵的生命法則連結外，所有三分性主星都能彼此相助，也同時幫助自然代表因子。此外，他還希望幸運點的三分性主星最好也能注視到點所在位置，這樣才能保全資產不被揮霍（II.4, **3**）；金星的三分性主星須注視金星與中天，命主才能感受到快樂；婚姻點亦然，如此命主才得以成婚（II.4, **4**）。

「存在」。某個程度上這個概念與上述有關。狀態良好的三分性主星代表某些人事物在命主的生命中得以存在（有益的），而狀態不佳的三分性主星則代表缺席。上一段所提及的上升、木星、金星和火星的三分性主星分別能給予滋養、子女、婚姻和手足[42]，而太陽或月亮的三分性主星則讓有些人得以享有父母在身邊的幸福，有些卻得經歷被家庭拋棄的痛苦（I.13, **20**）。

綜合以上，讀者應能充分明瞭都勒斯在《詩集》中對於三分性主星的理解與詮釋。接下來所要討論的主題為時間的預測。三分性主星本身亦可代表時間，它們的本質在於個人或人生事項如何被增加或減少、保存或浪費，這些都需要時間才能發展。它們代表生命的過程與經驗，也代表不同時期的轉換——如同白天與黑夜的更替，不同區分的轉換。同時，它們也被分配給人生不同的時期，即前期與後期。許多章節都曾討論這樣的觀念，即第一個三分性主星象徵人生的前期，第二個則為後期[43]。（《詩集》II.3, **22**，又或者還有其它章節，誤導占星師相信第三個三分性主星象徵人生晚期，然而《結果》II.21［修密特，第69頁］則表示只有前面兩個主星可被使用。）[44]

---

42 ｜參考I.23, **15-19** 及 II.9.中如何運用三分性主星計算子女及手足的數量。
43 ｜《詩集》II.9, **13-14** 中亦利用尖軸或象限來預測子女何時出生。
44 ｜薩爾在《論本命》7.1, **17** 的理解也是正確的，這表明至少有些都勒斯古波斯文版本並沒有塔巴里所犯的錯誤。

　　然而人生時期的轉換究竟何時發生呢？《詩集》並未明確提及，但在I.25（尤其3-4），都勒斯的確說到，若同區分的發光體的第一個三分性主星位於尖軸（在困難重重的本命盤中），它能逢凶化吉，而這段時間則以行星的小年計算。也就是說，若第一個三分性主星的狀態良好，在經過其行星小年所代表的時間後，人生將會轉換到第二個時期並開始衰弱。但那同時也表示，若第一個主星狀態不佳，但第二個主星狀態良好，第一段時期會較為辛苦，之後就否極泰來。瓦倫斯（《占星選集》II.2 ，II.28以及VII）則有不同計算年份的方式。

　　在結束這段討論前，我想提出一些問題供讀者思考：

- 《詩集》中有三個尖軸被視為可運用其三分性主星的自然代表因子，所以是否也可藉由中天的三分性主星來探討活動與職業呢？若七宮代表死亡，為何四宮也代表同樣事項？若都勒斯認為七宮是指因他人的原因而過世，他又是如何運用三分性主星的呢？

- 有兩個特殊點被視為應檢視其三分性主星。幸運點是真的重要，這很合理。那麼其它特殊點，尤其是精神點又該如何？若精神點的三分性主星亦須被檢視，為何《詩集》並無提及？若無須檢視，又是為何？特殊點的三分性主星，與自然代表因子的三分性主星又有何不同？

- 三分性主星與宮位的詮釋有何不同？例如，藉由木星及其三分性主星已可充分詮釋子女的狀況，但這與五宮所代表的特質有何不同？雖然都勒斯結合了三分性主星與宮位的方法來作詮釋，但兩者是不同的系統，我們能否分辨兩者的差異？在我的印象中《論數學》VI.32中甚至還有另一種主要藉由特殊點解析的系統，這些系統有可能融合應用嗎？又該如何融合呢？

第七章
有關壽命（第三冊）

據納迪姆[45]所言，《五經》第三冊或其古波斯文版本的內容包含了職業以及壽命釋放星或居所之主（house-master）。「釋放星」係象徵命主生命或生命力量的行星，用於主限向運法中（第三冊亦提及界行向運法）預測生命的終止或其它危機。阿拉伯文版本亦跟隨古波斯文的稱呼，稱之為 *hīlāj* 或 *haylāj*，之後拉丁文則以 *hyleg* 表示。「居所之主」亦為釋放星之一，不同的占星師有其不同的應用方式。阿拉伯文同樣延用古波斯文的名稱，稱之為 *kadkhudhāh*，而拉丁文則為 *alcochoden* 或 *alchocoden.*。III.1 和 III.2 稱釋放星為生命的「徵象星」，居所之主則稱為生命的「主管星」，對生命最有「主導權力」。讀者可參考瓦倫斯（《占星選集》III.1）和托勒密（《占星四書》，羅賓斯譯）來比較他們對於這個主題的方法。

遺憾的是，《五經》中針對這個方法的內容大部份已佚失。III.1 中有絕大部份的內容可能是由後代的波斯學者補充的。在 III.1 的開頭，我針對行星進入與離開光束下的理論補充了我的觀點。上述第四章中我也討論了其中的一張星盤。另外，III.2，**1-16** 直接討論了釋放星與居所之主，這有可能是都勒斯原創（雖然內容略為簡短）。**17-44** 則大幅討論星盤案例，雖然賓格瑞認為是其他學者的補充（參考之前的論述），但 III.2 在結尾的確有提供些許判斷的法則。

---

45 ｜納迪姆的著作第2卷，第641頁。

第八章
《詩集》中的年度預測系統（第四冊）

《詩集》的 IV.1 和 IV.4-5 完整體現了都勒斯的年度預測系統，這方面與《占星四書》IV.10 有點類似。與第三冊相同，第四冊展現了都勒斯年度預測系統[46]的精髓：

- （僅僅或主要使用）壽命釋放星經過界的配置法
- 年度小限法（分別有年主、月主甚至日主星[47]）
- 太陽回歸法
- 過運法

在 III.1-2 中，配置法的計算方法附有圖表，且小限、太陽回歸和過運應一起使用，但可惜的是，有關太陽回歸的章節僅有兩個句子提供如何計算行星位置與上升點，但如何解析卻付之闕如。第一句（IV.1, **4**）應該是都勒斯的觀點，但第二句（IV.1, **14-15**）則是根據瓦倫斯的方法所補充。因此接下來我們僅能討論小限法與過運法。

第一部份是上升的年度小限法，以太陽回歸日起算。與其他占星名家不同的是，都勒斯是以整宮制推算，而非以30°[48]為單位來推算。零歲時，上升「本身」即為當年的小限，之後以一年一個宮位的方式往前移動。小限所到之星座即為年度星座，其主星則為小限的年主星：有許多不同的方式詮釋該年的星座與年主星，包括其在本命與太陽回歸盤的位置與狀況（可再結合稍後提及的過運法），來預測

---

46 ｜ 在此我先忽略三分性主星和象限的預測方法，一方面是因為它們不夠精細，另一方面它們在《詩集》中為普遍性的預測方法。

47 ｜ 在此我不討論月主星與日主星。

48 ｜ IV.1, **1-2**。

當年可能發生的事件。圖26為每一年小限法的宮位，雖然只顯示到五十九歲，之後仍可以此類推直到命主死亡。

在確認年主星之後，我們會先分析該行星在本命盤的自然徵象與狀態，並觀察該行星當時的過運[49]。若行星狀態良好、東出、遠離光束下、順行、行進速度快，代表行星的主管事項是有建設性或有助益的（可能即將發生）[50]；若行星狀態不佳、西入、在光束下、逆行、行進速度慢，則會傷害或阻礙主管事項[51]。但這些都應基於本命盤原本所承諾的來判斷。

行星的過運雖然重要，但年主星的過運更加重要。不過在討論年主星的過運之前，我們先觀察年度星座本身，它如何被引動，年度星座內的本命行星又如何被引動。

年度星座本質上是脆弱的：它就像家一樣需要照顧與保護。最好的情況應該是當發光體之一（尤其是同區分的發光體）以三分相來注視時——在太陽回歸盤中也應如此；若否，那麼年主星應在自己的尊貴位置上（太陽回歸盤也應如此）；若無尊貴力量，且年主星又位在「敵人」的宮位上（應該是指其陷宮或弱宮），那麼其主管事項將會極不穩定[52]。然而年度星座有可能被過運所傷害，尤其是來自對面星座的過運：這樣的過運應先判斷該行星的吉凶，再加上其它行星的連結[53]。所有年度星座中，最重要的為尖軸的星座：當行星的過運以主

---

49 | IV.1, **3-4** 明白提及本命的狀態，但在討論到月主星時（IV.1, **48-50**），《詩集》確認了本命的狀態與即時過運都重要。這也是之後的占星師所採用的方法：本命盤的行星狀態給予原始的承諾，但過運會提升或減少本命的承諾。IV.1, **27** 中，當小限來到本命木星的位置，木星的過運又再引動本命的木星，要如何詮釋仍須視本命木星對子女的主題是如何的承諾。類似的句子還有 IV.1, **30**。

50 | IV.1, **6** 與 **16-20**。

51 | IV.1, **5-6** 與 **9-13**。

52 | IV.1, **7-8**。

53 | IV.1, **23-25** 與 **40-45**。

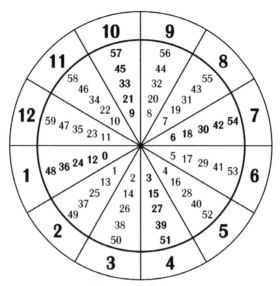

圖26：小限法的宮位

相位或合相來到尖軸星座，行星的狀態就會對星座造成影響（相位的類型亦然）[54]。

若年度星座中有顆本命行星在內[55]，照理來說這個行星應立即受到影響，但《詩集》認為仍應有過運前來引動——又或許，過運的行星會顯示影響將如何產生。這顆宮位內的行星有可能是 (1) 被自己的過運，或 (2) 被其它行星的過運所引動。

(1) 被自己的過運引動——當太陽回歸盤中，行星來到年度星座（通常我們會說行星「回歸」），或與年度星座形成主相位[56]時。舉例來說，當小限來到雙子座，宮內有顆火星：若太陽回歸盤中的過運火

---

54 | IV.1, **35-39**。

55 | 有人問道，是否僅在本命宮位是空宮時，年主星才變得重要。年度星座上若有行星在內，的確會比位於其它宮位的年主星有著更立即明顯的效應。但對都勒斯而言，年主星仍然重要。

56 | IV.1, **22** 與 **26-27**。

星一樣位於雙子座，或以主相位注視火星，火星就被自己所引動。以吉凶程度來看，與本命位置三分是最好的，然後是支配本命的位置，然後是被本命位置所支配，最糟的是對分本命位置[57]。這些配置是指行星與自己的關係，顯示當下處境是如何提升或降低本命的狀態的。

(2) 行星亦會被其它過運的行星以星體或相位所引動[58]：這會產生綜合的影響。先解析過運行星的*自然徵象*是如何對本命行星造成影響的。舉例來說，若水星位於年度星座，我們準備引動水星。當過運土星與本命水星產生連結，將會對水星類型的事物產生*土星*類型的問題（例如悲傷）[59]，但影響程度則視相位類型而定（土星三分水星比四分水星來得好）。同樣道理，若小限來到本命月亮的位置，土星過運本命月亮將帶來身體上或其它月亮所象徵的事物上的負面影響[60]。

因此，無論都勒斯對太陽回歸盤的觀點如何（若有的話），《詩集》認為太陽回歸盤本質上為過運對本命盤的影響，同時應先檢視年主星、年度星座以及年度星座內的行星。有鑑於此，我們可以說這些論述為都勒斯對於過運的基本理論，並應與IV.4的描述相結合。

首先，無論是太陽回歸盤裡的過運或整年的過運，本質上都像是一種*觸發器*。它們能提升或降低本命盤原本就承諾的事物。因此，它們是*相互關聯*的：行運的解析須建構在本命上，兩種解析須互相關聯，而非獨立存在的事件（請見以下）。

第二，如上所述，過運行星會以兩種方式來觸發或引動（或許還有第三種）：引動自己的本命位置，或引動其它位於小限星座的行星。談到引動自己的過運，請參考圖27。假設土星在金牛座（內圈標

---

57 ｜ IV.4, **6**。
58 ｜ IV.1, **28-29**。更多過運相關解析，請見IV.4。
59 ｜ IV.1, **31-32**。
60 ｜ IV.1, **33**。

示），而金牛座為年度星座，這一年中土星就非常敏感。土星可以藉由過運從任何注視本命土星的位置引動他自己，圖中我已標示出三種過運的位置（外圈）。若過運土星在雙子座，將會與自己的本命位置不合意，亦無法直接引動自己。若土星在摩羯座，他就可以三分相注視自己，而三分相的性質能產生較具建設性的影響。但若土星在獅子座，四分相的引動就會帶來困難。除了因為四分相是困難相位，同時本命土星也會對獅子座形成十宮壓制（decimate）或支配獅子座：因此若過運的土星來到獅子座，他就會被本命的自己所傷害。

再假設本命土星位於射手座，年度星座為天蠍座。本命土星無法注視天蠍座，基本上無法對其造成影響。但若當年過運的土星來到獅子座，那麼他就會毀壞天蠍座，並以土星型、類似四分相的方式傷害天蠍座及在內的任何行星。若本命水星在天蠍座，水星（水星在小限宮位內）則一樣會被土星以土星型、類似四分相的方式傷害。但過運土星並不會在這個小限引動其本命的（射手座）意義，因為本命土星並無注視天蠍座。 若本命土星與天蠍座或本命水星有所連結，過運的土星就會對本命所承諾的事項產生即時的效應。

目前為止我們已經定義了兩種引動方式，但我們還未談到*何時*應觀察過運。《詩集》似乎只對回歸盤中的過運有興趣，但往後的占星家與後代的實踐均顯示，即使回歸盤中的行星位置已顯示出當年所有可能會被引動的主題，但整年的過運仍會引動個別事件。

最後一種過運引動的方法較為抽象，卻為現代占星所常用。目前為止我們所談的都是都勒斯在IV.1的內容，即過運必須與小限法一起運用。但在IV.4中，他以菜單式的方法列出各種過運的意義，此時並無提到小限法。IV.4似乎是說，太陽回歸盤中任何行星的過運都應解析，其中也包括過運來到四尖軸，但此時就會產生誰先誰後的

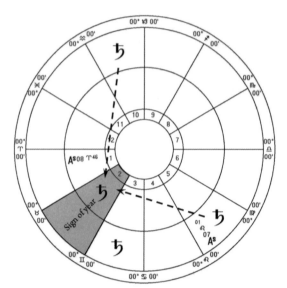

圖27：土星的過運引動土星本身

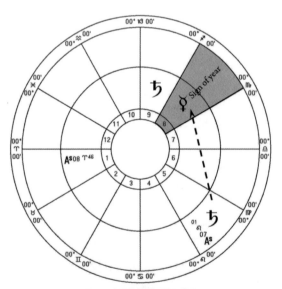

圖28：土星的過運引動天蠍座

問題：都勒斯是否認為所有的過運都同等重要（與IV.1矛盾）？又或者他已*預先假設*讀者都知道小限或年主星相關的過運應優先解讀？例如，假設土星如上圖所示位於金牛座，但金牛座並非年度星座。當土星的過運一樣來到摩羯座或獅子座時，由於和小限沒有關聯，是否還會對本命盤造成影響？另一個問題則是「宮位」（place）的混淆。行星的「宮位」可能是指行星座落的位置，但也有能是行星的主管星座。

《摘錄》對於過運的行星來到另一個行星的「宮位」時，明白表示是本命行星所在的位置。IV.4, **17** 提到月亮來到火星的宮位時，《摘錄》XXXIV 明確指出為*本命*（fixing，之後翻譯為固定盤）火星所在位置。所以月亮的過運並非經過牡羊座或天蠍座，而是來到火星本身所在位置或與之形成相位。這一問題因此得到輕鬆解答。

至於誰先誰後的問題，IV.4, **2-3** 和《摘錄》XXXI, **1** 皆堅定認為，每個行星與自身的連結都是重要的。而修密特解釋（1995年，第 3 頁），這是指「每當」行星回到本命的位置或與本命位置形成對分相之時。然而這些章節又隨即談到過運的行星引動其它行星，不禁讓我們猜想是否這顆行星適為年主星或年度星座內的行星。它有可能是指與小限有關的宮位，但由於這些章節從未提及小限或年主星，因此結論仍有待釐清。

我私自認為都勒斯應該會認同以下過運的優先順序：

• 太陽回歸盤的過運來到年度星座及在內的本命行星（無論行星來到其本命位置，或由其它行星的過運來引動）。這是《詩集》既有的內容。

• 太陽回歸盤的過運來到年主星的本命位置。《詩集》並未明確提及，但其隱含的邏輯正是如此。

- 年主星*在*太陽回歸盤的過運。這是《詩集》既有的內容。

- 任何行星在太陽回歸盤的過運，*來到*任何本命行星的位置（包括自己），尤其是合相與對分相。《詩集》未明確提及，但有明顯的暗示。

- 一年中所有的過運：年主星來到年度星座、年主星本命位置。其中亦包括年度星座內的本命行星的過運，*來到*那些本命的位置。這部分《詩集》並未明確提及或暗示。

第九章
問題與開始（第五冊）

第五冊阿拉伯文的標題，若直接翻譯，為問題（questions）（مسائل）的意思。但這個詞還可延伸為「困難」、「疑問」或「詢問」之意。當我們向占星師詢問該如何解決問題時，占星師應回答何時、是否或該事件將如何發展。所以這個標題事實上有點含糊，但有些人可能就直接視其為問題或「卜卦」占星。然而V.1, 2 解釋道，阿拉伯文的這個字對應希臘文的 *katarchē*：即「開始」（ابتداء）之意。都勒斯更進一步說明，所謂開始與「每件事情開始的狀況」有關，或「事情的開始將如何發展，包括中間的過程與結果」。

我想這些論述都已明確說明開始的本質，同時也暗示開始、擇時或問題（卜卦）之間明顯的界限。當我們想到開始或擇時盤時，通常會認為是指選擇特定的時間開始某個行為，並認為這與卜卦的「問題」不同：所謂卜卦或問題是指在當下詢問占星師有關某件事情的未來，即使事情已然開始。照這樣的邏輯，「為我挑選旅行得以順利的

時間」為擇時或開始盤，而「我是否能順利出行」則為卜卦盤。換句話說，擇時盤為未來選擇開始的時間，卜卦盤則為當下的問題尋求建議。

但事情並非如此簡單，當我們刻意為即將展開的事項選取時間並起出星盤時，其中的徵象往往也能解答當下的問題。從古典文獻來看，這也解釋了為何許多阿拉伯文獻（例如薩爾或馬謝阿拉的著作）中有關卜卦的內容與《詩集》中擇時內容如此類似：這是因為它們根本就是根據擇時的內容加以改寫而成的。不過，擇時與卜卦占星的差異還不止如此。舉例來說，許多卜卦盤是針對正在進行或還沒開始的問題（「我會被開除嗎？」），或有多種結局的問題（「我是否能繼承財產？」），或問事人接受建議後採取行動，以確保獲得某種結果的問題（「這樣做值得嗎？」「這樣做可以嗎？」）。又例如，假設你下個月必須旅行，但「下個月何時旅行較佳？」（擇時）以及「下個月旅行是否順利？」（卜卦）之間又有什麼不同？這兩個問題都像燙手山芋，占星師都必須謹慎思考才能回答。但根據《詩集》V.33（或《結果》III.41），這個問題也許不該藉由擇時或卜卦占星來解決，而是應該藉由本命盤！另外，有些擇時盤必須要在卜卦盤確定事項會成功後才會進行，另外還有為已經發生的事件所起的「事件盤」，以及意念推測盤（thought-interpretation）等分別。

以上的討論可在我的著作《心之所向》（*The Search of the Heart*）與《選擇與開始》（*Choices & Inceptions*）的緒論中見到，亦可參考赫菲斯提歐的《結果》第三冊。之所以再次在《詩集》中提及，是因為第五冊的標題常引發擇時與卜卦間的差異以及「誰先誰後」的爭論。我認為事先計劃的擇時或開始盤的概念形成較早，特別為其書寫的文獻也是較早完成的（《詩集》第五冊便是）。但由於擇時與卜卦之間有許

多相似之處，因此不能排除占星師在實踐擇時後，把其中的概念轉化成卜卦占星的可能性。有鑑於此，再加上人類的處境實在複雜，卜卦的問題太過多元，我希望能以《詩集》的兩段文字提醒讀者，都勒斯自己認為占星師在回答問題前應做的幾種思考：

「這著實是模稜兩可的問題，因為不會有人知道奴隸究竟何時逃跑：因此只能就奴隸的主人得到男性或女性奴隸已經逃跑的訊息的時間來起盤。」（《詩集》V.37, **69**，論逃逸；亦參見《結果》III.47, **51**）」

「……注意來人向你提出詢問的時間……，或這位女性離家的時間……」（《詩集》V.18, **1** 和 **6**，論妻子是否返家；參見《結果》III.11, **2**）

論逃逸的這段文字直接告訴我們，我們不可能永遠都有正確的時間起出想要的星盤。此時都勒斯傾向使用奴隸逃跑的開始盤，即以*奴隸逃跑*的當下所起的星盤，若能取得，就以該開始盤進行分析。但萬一奴隸是在半夜裡逃跑，或委託人（主人）當時人在遠方，稍後才得知奴隸逃跑的訊息呢？這樣的情況下，都勒斯就會使用得知訊息的時間。有趣的是，此時這張盤既是開始盤亦是卜卦盤。若為開始盤，則為主人採取行動尋找奴隸，並希望占星師告訴他結果的開始盤。與此同時，它亦可視為「訊息與謠言」類的卜卦盤：「這個訊息代表什麼，會演變為何？」此時它不盡然能預測行動的結果，而是針對我們的*認知*作確認，了解逃跑這件事的來龍去脈，以及花時間精力尋找奴隸是否值得。它也可以是「我是否能找回奴隸」的卜卦盤，若結果不理

想，主人可直接打消尋找的念頭。

另一段妻子離家的內容也與上述類似。《詩集》和《結果》（不同版本但同樣內容）認為占星師可依妻子離家時間起一張開始盤。但我想都勒斯應該是指丈夫在場目睹妻子離去，並非如上述主人與逃跑的奴隸一般，需要他人告知妻子的離開。但也有可能丈夫並不知妻子離開的確切時間：也有可能過了好幾個禮拜了無音訊，丈夫才意識到妻子已離開他——此時占星師應在意識的當下起盤，妻子離開的*開始盤*變成了丈夫詢問的*卜卦盤*。

第十章
占星專有詞彙

以下為《詩集》中常用的詞彙。透過粗體字的標示可快速在本書最後的詞彙表找出對應的定義。

- **轉變星座**（Convertible）（منقلب）：同「**啟動星座**」（movable）（或較不精準的「基本星座」（Cardinal）。即牡羊座、巨蟹座、天秤座及摩羯座。
- 「**雙體**」**宮位**（Double place）（مزدوج）。同**果宮**（cadent）或**下降**（falling），但為何稱為雙體（或稱為「成對」（paired）卻不得而知。也許是有古波斯文的背景在內。
- **躍升**（Elevation）（صعود）。同**入旺**（exaltation）。
- **下降**［**宮位**］（Falling [place]）（سقوط）。同**果宮**（cadent）或**下降**（falling），但無法確定以整宮還是象限宮位制來界定。《詩集》中可能只是描述行星「衰弱」（decline）的特性（與

希臘時期定義較為相似）。不過，由於薩爾使用阿拉伯文的「衰弱」（decline）（حدر），我盡量在翻譯中也採用這個字以維持一致性。也就是說，當下降這個字用來形容一般狀況（例如家產的「衰弱」）或在《摘錄》中以希臘文出現時，我將一律翻為「衰弱」。

- **閃亮，發出自身的光芒（Glow, being in one's own glow）** （ضوء, نفس ضوء）。《詩集》中通常是指行星是否位於光束下（自身的光芒是否能被看見），但也常被用來形容月亮的盈虧。例如，漸盈的月亮光芒是增加的。不過，在許多的句子中，它也可能是指同區分的發光體。

- **閃亮行星**（Glowing one）（المضيء）。同**同區分的發光體（sect light）**或**發光體（luminary）**。

- **均分線（Line of equality）**（خطّ الاستواء）。正確的定義是指天赤道，但《詩集》卻稱之為黃道線，這种用法亦可從《結果》中的同樣章節及《五經》所確認。

- **分配（Share）**（حظّ）。最明顯的用法為「**區分**」（sect）的同義字，《詩集》中明確的例子有六例（另外還有三例較不明確）。但還有三例確定是指**尊貴力量（dignity）**，另外四例的用法較為普遍且不明確。

- **三方處（Triplicities）**。同**三分性（triplicity）**，有時是指**三分相（trine）**。阿拉伯文獻中，當談到星座的三方性質或三分性主星時，經常見到單數與複數的名詞互換。

- **孿生星座（Twin）**。等同於**雙元**或**雙體星座**（雙子座、處女座、射手座、雙魚座）。

都勒斯占星學

第1冊

論本命：
成長與生命狀態

奉至仁至慈的眞主之名：主啊，我讚頌您的慈憫

(譯註: 由於本書是根據戴克博士譯自塔巴里譯本的英文版本，猜測此處及往後的宗教用語採用的是伊斯蘭教的讚頌方式，故譯文以伊斯蘭風格為主)

1 第一本為埃及都勒斯論本命之書。**2** 他從先賢的著作中汲取內容並加以檢驗與完善，最後傳於其子赫密斯。

3 他致贈此書時說道：兒啊，我的作品與論述乃關於占星學是如何為人們揭示從出生到死亡之命運，若主意欲，我將清楚地向你闡述這些內容，以讓你理解並對此深信不疑。**4** 兒啊，我遊歷了許多國家，從埃及到巴比倫（位於幼發拉底河之口），其間看過多少奇人異事。**5** 我收集了許多古聖先賢的心血與名言，如同蜜蜂穿越樹林與花間，只為收穫最甜美的蜂蜜。

I.1：七個行星的黃經與黃緯、星座的三方性及三分性主星

1 首先，我兒，應了解七個行星的黃經與黃緯位置，如何分配[1]四尖軸的度數，以及星座的三方性。

2 所謂星座的三方性如下：牡羊座、獅子座和射手座屬同三方性；金牛座、處女座和摩羯座屬同三方性；雙子座、天秤座和水瓶座屬同三方性；巨蟹座、天蠍座和雙魚座屬同三方性。

---

1 │ 亦即，著手、分發或分派 (قسام)。

3 此外[2]須了解星座的三分性主星。**4** 牡羊座及其三方星座：日間盤的三分性主星為太陽、木星和土星；夜間盤為木星、太陽和土星。**5** 金牛座及其三方星座：日間盤的三分性主星為金星、月亮和火星；夜間盤為月亮、金星和火星（水星亦是處女座的三分性主星之一）[3]。**6** 雙子座及其三方星座：日間盤的三分性主星為土星、水星和木星；夜間盤為水星、土星和木星。**7** 巨蟹座及其三方星座：日間盤的三分性主星為金星、火星和月亮；夜間盤為火星、金星和月亮。

	日間	夜間	伴星
♈ ♌ ♐	☉	♃	♄
♉ ♍ ♑	♀	☽	♂（和 ☿）
♊ ♎ ♒	♄	♀	♃
♋ ♏ ♓	♀	♂	☽

圖 29：都勒斯的三分性主星（戴克）

8 我告訴你，所有事項皆由三分性主星預示與決定。**9** 而且[4]所有人世間的苦難也皆由三分性主星所決定——甚至日月蝕也能預示何事將於何時發生，事件又將以何種姿態展現。**10** 若日蝕歷經的時間為兩小時，則一小時代表一年；至於月蝕所代表的，若歷經的時間為兩小時，則一小時代表一個月。**11** 若日蝕發生在牡羊座，我們可說羊群即將有災難；若為射手座，受影響的則為替我們工作或非工作類的馬匹；若在獅子座，則為掠食性動物；以此理衍伸至其它星座之特質。

12 我兒，我亦了解行星所屬星座各自為何，赤經上升的扭曲星座與直行星座又分別為何[5]。

---

2 | 此段見《結果》I.6。
3 | 《結果》I.6引自《五經》的內容中並未特別將處女座獨立出來，不過在這裡是很合理的假設。
4 | 此句見《摘錄》XXIX。
5 | 有關赤經上升，見V.2, **3**及其後內容。

── 〔*行星之廟宮*〕──

13 再來，應了解行星的廟宮：巨蟹座為月亮之宮，獅子座為太陽之宮，摩羯和水瓶兩個星座為土星之宮，射手和雙魚兩個星座為木星之宮，牡羊和天蠍兩個星座為火星之宮，金牛和天秤兩個星座為金星之宮，雙子和處女兩個星座為水星之宮。

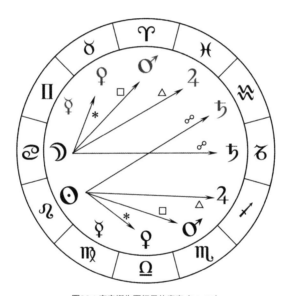

圖30：宇宙誕生圖行星的廟宮 (I.1, **13**)

── *行星喜樂的星座* ──

14 土星[6]在水瓶座喜樂，木星在射手座，火星在天蠍座，金星在金牛座，水星則在處女座。

---

6 ｜ 此句見《結果》I.7。

I.2：行星的旺宮

1 太陽在牡羊座19°躍升（他的旺宮）[7]；月亮在金牛座3°[8]；土星在天秤座21°[9]；木星在巨蟹座15°；火星在摩羯座28°；金星在雙魚座27°；水星則在處女座15°。**2** 而躍升星座的對面為它們的弱宮。

I.3：論[10]出生的難易與母親的困難

1 當[11]母親生產時，若命主為男性，太陽、月亮和上升皆在陽性星座時，命主將順利出生、免於恐懼，他的母親在生產時亦無災無難。**2** 若命主為女性，太陽、月亮和上升皆在陰性星座時，你亦可說同樣的好話，她將順利出生。**3** 但若與上述相反，則暗示困難與毀滅，尤其土星（困難、緩慢的行星）在尖軸，且為陰性星座時：情況會更糟，因為土星的力量是邪惡的，會帶來出生的困難。**4** 若火星在尖軸，尤其位在陰性星座時，可說這位女性的生產將十分快速，也不會有任何困難，因為火星帶來釋放與分離，她可能會在沐浴中或在路上等類似的情況下生產。

5 觀察星座為直行或扭曲星座。**6** 若月亮在扭曲星座並為凶星注視，預示這位不幸的女性將入險境。**7** 若凶星皆在扭曲星座而月亮位於尖軸，同時注視兩個凶星時，預示女性的生產將遭逢危難。

---

7 ｜ 此句見《結果》I.8。
8 ｜ 都勒斯的引用為「大約在第3個度數」，實際上是指2°。
9 ｜ 都勒斯的引用為「大約在第21個度數」，實際上是指20°。
10 ｜ 即為「命主的」。
11 ｜ **1-5** 請見《結果》III，附錄A，**1-5**。

8 同樣，若凶星皆在尖軸，兩個發光體（太陽和月亮）卻未注視上升，亦預示邪惡與困難。

I.4：論命主的成長

1 現在來談論命主的成長。**2** 若見凶星在尖軸[12]，要謹防過分擔憂命主之性命，而判斷命主是否會死亡也須謹慎，此時應再檢視上升的第一、第二及第三個三分性主星：若其中一個具尊貴力量並位於尖軸（或等同尖軸的有力宮位），命主性命將蒙主應允與保護而得以延續。

3 若三個三分性主星皆位於有力的宮位更佳。**4** 若有兩個位於有力的位置，其所預示的力量將能夠貫徹始終，且第一個三分性主星若在有力的宮位更佳。**5** 若三者皆位於與上升四分或三分的有力宮位，且彼此注視[13]，則為絕佳的徵象。**6** 若三者又注視一個或兩個發光體，對它們而言更加有力。

7 即使土星或火星（或兩者）位於上升，但上升的三分性主星位於使其有力的宮位，不在光束下，並顯露自己的光芒，命主將順利成長。

8 但若上升的三分性主星位於苦難星座[14]，六宮或三宮[15]，此時須採用幸運點[16]的三分性主星。**9** 因為若該三分性主星注視幸運點，或位於吉宮，日間盤注視太陽，夜間盤注視月亮時，亦為得助。

10 若木星在上升，或位於上升的三方星座中，或落在接續上升

---

12 ｜請見I.3, **8**。
13 ｜這部分有點奇怪。這可能是指它們都 (1) 位在有力的位置，以及 (2) 以四分相或三分相彼此注視。
14 ｜即十二宮。
15 ｜有人認為在此應為八宮，有可能更早的文獻寫「八」時漏了一個點，看起來就會像是阿拉伯文的「三」。
16 ｜我認為此時上升應該仍如**7**所言而受到傷害，因此我們不能仰賴上升或其三分性主星。

的宮位，命主得以成長。**11** 若月亮和水星皆位於上升，木星位於地底的尖軸，預示命主的生命將托靠主（祂超絕萬物！）得以延續。**12** 若日間盤中的土星、水星和木星位於尖軸，預示命主將順利成長。**13** 若日間盤的土星在尖軸並具自己的三分性，托靠主，命主亦得以成長。

I.5：論優先[17]的宮位

1 謹記我即將提到的宮位，某些宮位比其它宮位更優先、更具力量。**2** 最具力量的宮位為上升、中天，再來是跟隨中天的宮位（即上

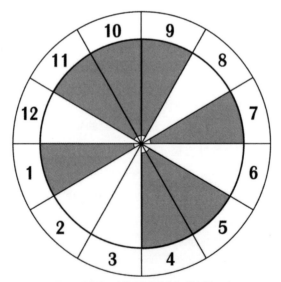

圖31：優先的、吉祥或忙碌的宮位（《詩集》I.5）

---

17 ｜ 也有可能是「最優勢」。即所謂吉祥的、優秀的、忙碌的或有益的宮位。

升起算第十一個宮位），接下來是上升起算第十一個宮位的對宮（即上升起算的第五宮，亦稱為子女宮），然後是上升的對宮（為婚姻的星座），接下來是地底的尖軸，接下來是上升起算的第九宮。

3 除了這七個公認的優先宮位外，還有比這些宮位略差的宮位：上升起算的第三宮（因為被稱為月亮的喜樂宮[18]）、上升起算的第二宮，以及上升起算的第八宮（死亡的星座）。**4** 上述的第一個宮位是最具力量的。

5 除了上述宮位以外，還有最差的兩個宮位，即第六宮與第十二宮。

I.6：七個行星的力量

1 現在解釋七個行星的力量。**2** 吉星位於自己的宮位、具三分性或位於躍升[19]的宮位，則為吉祥、有力量與增加的。**3** 同樣，凶星位於自己的宮位，其凶性會較輕微與減低。

4 此外土星在夜間盤、火星在日間盤[20]將傷害命主，且火星在陰性星座、土星在陽性星座時更甚[21]。**5** 最好兩者皆具尊貴力量。

6 若行星位於光束下且西入，其力量會消失而變得無力[22]。

7 若行星逆行，會為命主或其它事項帶來麻煩與困難。

---

18 | 這裡的描述有點奇怪。都勒斯並非指三宮之所以為凶是因為它是月亮的喜樂宮：他應該是指雖然三宮是果宮，但因為是月亮的喜樂宮，因此是凶宮中最好的宮位。見**4**其餘的內容及I.10, **28**。

19 | 即入旺。

20 | 塔巴里則認為相反，應為土星在日間盤、火星在夜間盤為凶。但如此便與傳統觀念矛盾：土星在夜間盤為凶是因為他為不同區分的（火星在日間盤亦為同樣道理），因此我在此做了更正。

21 | 因屬性不符而為凶，但薩爾（《導論》[Introduction]第3章, **117-18**）的觀念則相反，並且更有道理：土星在陰性星座、火星在陽性星座為凶，因為土星為日間行星，與陽性星座屬性相符，火星則與陰性星座相符。實際上，薩爾的《論本命》章節5.2, **4**直接表示火星在陰性星座為佳。

22 | 這特別是指外行星，因為外行星較太陽西入，更加容易進入焦傷的範圍；若為內行星，則須視其是順行而離開光束下，或是逆行而進入光束下。

I.7：命主的成長，會順利成長抑或難以長大成人

1 現在解釋命主是否能順利成長，成長的過程中是否有不盡人意之處。**2** 若真能依照以下描述進行判斷，就不會有任何困難。

3 觀察前述七個有力宮位，即四尖軸、上升星座同屬之三方性宮位與十一宮[23]。 **4** 若命主為日間所生，而日間行星落在這些宮位之一，命主可順利成長。**5** 若命主為夜間所生，而夜間行星在這些宮位之一，命主同樣能順利成長。**6** 若有吉星位於上述宮位之一，對命主的成長將有助益。

7 若行星與上升點差距15°，即使它在上升起算的第二宮，仍可視之為在一宮並考慮其力量[24]。**8** 但若超過15°，該行星對上升即無力量，對命主的成長無法產生任何影響。

9 若上升的三分性主星在太陽光束下而被隱藏或入凶宮，代表生命力減少，尤其當第一與第二主星都處於同樣狀況之時。

10 若土星與火星同時傷害月亮，尤其又當月亮位於尖軸，兩顆凶星同時以緊密的[25]對分相注視月亮或上升點時，將不利於命主的成長。**11** 這是生命折損的徵象，要千萬小心。

12 若月亮位於上升起算的第七宮，與吉星不合意，凶星又在尖軸時，母親所生之子女將難逃死亡的命運[26]。

13 同理，若月亮在天底，土星和火星以對分相注視她，或與其同在時，對命主的成長亦有破壞性。

---

23 ｜亦見上述I.5。
24 ｜這裡的度數是指赤經上升時間，而非黃道度數（見I.28, **1-8**與緒論）。此論述與宮位無關，而是指行星來到地平線的速度（力量與強度的指標）。
25 ｜字面上是指「從一個度數」，但意思應該是指「一度內」。
26 ｜但此時金星可解救月亮，請見以下I.10, **37**。

─ *嬰兒的遭遇與被棄* ─

14 若月亮如上所述[27]，但具自己的三分性，且吉星以三分相注視
凶星，命主得以存活，但無法由親生父母撫養成人；他將被拋棄而由
陌生人撫養成人，或成為奴役終生被使喚，難以獲得幸福[28]。

15 我將解釋被奴役與被拋棄之分別；但無論如何，若月亮位於
兩顆凶星之間，其中一顆凶星又對月亮投擲光線時，命主會短命[29]。
16 若月亮減光，代表命主患有慢性疾病，生命亦會縮短。**17** 但若吉
星會合月亮，命主可得其救助；若為凶星會合月亮，命主性命堪憂。

18 若月亮與凶星同位於尖軸或續宮，又有吉星注視月亮，命主
得以長大成人，但仍會遭雙親拋棄。

19 欲知是雙親的哪一位會做出此事[30]，當發現太陽注視凶星時，
說明是父親討厭命主而想要拋棄命主。**20** 若為月亮受凶星所傷，則
為母親欲拋棄命主。**21** 若月亮與太陽同時為凶星所傷，則父母二人
都想要拋棄命主，命主亦知自己是被拋棄而離家的。

22 若日間盤的火星位於尖軸或續宮，月亮與其對分，月亮卻不
在自己的宮位或任何尊貴力量的位置上，抑或火星如此注視太陽時，
命主即便年幼也將被拋棄。**23** 若夜間盤的土星以同樣方式注視太陽
與月亮時，命主將同此遭遇。

---

27 ｜見 **13**。
28 ｜請見以下 I.10, **21**。
29 ｜這裡與下一句在字面上為「小」（لها）之意，也有可能是指成長茁壯的程度是小的。
30 ｜即將小孩拋棄。

— 其它關於命主的成長 —

24 若有一凶星位於上升，另一凶星與上升對分，同時月亮位於中天或七宮時，命主將難以長大成人。

25 若月亮位於凶星的界上，凶星位於尖軸，月亮與吉星無相位，命主將命運多舛。

26 切莫忽略日間盤太陽的三分性主星或夜間盤月亮的三分性主星，因為這兩者暗示命主的成長是否順利以及其它……＜佚失＞[31]。

27 〈……〉若有吉星注視凶星，惡運得以減輕。

28 若命主的尖軸、吉宮內或上升的三方星座皆無吉星落入[32]，且凶星注視太陽和月亮，或注視新月或滿月，這些都是可怕的徵象；它[33]受剋亦為邪惡的，若月亮和金星受剋情況更糟：因為金星和月亮皆代表母親相關事項[34]。**29** 若真為如此，代表命主及母親皆身處惡劣的情況，除非有一吉星[35]注視上升和月亮：上升代表命主，而月亮和金星代表母親。

I.8：生男生女的小時

1 欲了解生男生女的時刻，若月亮在陽性的十二分部（twelfth-

---

31 │《詩集》應該是認為，夜間盤的月亮及其三分性主星同時代表母親與命主：見I.13, **18-22**。薩爾《論本命》章節1.30, **69-70**的說明更加完整：若三分性主星及同區分的發光體同時遭毀壞，命主將無法長大成人；但若有吉星與兩者會合，則在該吉星的主管期間，災難可被驅離。

32 │ 換句話說，即I.5所提的吉宮或優先宮位。

33 │ 此處應是指上升或出生前的新月或滿月。

34 │ 但以下的I.13中，金星並未作為母親的徵象星。

35 │ 原為「這顆吉星」。

part），則生男。

2 若太陽、上升和月亮皆位於陽性星座，即便出生的小時為偶數，仍會生男。

（戴克補充：我認為此處應指行星小時，而非我們一般使用的標準小時。畢達哥拉斯[Pythagoras]的哲學認為奇數為陽，偶數為陰，但都勒斯似乎認為星座的屬性比行星小時的屬性更為重要。因此若這些地方位於黃道的陽性部份，即便行星小時為偶數，仍將生男。）

3 若太陽在上升且為陽性星座，出生的小時為偶數，則生男。

4 若上升為雙體星座且為陽性星座，宮內又有一陽性行星，即使出生的小時為偶數，仍生男。

5 若上升內有一陽性行星，七宮內又有另一陽性行星，即使出生的小時為偶數，仍生男。

6 若月亮在陽性星座，太陽亦是，而上升主星為木星，則不管上升是何星座，同樣生男。

7 依下述計算十二分部：若為陽性星座，2.5天[36]為男，2.5天為女；若為陰性星座，2.5天為女，2.5天為男。

I.9：再論成長

1 論命主的成長，應檢視幸運點和宗教點[37]。**2** 若月亮與其中之一會合，或以三分相注視其中之一，對命主的成長是有益的徵象，代

---

36 | 這裡全句應以「度數」來理解，因為一個星座的十二分之一為2.5度。
37 | 即精神點或戴蒙（Daimōn）。

表命主長相美麗、四肢健全、牙齒生長順利。**3** 若月亮與這兩點皆不合意，則與上述相反。

I.10：論命主及母親為奴或為自由身

1 欲知命主為奴或為自由身，首先應檢視月亮。**2** 若月亮位於十二宮或六宮，月亮星座之三分性主星又不在吉宮，命主將為奴。**3** 在月亮狀態不佳的情況下，夜間盤中月亮的三分性主星及[38]伴星[39]（或日間盤中太陽的第一及第二個三分性主星）位於吉宮，暗示命主生來為自由身，但父母是貧窮的[40]。

4 若月亮位於星座末度數，命主母親的社會地位是低下的，除非有木星與月亮會合。**5** 若月亮不在自己的星座而在凶的星座時，困難將能化解[41]。**6** 若金星與月亮會合，且在金星的星座[42]時，邪惡之事將會消失。

7 若凶星位在月亮的四尖軸，日間盤的火星或夜間盤的土星注視太陽和月亮，又無木星的相位時，命主自由人的身份將會消失而成為奴隸。**8** 此時若月亮在陰性星座，命主的命運將更為惡劣，若金星又受剋則雪上加霜。

9 要注意的是，若太陽和土星位在六宮、十二宮、八宮或四宮，可判斷命主的父親狀況不佳。

---

38 ｜ 原讀為「或」，與同句中的太陽作比對。
39 ｜ 應是指第二個三分性主星而非伴星，括號內有關太陽的敘述更為明確。
40 ｜ 這是指我們不只要觀察月亮，亦要觀察日間盤的太陽：來綜合判斷父母的血統與社會階級。請見I.13。
41 ｜ 這句話邏輯不通，但無法明顯判斷出哪個字是錯誤的。我認為應可讀為「……除非木星和月亮會合（即使未位於她自己的星座），因木星能化解困難」。
42 ｜ 手抄本C作 بتها，但手抄本B作複數（「她們的宮位」），意味著月亮或金星的星座都可以。

10 若太陽和月亮位在吉星的界上，並受到所在星座主星的注視，可判斷命主父母的狀況良好，可享長壽，彼此感情融洽。**11** 若太陽和月亮又為幸運點主星，或在尖軸，則錦上添花。

12 若月亮在尖軸或在尖軸的下一個宮位，但有凶星往下注視她[43]，即使命主為自由身，仍將受到傷害。**13** 若有一凶星與月亮會合，另一凶星又往下注視她，命主的尊嚴將受到更嚴重的傷害。

14 同樣，若月亮（命主為夜生人）在第七個星座或第四個星座，與凶星呈相位，可判斷命主是貧窮的，被奴役，或生活將遭遇諸多痛苦[44]。

15 若幸運點在六或十二宮，預示命主須服務他人。**16** 若幸運點主星在六或十二宮，且不在自己的界上，亦可同論。

17 若月亮（命主為夜生人）在陽性星座，上升在陰性星座（或日間盤中太陽在陰性星座，上升在陽性星座），命主將過著奴隸般的生活。**18** 亦應觀察太陽、月亮和上升三者的界主星為陽性或陰性（陰性行星為土星、金星和月亮；陽性為太陽、木星和火星）[45]。

19 若月亮與凶星會合，與吉星不合意，預示命主將成為奴隸。

20 若有一凶星在尖軸，或火星注視月亮，且月亮即將與土星會合（或土星在尖軸，月亮即將與火星會合），預示命主將成為奴隸。

21 若月亮在星座末度數且受土星或火星注視，預示命主可能會被拋棄；他的出生可能會有困難。**22** 但若有木星或金星注視月亮，他仍能順利出生，但成長在陌生的家庭[46]。

---

43 │ 即支配。

44 │ 這裡是指同區分的發光體（月亮亦代表母親，見I.13, **18-22**）雖然在尖軸但往星盤下方移動，或位在星盤的底部。

45 │ 手抄本 **B** 和 **C** 的空白處都有以下記載：「原始版本的土星為陰性行星、火星為陽性是錯誤的」。土星被形容成陰性行星的確不尋常，但這非唯一的例子（或至少還有其它對此含糊不清的描述）：例如以下的 I.23, **21**、薩爾《論本命》章節6.1, **9**）、西奧菲勒斯的《論各類開始》（*On Various Inceptions*）章節5.5以及《臾那星占書》（*Yavanajātaka*）第1章, 115 條文。

46 │ 見以上 I.7, **14**。

23 若上升的三分性主星在果宮，且月亮又受凶星對分，太陽在凶宮，命主與父母將為奴隸。

─ 出生前的新月或滿月及其三分性主星 ─

24 建議檢視新月（出生在新月者）[47]的度數，以知道新月所在星座的三分性主星（若為滿月，則要了解滿月所在星座的三分性主星）。**25** 然後檢視這兩個星座：是否有行星來注視？

26 若第一個三分性主星在凶宮，第二個在吉宮，受奴役的人們可望被解放。

27 若第一個三分性主星在吉宮，第二個在凶宮，可說命主早期是自由的，但在晚期將經歷貧窮、低賤、受奴役的生活。**28**（凶宮為六、十二、八及三宮，但月亮在三宮則為例外，因三宮為月亮的喜樂宮。）[48]

29 若新月或滿月的第一及[49]第二三分性主星在凶宮，其後出生的命主將終生難逃被奴役的命運。

30 若兩個三分性主星皆在吉宮，命主終生都為自由身。

31 若有一凶星與新月或滿月同星座，另一凶星又注視著新月或滿月，可告知其悲慘的命運，不幸將緊緊跟隨著他。

32 若新月或滿月所在度數的界主星在凶宮，或位在上升起算的第七個或第四個星座，預示命主將身為奴隸或生活貧苦。**33** 若有吉星注視新月或滿月，且界主星位於吉宮，但新月或滿月位於凶宮且有凶星注視，命主的父親將獲得尊敬，但母親將受到鄙視。

---

47 ｜ 這裡應該是指出生前的月相，而非真的在新月出生的人。

48 ｜ 見以上 I.5, **3-4**。

49 ｜ 原讀為「或」。

— *論重獲自由* —

34 若在奴隸的本命盤中發現木星在尖軸（位在摩羯座以外的星座），無論與凶星或吉星會合，命主將能從奴役中被釋放或解救。**35** 若木星注視月亮（不管從何宮），或月亮[50]未受剋，能解除命主被奴役的困境。

36 若奴隸的本命盤中金星在尖軸，未與凶星形成相位，為命主將被釋放[51]的徵象。**37** 若金星與月亮會合在七宮，亦可論斷命主將能重獲自由。

38 若太陽、水星和月亮在尖軸，或太陽和月亮屬同三方性星座，命主將被釋放。

39 若月亮在金牛座或巨蟹座，未與凶星形成相位，或有吉星與凶星同時來注視，命主將被釋放。

40 若本命盤中有木星與幸運點會合，或與幸運點四分，命主被奴役的厄運將會遠離。**41** 若木星注視幸運點，但兩者於所在位置受剋，命主將被釋放，卻仍須為他人服務，過著奴隸般的生活。

42 若本命盤的木星在上升起算的第八宮或第二宮，命主會過著奴隸般的生活。**43** 若木星在六宮或十二宮，命主的命運將更為悲慘。

I.11：若命主為奴隸，會經歷多少主人

1 欲知命主將經歷幾位主人（若命主為奴隸），可檢視自日間盤

---

50 ｜ 雖然在文法上難以區分究竟是否為月亮，但我認為應是月亮。
51 ｜ 注意與**34**的不同：木星即使受凶星注視仍能解救奴隸，但金星不能。

太陽至幸運點的三分性主星之間有多少行星在內，代表會有幾位主人。**2** 若為夜間盤，則觀察月亮到幸運點[52]之間，有多少行星在內，代表會有幾位主人。

3 同時檢視：若月亮在地平線上，奴隸的宮位（即六宮）與十二宮之間有多少行星在其中，則代表命主會經歷多少主人。**4** 若月亮在地平線下，則如上所述觀察十二宮到六宮間的行星。**5** 若有行星位於雙體星座，則將數字加倍。

6 欲知命主的父親將經歷多少主人，則觀察太陽到其三分性主星之間有多少行星在內，即為幾位主人。**7** 並觀察月亮及其三分性主星之間的行星來判斷母親經歷幾位主人。

I.12：命主的成長與生活狀況

1 且[53]應檢視月亮在出生後第三天的狀態、其旺宮主星、與哪些行星會合、其廟宮主星，以及受哪些行星注視[54]。

2 月亮所在星座為命主，若受吉星注視，代表命主成長過程順利，享有好的運勢。**3** 若月亮位於凶宮並受凶星注視，命主將多災多難。

4 同時檢視月亮在第三天所在星座的主星及界主星：若皆位於吉宮、發出自身的光芒或有吉星注視，命主將過著平凡的生活，即非幸

---

52 │ 這裡應是指幸運點的三分性主星（同太陽）；**6** 中已清楚說明發光體為父母，因此幸運點應指何事將發生在命主身上。

53 │ **1-3** 參考薩爾的《論本命》章節1.30，**23** 和**26-28**。

54 │ 我已將不同的考量以不同的段落呈現，但以下全部敘述似乎仍是指命主出生第三天的徵象。

運也非貧窮[55]。**5** 但若與上述相反，命主將多災多難。

6 若月亮的十二分部與凶星會合或受凶星注視[56]，亦為命主狀況不佳的徵象。

7 若月亮與所有行星不合意，無行星注視著她[57]，且月亮不在上升，亦未注視上升，則命主一生將受盡痛苦，難以得償所願。

8 若月亮增光，火星以對分或四分相注視著她（或月亮與火星會合），或月亮減光並受土星注視，則命主一生清苦。

9 且[58] 若月亮在北方的區域增光，命主將在人生晚期獲得好運；若從南方區域增光，即將來到北方區域，同時向上升起時，命主一生都能享受好運。**10** 須知月亮最佳的狀態為增光，在天空中朝向北方升起，代表命主的幸福與勇氣。

11 並檢視月亮起算的第十宮，若有吉星在內，命主將獲得榮耀與幸福；若為凶星在內，將減少命主的幸福並造成傷害。**12** 若月亮受剋且有土星位於月亮的十宮[59]，代表痛苦與邪惡。**13** 若凶星不在自己的廟宮，又不在吉宮內，將對命主造成極大的傷害；若有吉星位於月亮起算的第十宮，在自己的星座上，命主將衣食無缺[60]，此言不虛。

---

55 | 這裡似乎有什麼遺漏之處，因為所描述的皆為好的徵象，然而結果卻是中等。也許這是指像3一樣，所在的星座狀況不佳，因此是在針對3的狀況所作的調整
56 | 即月亮十二分部受注視。
57 | 這是「野性行星」的例子。即行星不合意於其它行星。見《古典占星介紹》III.10。
58 | 此段落的「北方」和「南方」較像是就黃緯度數而言的，而非月亮的遠地點。
59 | 即支配月亮。
60 | 更抽象來說，為「不為欲望所苦」。

I.13：論父母

— 父親 —

1 且[61]若欲知命主父親的狀況，可檢視太陽及其三分性主星：從太陽可了解父親是否受尊重，從三分性主星[62]可了解父親的生活狀態。

2 因此若三分性主星為吉星（或凶星），且在吉宮，太陽的力量又強，在自己的星座上，代表父親是富裕且備受尊崇的。**3** 太陽最好能位於吉星的界上，這代表與此同時命主能從父親那裡繼承財富與名譽。**4** 但若凶星與三分性主星會合，父親的資產將會縮減，或象徵傷害與災難。

5 若太陽與三分性主星落在凶宮，則父親的社會地位低下，飽受貧窮之苦。

6 且[63]若太陽在吉宮，但三分性主星在果宮，命主父親是受尊重的，但卻無法保全他的資產，因為太陽的狀態就是如此[64]。**7** 除上述之外，若太陽又位在凶星的界上，父親將無法獲得榮耀，因為這是為他人服務的徵象。**8** 除此之外，若又有凶星注視太陽，你將發現[65]命主的父親體弱多病。

---

61 ｜ 從這裡到**11**，見《結果》II.4（修密特，第16頁）。要注意雖然大部分的占星師使用夜間盤的土星為父親的徵象星，日間盤的金星為母親的自然徵象星，但從此處以及《結果》II.4來看，都勒斯只看太陽與月亮。另外下文**18**及其後的句子也顯示出同區分的發光體相關但令人不解的描述。

62 ｜ 參考瑞托瑞爾斯第97章（霍登，第146頁，不過霍登有三次誤以為是「火星」）所加入。在薩爾《論本命》章節4.2, **5**中，薩珊王朝的占星師安達爾札嘎的內容讓我確認了我的解讀。

63 ｜ 此段見瑞托瑞爾斯第97章（霍登，第146頁），他將此段結合成一句。另見薩爾《論本命》章節4.2, **11**。

64 ｜ 換句話說，太陽顯示既有的社會地位，但三分性主星顯示父親有生計或生活上的困難。

65 ｜ 瑞托瑞爾斯則是說「這會讓父親生病或受傷」。

9 且[66]若太陽在凶宮，三分性主星在吉宮，命主的父親將漸入佳境，且將在困境中絕處逢生。

10 且[67]若太陽第一個三分性主星在吉宮，第二個主星在凶宮，父親將在命主生命的早期過著舒適的生活，然而卻無法維持到終老；若第一個三分性主星在凶宮，第二個在吉宮，情況則相反[68]。

― 母親 ―

11 同時[69]檢視月亮[70]來了解母親的狀態——須考量月亮的位置、所在的界、她的左右方、是否在南方以及是否與龍首或龍尾聚集：因為若月亮朝南方下降或位於蝕點，或在果宮，或在凶星的界上，母親將飽受厄運侵襲；若又受凶星注視則雪上加霜。**12** 若月亮在吉星的界上，但往南方下降，或在某個星體[71]內且有上述的凶象或衰弱，命主的母親雖然將受到尊敬[72]，但仍有恥辱、低賤或使其蒙羞的事情傷害她。

13 此時[73]若月亮在地底的尖軸，母親將罹患慢性疾病，或受不名譽之事的傷害。**14** 尤其若月亮在西方的尖軸或在地底的尖軸，在凶星的界上，月亮所在星座的主星落果宮，母親將過著被奴役的生

---

66 ｜見瑞托瑞爾斯第97章（霍登，第146頁）。
67 ｜見瑞托瑞爾斯第 97 章（霍登，第146頁）。
68 ｜此處告訴我們三分性主星可描述父親在命主生活裡的狀況，而非命主出生前的狀況。
69 ｜此段見《結果》II.4（修密特，第17頁）及瑞托瑞爾斯第97章（霍登，第146頁）。
70 ｜或月亮的狀態是否不佳；稍後將提到月亮及其三分性主星（見**18**及其後的句子）。
71 ｜有可能是「星群」——但這是個一般性的術語，瑞托瑞爾斯理解為被凶星注視。這裡的狀況與上述**7-8**相同，即太陽在吉星的界上，但被凶星所傷。
72 ｜因為位在吉星的界上。
73 ｜**13-14**見《結果》II.4（修密特，第17頁）。但瑞托瑞爾斯第97章（霍登，第146頁）的解讀不太相同：月亮受凶星對分，且幸運點在果宮（雖然結果相同）。

活。**15** 且[74]若月亮在尖軸，又逢土星或火星與其四分、對分，或以星體會合，母親將死於非命。

16 且[75]若太陽及其三分性主星在凶宮及果宮，不在自己的[76]星座上，父親將無法死得其所。**17** 若又逢凶星以四分或對分相注視[77]，或與凶星會合，命主將敗壞父母所有資產[78]。

─ 夜間盤與日間盤的太陽和月亮 ─

18 且[79]若為日間盤，月亮及其三分性主星狀態不佳，但太陽及其三分性主星狀態良好，代表壞事僅發生在母親身上[80]。**19** 同樣，若為夜間盤，太陽狀態不佳而非月亮[81]，則壞事將發生在父親身上。

---

74 ｜ 同樣，瑞托瑞爾斯第97章（霍登，第146頁）的解讀不太相同：若月亮又與凶星連結將死於非命。但現在這句話包含了前一句提到的在尖軸的情況。

75 ｜ 此句見瑞托瑞爾斯第97章（霍登，第146頁）。

76 ｜ 瑞托瑞爾斯似乎理解為太陽及其三分性主星，因此這裡的「自己的」泛指這些行星。

77 ｜ 同樣，瑞托瑞爾斯理解為太陽及其三分性主星。

78 ｜ 瑞托瑞爾斯寫為「遺產」，這顯示僅僅或主要針對父親而言；鑑於下文**18-22**的複雜性，這一點值得注意。

79 ｜ 我特意將 **18-22** 與上一段分開是因為這些內容似乎來自同一邏輯，雖然部份論點是怪異的。在此都勒斯似乎想區分發光體在日夜間盤的差異。雖然此段的敘述不夠完整，他似是想表達，日間盤的太陽與月亮*僅*代表命主的父親與母親，但夜間盤中，月亮同時代表命主與母親。原因是——此段未明確提及但有暗示——夜間盤的月亮不僅為母親的徵象星，亦為命主的同區分發光體：此時月亮的狀態對命主有更廣泛的影響。因此在 **21** 中他說夜間盤的月亮代表命主及母親，但在**18** 及 **22** 中他強調日間盤的月亮僅代表母親（在**20** 的結尾我認為應讀為「而在夜間盤中，月亮」）。此處亦可參考I.27, **1-2**，其中同區分發光體的三分性主星應與月亮連結：也許是因為月亮為家庭背景與社會地位之徵象星，會影響命主的生計，如 I.10, **1-2**所述。

80 ｜ 即壞事僅影響母親。

81 ｜ 或者更直接的翻譯是「若太陽代替月亮」：即情況若相反，太陽的狀態不佳但月亮的狀態良好。可惜此句仍無法釐清重點：此段應強調日夜區分將如何影響人們，但由於每張星盤的太陽仍然代表父親，因此將太陽與月亮的處境對調是無法說明其中的差異的。

20 在[82]日間盤中，若太陽及三分性主星在下降的宮位[83]且與凶星連結，可論斷命主及父親一生多災多難或有邪惡之事；父親可能會拋棄命主或將他逐出家門，或命主在斷奶之前就夭折（因父親的緣故），即與父親無緣：因為日間盤的太陽及三分性主星代父親，而[84]月亮及其三分性主星代表命主及母親。

21 若夜間盤的月亮及其三分性主星落凶宮，預示命主及母親將困難重重。 **22** 若日間盤的太陽與上述相同，則預示父親同此狀況，因日間盤的太陽及其三分性主星僅代表父親，月亮僅代表母親。

― 其它太陽與月亮的考量 ―

23 若太陽、月亮及它們的[85]三分性主星在凶宮，可論斷其所代表的人物均會陷入困境或過著貧苦的生活；命主無法順利成長，並被父母所傷害[86]；但此時若有吉星在尖軸，則在吉星的週期[87]結束前，厄運將遠離他。

24 若太陽在吉宮內閃耀，同時受凶星及吉星注視，父親的財富將有所損失，命主的資產也將減少。**25** 若為月亮處於上述狀態，則上述情況將發生在母親身上。**26** 然而若四宮尖軸的主星狀態不佳，上述的凶象將更為嚴重，因為四宮主亦象徵父母。

27 若太陽在下降的宮位，又受凶星注視，父親將為奴隸，若為

---

82 | 此段見瑞托瑞爾斯第97章（霍登，第147頁），他的敘述更為簡單：日間盤中若太陽及其三分性主星皆入凶宮並為凶星注視，命主將被父親憎恨與拋棄。

83 | 或「衰弱的星座」或「下降的星座」。

84 | 此處應加上「夜間盤中」。見以上附註。

85 | 原為單數（僅指太陽）改成複數（指太陽和月亮的三分性主星）。

86 | 但根據動詞形式，也有可能為「命主將傷害父母」。

87 | 這裡很有可能是指行星小年，依I.25中所描述，應可讀為「期間」。

月亮，則母親為奴隸，終日因貧窮而煎熬。**28** 若上升主星如上述處境，且在下降的宮位，命主將生而為奴或為五斗米折腰，被親人拋棄且成長於苦難的環境。

I.14：論父親點

1 切莫忽略父親點。**2** 父親點計算如下：日間盤中計算太陽度數至土星度數的距離（夜間盤為土星到太陽），從上升點加上此距離，以30°為一單位從上升將之投射。**3** 再看所落之處及其主星所在之處：若主星位置良好，父親相關事項均為吉，並可從其[88]所在宮位知道父親的狀態（須注意不可落入六、八、三及十二宮，因為這些均為凶宮）。**4** 亦可由此知道父親的性格[89]。

5 但若土星在太陽光束下，則計算火星到木星的距離，再從上升的度數加上此段距離，如上述從上升點投射，最後的落點[即為]父親點[90]。

6 並檢視父親點所在星座的主星：若主星未注視著父親點，或主星位於自己廟宮的下一個宮位，或父親點所在星座的對宮主星在父親點之上[91]，命主將會被送給父親以外的人。

---

88 | 據瑞托瑞爾斯第97章（霍登，第147頁），此為父親點主星。
89 | 更多有關父親點，見以下I.18, **9-10**。
90 | 這個公式將夜間行星放在前面確實讓我困擾。但按亞歷山大的保羅（Paul of Alexandria）（第23章）所述，這個公式的確適用於日間盤與夜間盤。

I.15：論母親點

1 然後計算夜間盤中的月亮到金星，日間盤為金星到月亮的距離，再從上升的度數加上此段距離，從上升開始以30°為單位將之投射：最後的落點即為母親點。

I.16：與父母有關的主題

── 父母非相同國籍 ──

1 若太陽和月亮在轉變星座（convertible sign，譯註：即啟動星座），且上升也在轉變星座，命主的父母將不屬於同一國籍[92]，尤其若太陽和月亮遭凶星注視，或與凶星會合，或與凶星呈四分相或對分相。

2 若兩個發光體不互相注視，亦未注視上升，或其中之一在地平面下，另一個在地平面上與凶星會合，或上升為轉變星座且無行星在內，尤其凶星與發光體之一會合者，亦為父母非屬同一國籍之象。

91　原為「注視」。我認為此句亦包括父親點主星位於對面的星座。有關命主被收養或非親生父親所撫養的問題出現在許多文獻中。像這樣有關對宮的主星的說法出現在三個地方，語句結構均相同，同時也與養母或地下關係的論述相同。薩爾的《論本命》（章節4.14, **27** 和4.16, **19**）及瓦倫斯的《占星選集》（II.32）則記錄父親點對宮的主星位於父親點上。其象徵的意義很明確：非親生父親卻佔據了父親的角色。瓦倫斯還加上父親點及母親點的主星在對宮的論述；同樣有父親在遠方或非親生父親之意。《詩集》II.4, **36** 中的婚姻點也有相似的結構，若對宮主星在婚姻點上，或婚姻點主星在對宮：代表關係一開始是不合法的，但後來變得合法。（類似的還有西奧菲勒斯的「皇家點」[《宇宙始源》第3章，**11**]，形容這樣的情形象徵「另一個國王」[即陌生人或另有其人之意]將會代替現在的國王治理王國）。因此我將手抄本中的「注視著點」改為「在點之上」不僅符合占星學邏輯，同時也有上述名家的理論支持。另外還有其它段落雖然一開始的論述正確，但後來卻不符合邏輯：包括瑞托瑞爾斯第97章（霍登，第147頁），以及薩爾《論本命》裡相同的兩句（章節4.14, **31** 及 4.17, **10**）。例如，瑞托瑞爾斯提出父親點對面的星座，但接下來卻說「若父親點的主星在點之上或與點會合」──此處是多餘的，不僅與占星邏輯不符，也轉移了父親點對面宮位的焦點。

92　依循瑞托瑞爾斯第98章（霍登，第147頁）。但也可理解為廣義的「血統」或「家系」。

— 父母的離異 —

3 且[93]若太陽在第七個星座，命主的父母會離異，其中一方會離開伴侶。**4** 若太陽位在凶星的界上，父親的資產將被揮霍殆盡。**5** 若月亮在此處境，則母親將呈現上述現象。

6 若火星和土星會合太陽，或與太陽四分或對分，又無吉星的相位，父親的資產將被揮霍，並與伴侶分開。**7** 若月亮如上述處境，父母在命主年幼時就會離異，其中一方會離開伴侶，無論是生離或為死別——命主必將成為孤兒，而且是窮困的孤兒。

8 若土星在尖軸（最差的情況是在七宮的尖軸），又無木星的相位，且木星在果宮時，父母是離異的。**9** 同樣情況亦發生在火星在尖軸，又無金星的相位時。

10 若兩個發光體其一從西邊的星座下降（即位於第六個星座），另一個從十二宮[94]來對分時，亦代表父母的離異。

11 若發光體在上述兩個宮位之一[95]，且彼此會合，即新月[96]之時，父母亦有離異之象。

12 另一種父母離異之象為父親點與母親點會合在同一宮位[97]。**13** 且凶星的相位亦代表父母會離異。

---

93 | 此句見《結果》II.4（修密特，第17頁）。
94 | 我已重新整理此句，因為部份內容是重覆且多餘的：「……從西邊的星座下降，另一個從十二宮來對分，同樣若其中之一從西降之處下降（也就是第六個星座），另一個與其對分……」
95 | 即六宮與十二宮。
96 | 即出生前的月相；可假設滿月在這裡亦適用。
97 | 薩爾《論本命》章節4.14, **29**）補充，「無吉星救助」。

14 同樣的狀況亦發生於本命盤的發光體之一未注視其伴侶[98]，亦未注視上升之時。

15 若兩個特殊點位在彼此分開的星座[99]，凶星又從別的星座[100]傷害它們二者，父母之間的感情亦將生變。

─ 四宮的尖軸 ─

16 且[101]應觀察四宮的尖軸。**17** 若金星和月亮注視四宮尖軸，可論斷命主的母親好事不斷，狀態良好。**18** 若太陽、木星和土星[102]注視父親的宮位，父親將獲得尊敬，整體狀態良好。**19** 若它們一起[103]注視，則可論斷父母雙方皆為良善、富裕、具影響力之人。

20 若火星和土星以對分相或四分相注視四宮的尖軸，或皆位於宮內，無吉星救助，父母將遭逢多重困難或為奴役之身。**21** 若月亮的宮位為四宮的尖軸，一般而言母親將遇邪惡之事；若為太陽，則為父親[104]。

---

98 ｜ 即另一個發光體。
99 ｜ 即不合意。
100 ｜ 這裡也許應該要加上「從第四或第七個星座」，即四分相或對分相。薩爾（《論本命》章節4.14, **29**及4.16, **20**）僅說凶星會對它們施以暴力，因此有可能是四分或對分，在同一星座聚集亦然。
101 ｜ **16-21**見《結果》II.4（修密特，第17頁）。
102 ｜ 我認為土星在此並非好的選項，因土星非發光體。
103 ｜ 即兩組行星一起。
104 ｜ 我不確定這裡是指發光體在此宮，還是它們的主管星座──巨蟹座或獅子座──在此宮。

I.17：命主父母的死亡，及何者先於伴侶死亡

1 若[105]欲知父母當中何者會先於伴侶死亡，應檢視他們的特殊點：何者與凶星會合，或受凶星以對分相或四分相注視，所象徵之人將先死亡。

2 若火星與左側的太陽呈四分相[106]，父親會先於母親死亡，母親將成為寡婦。**3** 若火星位於太陽起算的第二個星座，亦作此論。

4 且[107]太陽與凶星四分，或受強勢的[108]凶星對分，父親將先於母親死亡。**5** 若月亮如上所述，則母親將先於父親死亡。

6 若有凶星注視兩個特殊點，且吉星並無注視，此時檢視兩顆發光體，找出何者先進入地底的尖軸——並非藉由行星本身的運行，而是藉由天空大圈的旋轉。**7** 若太陽先進入，父親將先死亡；若為月亮，則為母親。

8 若兩個發光體同時被凶星四分或對分，此時可觀察新月或滿月：此可預示何者將先死亡。

9 若太陽在地平線下且凶星注視上升，父親將先母親而死；若為月亮，則為母親。

10 同時檢視月亮的連結[109]。

---

105 | 見《結果》II.5（修密特，第18頁）。亦見薩爾（《論本命》章節4.20, **22**）），薩爾還加入主限向運法。
106 | 即支配太陽：見II.15, **25-26**及《論數學》VI.11, **2**。然而，只有薩爾《論本命》章節4.19, **10**保留了**3**中火星位在太陽的第二個宮位的論述。
107 | 此段見《結果》II.5（修密特，第18頁）。另有類似的方法涉及下降點，見IV.3, **17**。
108 | 在此以定冠詞（القوي）代替 قوي，但後者可翻譯成「一顆凶星，而凶星是強勢的」。
109 | 可惜我並不確定此句是否還有其它內容。

11 若[110]土星對分火星，或火星位於右側四分土星，父親的資產將被毀壞。

12 此時[111]若欲討論他們的死亡時間，可從特殊點清楚得知。**13** 當土星過運至父親點上，且木星在尖軸[112]時，命主可在父親死亡後繼承其資產。

14 當土星和火星同時過運至兩個發光體所在的星座時，父母皆將離世。

I.18：命主能否繼承父親的資產

1 若[113]欲知父親的資產是否將由命主繼承，日間盤可檢視太陽與土星來了解父親的資產狀況[114]。**2** 若兩者皆位於吉宮，具尊貴力量，命主將繼承並完整保留父親的資產。**3** 若火星未以四分相注視，亦未與太陽會合，太陽的狀態可稱良好，因為火星代表資產的揮霍。**4** 若有吉星注視太陽與土星，或只注視太陽，命主將繼承並完整保留父親的資產。**5** 但若非如此，火星又在尖軸（尤其是日間盤），土星又不

---

110 │ 見II.15, **6** 和II.16, **3**。只有第一句強調資產，但兩者皆談到父親迅速死亡（這畢竟是此章的主題）。我亦補充II.18, **2**（《結果》II.5，修密特，第18頁亦提及），它談到土星與火星會合，尤其若在尖軸，首先將造成父親的死亡。

111 │ 此段與薩爾《論本命》章節4.20, **28-30** 中的論述差異甚大，有可能是另一種不同（且令人疑惑）方法。若單將**13**與薩爾《論本命》章節4.18, **8** 來比較，薩爾的方法較像是主限向運至父親點。

112 │ 這似乎是指在隨後的過運（可能還有太陽回歸盤）中，土星和木星皆在尖軸。

113 │ **1-8** 大致參考薩爾（《論本命》章節4.18, **1-6**）。

114 │ 不過在**3-4**中，都勒斯似乎較偏好使用太陽。

具尊貴力量，它[115]將在父親生前及死後敗壞父母的資產。

6 另外，若太陽在六宮或十二宮，亦為敗壞父親資產之象。**7** 但若得木星注視，可減輕命主上述的擔憂。

8 若為母親的資產，可檢視金星和月亮及兩者的主星：若為外來的，入凶宮，太陽又在下降的宮位，且它們不在凶宮而光線被隱蔽[116]，命主將出身於貧苦的家庭，他亦將過著艱困的生活。

9 若父親點的主星在凶宮，又受凶星從四宮及七宮注視[117]，父親將死於非命。**10** 若父親點的主星在凶宮，太陽的主星[118]及太陽皆未注視上升，父親亦無法善終。

11 若木星由上往下注視[119]土星，父親將遭受子女的傷害[120]。**12** 且[121]若土星對分木星[122]，預示父子間存在著困難與傷害。**13** 但若土星位於木星的三方星座，父子之間的感情是深厚的，子女亦將繼承父親的資產。

I.19：命主的母親會有幾位子女

1 欲知命主母親在命主出生之前已生育幾位子女，可檢視上升及

---

115 │ 也可能是指「他」。

116 │ 此句語焉不詳。

117 │ 這裡不確定是指四宮或七宮，還是四分相或對分相。

118 │ 這裡應該是指「幸運點主星」，但也可能是太陽的「三分性主星」。另外，西奧菲勒斯《宇宙始源》第3章，24）提到 (1) 父親點主星及太陽皆與上升不合意，且 (2) 太陽本身亦與上升不合意。

119 │ 即十宮壓制或支配。

120 │ 此句原文在文法及占星學上是有疑義的。文法上來看在此是指被傷害之人，因此可翻譯成「父親傷害子女」。但就占星學理來看，木星支配土星因此具有主導地位，而土星代表父親：意味子女對父親是有影響力（或傷害）的。

121 │ 12-13 見《結果》II.4（修密特，第17頁）。

122 │ 據《結果》這是指土星在七宮，木星在上升之時。

其三分性主星，並檢視哪個主星最強勢。**2** 若兩者之中強勢者位於上升，則可論斷命主為第一位子女；若它位於中天，可說他是第四位或第一位子女；若位於七宮，則為第七位或第一位子女：因尖軸代表第一位。**3** 若主星皆位於下降的宮位，則有可能無法分配序位[123]。

　　4 且[124]若主星位於上升右側的區域，在地平線上[125]，則從主星到上升之間的星座代表母親在命主出生前已生育幾位子女。**5** 若有凶星位於其間，可說該行星代表流產，或子女生來有胎記或缺陷。**6** 若為吉星在其間，且吉星順行，閃耀自身的光芒，可說子女數目將超乎預期。**7** 若三分性主星在地平線上，則檢視自上升至主星之間的星座；其餘檢視的方法已如上所述，見者即可掌握。

　　8 若上升及中天之間無凶星亦無吉星在內，命主為第一位出生之子女；若他非第一位子女，代表之前的子女有不幸的狀況而未計算到（流產或諸如此類），或在他出生前即死亡。**9** 若有凶星在內，則命主之前的子女無法得益，且將死亡。

　　10 觀察上升到地底的尖軸之間：若有行星在內，可稱其為命主出生後的子女。**11** 若該行星為凶星，代表命主之後的子女將死亡。**12** 若無行星在內，即可說母親在命主出生之後不再生育。

---

123 ｜ 即無法分配任何事項。但據薩爾《論本命》章節3.13, **3** 及瑞托瑞爾斯第103章（霍登，第151頁），這句似乎有所遺漏。

124 ｜ 以下內容須注意的是，薩爾《論本命》章節3.13, **5-6** 同時計算星座及行星數（應是從瑞托瑞爾斯第103章及《亞里士多德之書》III.3.3的源頭所得到的概念），亦如以下《詩集》，I.23, **18** 所述。至於**4-6** 和 **8-12**，亦參考瑞托瑞爾斯第103章；《亞里士多德之書》III.3.3；薩爾《論本命》章節3.1, **3-7**, 3.5, **2-8** 以及3.13, **5-13**。然而**7** 似乎為多餘的，但也有可能只是做個結論，為都勒斯詩集中常見的架構。

125 ｜ 原為「左側……地平線下」。

I.20：論手足

1 此章將講述手足相關的事項。**2** 須知道[126] 月亮在獅子座或射手座，或上升在這兩個星座之一，手足的數目為稀少的。

3 若水星在火星的界上，注視月亮或上升，會對手足造成傷害。

4 若上升為天蠍、巨蟹或雙魚座，命主母親為多產的。

I.21：手足點

1 欲計算手足點，計算土星度數至木星度數的距離，從上升點加上此距離，再從上升投射出去：最後的落點即為手足點。**2** 若有行星位於其上或注視於它，可由此得知手足相關事項。

3 若手足點位於荒地星座，對手足是不利的（荒地星座為獅子、處女、摩羯座，而水瓶座為中等偏下的[127]，數量多的為巨蟹、天蠍及雙魚座，因為它們為水象星座；其餘的星座則為中等的）。

4 此時[128] 若木星和金星注視手足點，對手足相關事項是有利的徵象。**5** 若以四分相注視，手足事項仍可得益。**6** 但若火星和土星以四分相或對分相注視，將傷害手足，或手足減少甚至死亡。**7** 若凶星是

---

126 ｜見《結果》II.6（修密特，第19頁）。

127 ｜加入薩爾《論本命》第3章，前言 **9** 及章节1.38 的內容。亦可見以下II.10, **13**。瑞托瑞爾斯第106章相對應的段落中並無提到水瓶座為荒地星座。

128 ｜兩本手抄本的空白處有個不知來自何處但顯然是具有建設性的附註：「原始的版本為土星，但這是錯誤的，因為凶星是無法產生助益的。」

從三方處[129]來注視，凶象不至於太嚴重。**8** 若有吉星從三方處注視手足點，為吉利的徵象[130]。

I.22：論手足之情

1 欲知手足之間是否有情份或其它事項，可檢視手足點的三分性主星。**2** 若主星從三方處[131]注視手足點，手足間有濃厚的情份；若以四分相注視，代表手足之情是中等程度的。**3** 若以對分相注視，彼此將具敵意或分離。**4** 若無注視，手足間將有人被放逐。

I.23：兄弟姊妹的數量

1 計算水星度數至木星度數的距離，從上升點加上此距離，再以30°為一單位從上升投射出去。**2** 得出最後度數後，檢視注視此點的行星數目：命主即會有該數目的兄弟。

3 若金星和水星從吉宮注視此點，且位於陰性星座，則為姊妹；若在陽性星座，則為兄弟。**4** 若兩者之一在陽性星座，另一個在陰性星座，則手足男女皆有。

5 若這些行星從凶宮注視手足點，手足狀態不佳，或體弱多

---

129 ｜ 亦即三分相。
130 ｜ 手抄本在此處重覆**5**的部份內容：「若以四分相注視，手足可因此有所助益」。
131 ｜ 亦即三分相。

病[132]——或成為敵人，是邪惡的，手足之間將意見不合或引發爭論。**6** 若土星、火星、月亮及太陽均不在自己的星座上，可確認手足將遭受毀滅。**7** 若這些行星有的在自己星座或主管位置上，命主與手足之間將無情份，或關係不緊密，或手足對命主並無助益，因為凶星的徵象不會完全顯現[133]。

8 同時觀察上升起算的第三宮來確認手足事項。**9** 若三宮為雙體星座，或其主星位於雙體星座，代表多樣的手足關係，例如情婦的兒子，即手足中有些為命主父母所生，有些為父親與他人所生[134]。

10 並以上述方式觀察手足事項：土星和太陽為兄，木星和火星為中間的手足，水星為弟；月亮為姊姊，金星為妹妹。

11 亦[135]可從火星觀察手足事項。**12** 若火星的第一及第二三分性主星皆位於凶宮，代表手足數目不多。**13** 若其中之一在吉宮，另一個在凶宮，命主會有手足，但卻得面臨手足先他而死[136]的憾事。

14 見以下案例[137]。**15** 命主為男性，中天在金牛座，其內有太陽、月亮、土星、水星及手足點，而火星在雙子座，木星在水瓶座，上升在獅子座。**16** 手足事項的徵象星為土星和水星，因為這兩個行星為火星的三分性主星。**17** 由於它們運行在地平線上，我觀察兩者至上升之間的區域（若在地平線下，則觀察上升至兩者之間的區域）。**18** 從中得知命主將有五位手足，因為從金牛座（兩個三分性主星所在星座）到獅子座（即上升）中間有三個星座，且其中之一為雙

---

132 | 依手抄本C。而手抄本B則讀為「復仇」，符合接下來句子的含意，但薩爾《論本命》章節3.13, **16**）的確包括疾病。

133 | 這是塔巴里的版本。但薩爾著作中與之對應句子（《論本命》3.13, **17-18**）則為「因為凶星代表邪惡」。

134 | 手抄本B：「他的父親與母親所生，或與他人所生」。手抄本C：「他的父親或母親或母親以外之他人所生」。

135 | 此段見瑞托瑞斯第107章。

136 | 瑞托瑞斯明確指出第一及第二主星（即分出順序），而死亡是指因為曝露在危險的環境中。

137 | 此星盤採用回歸黃道系統。時間應為儒略曆西元29年5月2日或3日11:30AM，地點為黎巴嫩的西頓。

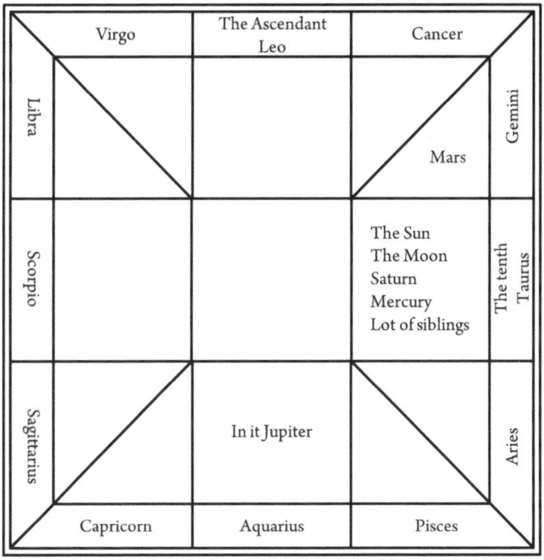

Virgo
The Ascendant
Leo
Cancer
Libra
Gemini
Mars
Scorpio
The Sun
The Moon
Saturn
Mercury
Lot of siblings
The tenth
Taurus
Sagittarius
In it Jupiter
Aries
Capricorn
Aquarius
Pisces

圖32：星盤 #1，手足（I.23, **14-21**），手抄本C

Siblings
Natal Chart
May 2 29 AD JC
11:30:00 AM
LMT -02:21:29
Sidon
Lebanon
35e22'00 33n33'00

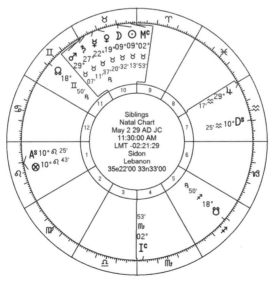

圖33：星盤 #1（I.23, **14-21**），現代版本

體星座：因此有五位手足[138]。

19 但若兩個行星並非位在同一星座，應做如下區分：視哪個行星為東出並在強力的宮位，再從其起算；若兩者力量相近，應優先考量第一個行星。**20** 類似問題皆可以此案例之方法予以告知。

21 手足點位於中天：由於中天為陰性星座，其內有土星，命主的姊妹將會死亡；又因為太陽在內，兄長亦會死亡；水星在內，弟弟將會死亡；但由於該宮位有木星注視，可解救手足於死亡的命運[139]。

22 亦有學者指出，日間盤可視有多少行星在地平線上，夜間盤有多少行星在地平線下，來判斷手足的數目。

23 若木星從右邊三方處[140]注視月亮，手足點與木星會合，命主將有比他年長之手足。**24** 若為太陽如上述注視月亮，命主的手足亦比他年長。

25 若水星在上升，可論斷命主無年長的手足；若真有年長手足，則手足恐將遭逢不測。

26 若月亮離相位於土星（尤其為夜間盤），命主將無法從其兄長得益，因兄長恐將早死，但兄長生前良好的名聲得以於死後留存。**27** 若月亮離相位於火星，亦可同上論斷。**28** 若月亮離相位於金星，命主將有姊姊，而命主亦喜歡金星的活動，相比年輕之時，命主晚

---

138 ｜ 都勒斯是如此計算區域內星座的手足數目的：金牛座一位，雙子座兩位，巨蟹座一位，獅子座一位，因此總共有五位手足。

139 ｜ 此論述不太通順，不過有可能是指若手足沒有死亡，將會被治癒。

140 ｜ 此處應該為由月亮右邊三方處支配月亮：因為在以下 **26-29** 中，月亮代表命主。

年的資產與醫療狀況更佳[141]。**29** 若月亮離相位於水星，命主不會是第一個子女，但生來個性溫和聰明，博學多聞，並因此獲得讚譽。**30** 並視星座屬性來判斷命主精通何種學問。

31 若太陽位於上升，對手足事項並非好事。

32 若火星和土星位於上升或中天，或在接續上升或十宮的宮位，對手足事項最為不利，命主或許將見到相似之事發生[142]；命主不會有手足，或手足無法存活於世，或對命主所有事項懷有敵意。

33 若火星在十二宮或在地底的尖軸，或在七宮的尖軸，對手足事項是不利的，尤其若上升主星或月亮的主星又會合火星，或火星注視水星。**34** 更嚴重的情況是，若火星為上升及月亮的主星，並位於上述的位置，手足之間將互懷敵意。**35** 但若火星位在水星的星座或注視水星，手足之間將會有衝突，甚至將敵意擴散至其他人，釀成更大的災難，尤其火星又注視月亮或手足點時。

— **手足的得與失** —

36 若欲知手足為命主帶來的是利益還是災難，可檢視幸運點。**37** 若幸運點與手足點會合[143]，命主將得益於手足；在手足死亡後繼承其財產。**38** 若幸運點的主星會合手足點，或手足點的主星（或上升起算的三宮主星）與幸運點會合，命主亦可從手足獲益。

---

141 | 此句在《亞里士多德之書》III.3.4 及薩爾《論本命》章節3.2, **28**）的敘述不太相同，這兩者皆說姊妹將與其他女性有性行為（薩爾是說妹妹）。然而，《亞里士多德之書》及薩爾的來源是相同的，兩者接下來都沒有討論水星，而是討論與火星、土星的連結對姊妹的影響。因此也許此處並非翻譯的差異，而是來自兩種不同的法則：其一有關年長的手足（《詩集》），另一個則聚焦於姊妹（《亞里士多德之書》、薩爾）。

142 | 這裡似乎是指，「上述所有壞事」。

143 | 《詩集》在此使用的特殊點與《結果》II.6（修密特，第19頁）相同。但薩爾《論本命》章節3.13, **14-15**）則依循瑞托瑞爾斯第105章使用手足點和友誼點或情欲點（philia）。不過，西奧菲勒斯（薩爾《論本命》章節3. 4, **8**）則與《詩集》使用相同的特殊點：參考我出版的西奧菲勒斯著作中的附錄A，摘錄 #11。

— 手足的死亡 —

39 並[144] 觀察何者將見證手足的死亡。**40** 檢視兩個特殊點（兩個手足點）[145]，自特殊點所在度數起算，至土星以四分相、對分相投擲光線所及的度數，或土星的星體所在度數即為命主見到手足死亡的時間，尤其又遭逢火星注視或在特殊點的宮位停滯[146]時。**41** 因火星在該處停滯為邪惡之象，若無木星注視時則雪上加霜。

42 且[147]若土星和火星（在特殊點的宮位）注視水星，弟弟將遭遇死亡；若為金星，則為姊妹；以此類推。

I.24：命主的好運、資產與疾病

1 在此可看出命主的運氣、資產或何時有好的運氣、地位有所提升。**2** 若為日間盤，可檢視太陽及其三分性主星；若為夜間盤，檢視月亮及其三分性主星。

---

144 | 這一章節在薩爾的書中有三種說法，但這三種與此段互見差異：《論本命》章節3.8, **2-6**；3.11, **10** 及3.13, **23-29**。請參考我以下的評論。

145 | 《詩集》和薩爾的章節3.8, **2-6** 皆提及「兩個手足點」，應是指土星—木星點以及I.23, **12** 中檢視手足數目的特殊點。此處合理的地方是，後者代表手足的數目，若受剋則手足的數目將會減少。然而，薩爾在章節3.13, **23-29** 提到幸運點或手足點；我認為較不合理，因為幸運點泛指一般的狀況，若幸運點受剋，不一定是手足的死亡（有可能為其它事項）。薩爾的章節3.11, **10** 僅簡單提及「特殊點」，有可能就是手足點。因此我認為在此應為手足點，或手足數目點。

146 | 此處與薩爾的章節3.11, **10** 一致。但他在章節3.8, **2-6** 提及逆行前的停滯，解釋了為何他在章節3.13, **23-29** 提到「兩者皆」（即土星和火星）逆行。

147 | 薩爾的章節3.11, **10** 並無此句，其它段落的內容也與《詩集》有所不同。我認為薩爾章節3.8, **2-6** 的版本最為完整：他提及三種也許相關也許無關的事項：(1) 若太陽回歸盤中有凶星與水星會合，手足將會死亡；(2) 若本命盤中兩個凶星或其一與水星位於同一星座，手足亦會死亡（亦有可能指太陽回歸盤中水星的位置，換句話說，即水星的過運來到本命凶星所在位置）。(3) 若「他」（可能是水星，如《詩集》及章節3.13, **28** 所示）以四分相或對分相注視特殊點，亦代表死亡（同樣也可能是指在太陽回歸盤中）。

　　3 若第一與第二三分性主星會合在吉宮，或各自在吉宮，命主從人生早期到晚年的成就、地位及財富將不斷提升。

　　4 若第一個三分性主星在吉宮，第二個在凶宮，命主在人生早期就獲得成就，卻在晚期遭受破壞。**5** 若第一個三分性主星在凶宮，第二個在吉宮，命主在人生中段的運勢為佳，但無法維持，好運將面臨反轉。

　　6 若第二個三分性主星在地平線下或凶宮，第一個在吉宮，命主將遭受一些災難（但不至於所有的災難齊來）；有些痛苦無法避免，生活仍遭困頓。

　　7 若兩者皆在其中[148]下降的宮位，命主將一生困苦，尤其又逢凶星以四分相或對分相注視，且凶星在尖軸──命主將終生為無法飽食、尋衣蔽體所苦。

　　8 若三分性主星在太陽光束下，且位於土星的宮位[149]，命主的好運將無法持久，資產亦無法累積，空有知識卻行動力不足。

I.25：論行星分配的好運與壞運

　　1 若木星在狀態不佳的本命盤中位於尖軸，可將厄運驅離十二年；若在接續尖軸的宮位，亦可阻擋厄運，直到木星來到不幸的宮位[150]。

　　2 若金星在尖軸，她可阻擋厄運八年。

---

148 ｜ 也可能如賓格瑞所言，是指「本命盤中」。但也有可能如 **6** 所指的地平線下的區域或凶宮。

149 ｜ 可能是指土星主管的宮位，而非土星所在的宮位。

150 ｜ 薩爾（《論本命》章節 2.7, **1**），認為是木星的過運。木星繞行黃道一圈為十二年，因此或許他僅能在過運至（例如）他的弱宮之前阻擋厄運。但在此也有可能是指上升的小限來到太陽回歸盤中木星呈現凶象的年份。I.13, **23** 或許就使用了這一觀點。

3 若土星在尖軸，為本命盤的強勢主星（即若土星為日間盤太陽的三分性主星，或夜間盤月亮的三分性主星），可阻擋厄運三十年；但若無上述條件，土星將無助益。

4 若要水星阻擋厄運，他必須在尖軸，且同上述土星的狀況，此時他的影響力為二十年。

5 若火星具備上述條件，則他可阻擋厄運，影響力為十五年。

6 若日間盤的太陽在尖軸且具三分性尊貴時，可阻擋厄運十九年；但若為夜間盤則不適用。

7 若月亮在尖軸且在陰性星座，她可阻擋厄運二十五年；若在陽性星座，則為二十五[151]個月。

---

151 ｜ 參考薩爾的詮釋（《論本命》章節2.7, **7**）加入「五」，他說與月亮的小年相當，但單位為月。

I.26：從本命盤論好運與資產

1 現在將以案例清楚解釋如何判斷命主的資產與好運[152]。

2 命主上升為雙子座，其它行星位置如圖所示（譯註：見圖34）。

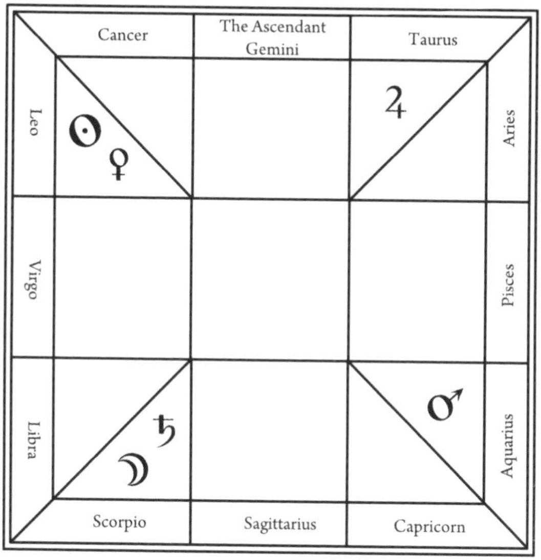

Cancer	The Ascendant Gemini	Taurus

☉ ☿ — Leo / Aries ♃

Virgo — Pisces

☽ ♄ — Libra / Scorpio — Sagittarius — Capricorn ♂ Aquarius

圖34：星盤 #2，資產與榮華富貴（I.26, **2-4**），手抄本C

3 此為夜間盤，與好運相關的行星為火星和金星，因兩者為月亮所在星座的三分性主星，但皆位於下降的宮位：因此命主為貧窮的，難以溫飽且受盡折磨。**4** 命主證實我所言不假。

---

　　5 此為日間盤（譯註：見圖35），出生當下牡羊座從深海出現在東方地平線上，太陽的三分性主星為土星，其次是水星。**6** 土星位於西方尖軸的接續宮位，水星在中天尖軸的接續宮位（幸運的宮位），因此命主可遠離貧窮，諸事順利，事業成功，資產豐厚，地位高貴，地位與好運蒸蒸日上。

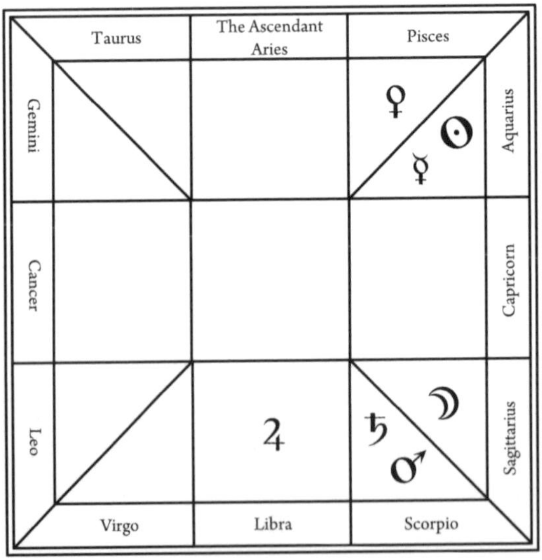

Taurus	The Ascendant Aries	Pisces	
Gemini		♀ ☉ ☿	Aquarius
Cancer			Capricorn
Leo	♃	♄ ☾ ♂	Sagittarius
Virgo	Libra	Scorpio	

圖35：星盤 #3，資產與榮華富貴（I.26, **5-6**），手抄本 C

7 此為日間盤（譯註：見圖36），其中最重要的[153]三分性主星為太陽，其次為木星，而兩者皆位在尖軸，且為躍升的[154]，因此命主受到國王與達官貴人的讚揚。**8** 因土星為第三個三分性主星，雖然遠離尖軸，但位於木星的星座並受木星的三分相注視：因此他獲得了國王的稱讚。

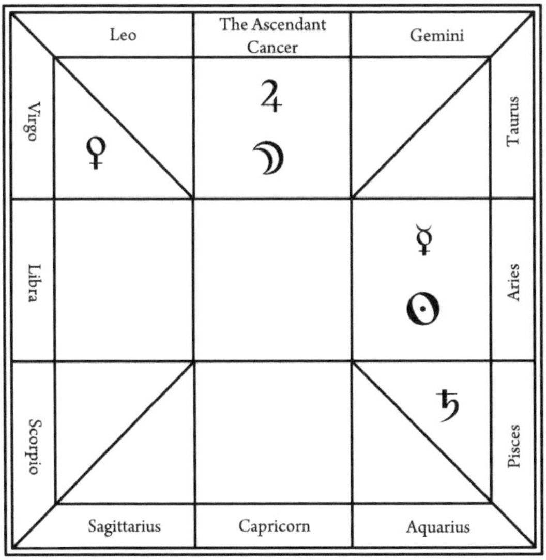

図36：星盤 #4，資產與榮華富貴（I.26, **7-8**），手抄本C

---

153 ｜ 這裡也可能為「第一個」。
154 ｜ 即入旺。

9 另一張星盤（譯註：見圖37），從地平線上升起的是天蠍座，且為夜間盤，其它行星的位置如圖所示。10 月亮的三分性主星為火星、金星、月亮。11 由於三個主星都在尖軸，命主在貴族與統治階層當中具有影響力，直至金冠、銀冠戴在他的頭上，且廣受稱讚。

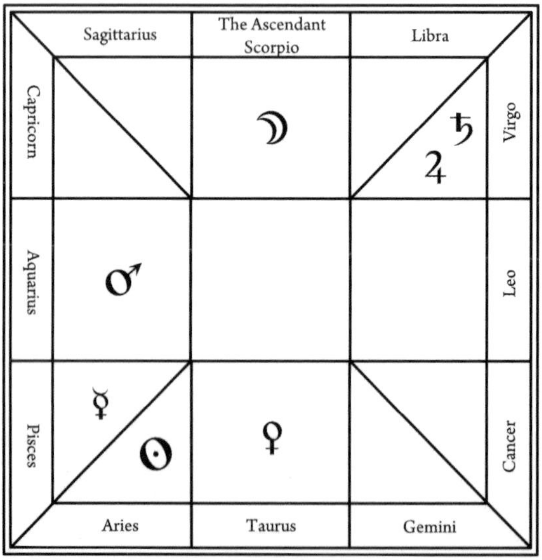

Sagittarius	The Ascendant Scorpio	Libra

圖37：星盤 #5，資產與榮華富貴 (I.26, **9-11**)，手抄本C

　　12 此為第二個星盤（譯註：見圖38），為夜間盤[155]，月亮的第一個三分性主星為水星，其次為土星。**13** 由於兩者皆位於下降的宮位，並在地平線以下[156]，命主沒有資產。**14** 但因為木星亦代表命主的資產[157]，木星與月亮會合在尖軸，他仍可獲取些微的資產，僅供日常生活所需，但命主為無足輕重之人，一生困難重重。

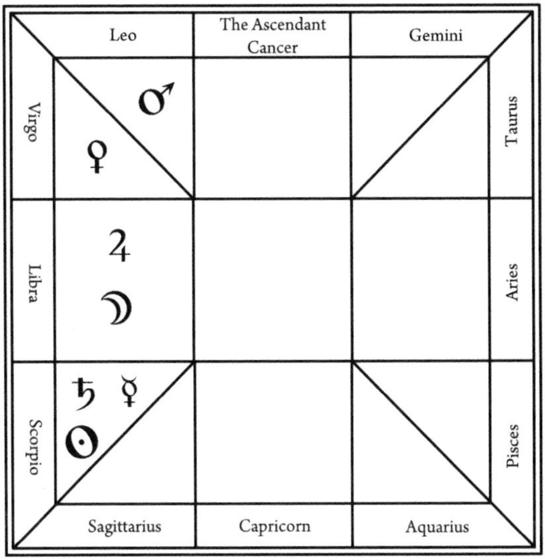

図38：星盤 #6，資產與榮華富貴（I.26, **12-14**），手抄本 C

---

155 ｜ 塔巴里應是指「第二張夜間盤」，但仍是錯誤的，因為這其實是第三張夜間盤。
156 ｜ 請參考緒論：這張星盤的水星和土星並未在果宮，而是在續宮；另外，金星離太陽也非常遠。
157 ｜ 木星為月亮的第三個三分性主星。

15 此為日間盤（譯註：見圖39），上升為雙子座，太陽為其本身的第一個三分性主星，其次為木星，第三為土星；三者均位於吉宮。**16** 命主財銀滿貫，但晚年運勢較差：因地底的三分性主星（從而得知晚年及死亡的情況）為金星，而金星是下降的，並在受苦的星座[158]。

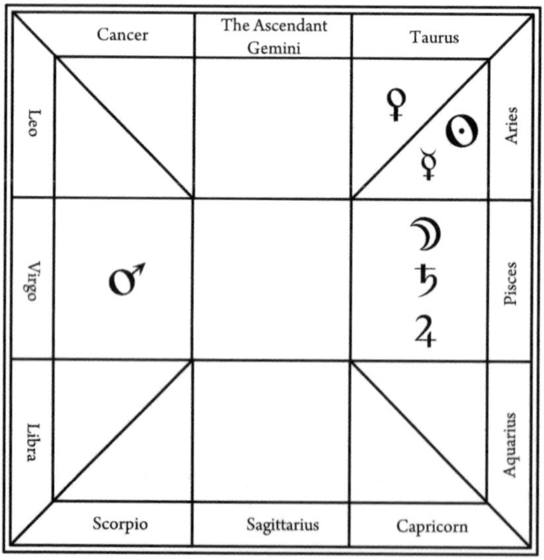

Leo	Cancer	The Ascendant Gemini	Taurus	Aries
Virgo	♂		♀ ☉ ☿	Pisces
Libra			☽ ♄ ♃	Aquarius
	Scorpio	Sagittarius	Capricorn	

圖39：星盤 #7，資產與榮華富貴（I.26, **15-16**），手抄本 C

---

158 │ 天底的三分性主星為死亡的徵象，亦見以下 IV.3, **25-28**。

17 此為夜間盤（譯註：見圖40），月亮的三分性主星依次為水星及土星，兩者皆在下降的宮位。**18** 火星代表父親資產的敗壞與揮霍[159]，而月亮的三分性主星（在下降的宮位）亦顯示貧困，使命主終日不得溫飽。**19** 以上為水星與土星的徵象，但由於木星和金星皆在尖軸，命主出身在家教良好且虔誠的家庭，受人尊敬，兄友弟恭，往來無白丁；但因為月亮的三分性主星之故，將家道中落。

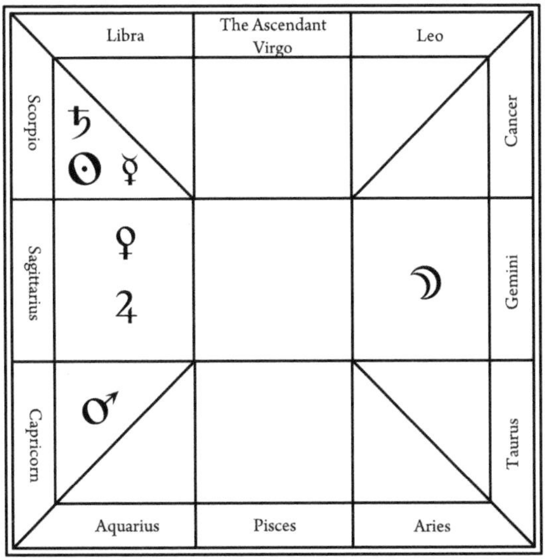

圖40：星盤 #8，資產與榮華富貴 (I.26, **17-19**)，手抄本C

20 若能仔細檢視所述星盤與我的解析[160]，托靠主（祂超絕萬物！），你將通曉各個步驟。

---

159 ｜ 見我所作緒論第四章有關此星盤的評論。若以現代的版本來看，火星是在二宮，傷害命主的資產。
160 ｜ 或是「類似的案例」。

I.27：論幸運的優先順序

1 若要論幸運與否，應優先檢視發光體的三分性主星是否位於吉宮，是否會合、四分、對分月亮，或在月亮的三方處[161]。**2** 若三分性主星未注視上升、月亮與發光體，而發光體的主星亦然，則對命主為可怕的徵兆。**3** 若木星、金星和水星亦不在這些位置，情況更加嚴峻，還預示壽命短暫，尤其若土星和火星在此位置。**4** 但若吉星在此位置，且在自己或躍升[162]的宮位、具三分性、不在光束下、順行，且三分性主星注視上升，但未注視月亮，命主將過著平凡、好壞參半的生活。

── 尖軸與續宮主星 ──

5 亦[163]應檢視上升和中天的主星，以及資產宮位（上升起算的第二個宮位）的主星。**6** 若這些行星在自己的宮位並與吉星而非凶星會合，且在尖軸或續宮，可論斷命主受幸運眷顧、步步高昇、受人稱讚景仰、過著富裕的生活。

7 若上述行星不在吉宮，亦不在凶宮，命主將過著平凡的生活。

8 若上述行星在下降的宮位，則依序檢視七宮主、八宮主、十一宮（幸運的宮位）主、五宮主及四宮尖軸的主星[164]。**9** 若這些主星不在

---

161 ｜即「三分相」。由於同區分發光體的三分性主星代表生計與生活狀況，月亮又為家庭背景與社會地位的自然徵象星 (I.10, **1-2**)，照理這些行星應有所連結，而對月亮產生幫助。

162 ｜即入旺。

163 ｜此段見《結果》II.18（修密特，第55頁）。

164 ｜換句話說，先檢視最活躍的尖軸（上升和中天）以及資產的宮位，然後檢視次活躍的尖軸以及續宮。

尖軸而在下降的宮位[165]，在夜間盤中未注視月亮，在日間盤中未注視太陽，命主將為求得溫飽所苦，若有凶星在尖軸則更為辛苦。

I.28：幸運的程度與資產的多寡

— 同區分發光體的三分性主星 —

1 現在將陳述幸運與資產最佳的狀況。**2** 檢視同區分的發光體所在星座的三分性主星。**3** 若三分性主星在四尖軸之一，在尖軸的15°內，可論斷命主擁有最佳的運勢與資產。**4** 若在第二個15°，相較上述的程度，命主可擁有次佳的運勢，因為越靠近尖軸，命主越能享有最大的成就與最佳的運勢。**5** 若三分性主星在第三個15°，命主將默默無聞，擁有中等的運勢與資產。**6** 若三分性主星位於上述度數之後、下個尖軸之前，命主是貧困的且為惡徒。**7** 須以赤經上升計算以上度數，因為雖然每個星座皆為均等的30°，但由於有些星座為扭曲星座，有些為直行星座，故赤經上升時間並不均等。**8** 扭曲星座的上升速度較快，直行星座較慢——又由於較北的區域為長四分，南部較短，中間的區域為中間值，故不同地區與氣候區亦有不同的上升速度[166]。

9 若日間盤中太陽的三分性主星位在凶宮，但月亮的三分性主星在吉宮（夜間盤為相反），命主雖然無法享有上述的好運，但仍可保

165｜此處顯示都勒斯（或其著作的波斯編者）以象限的區分來描述行星的力量，因為行星只有通過主限運動才能從尖軸移動至果宮。

166｜都勒斯指出，這裡的赤經上升區間與黃道上「均等」度數的區間是不同的。這裡的「長四分」及「中間值」可能是指，當扭曲星座上升時，緯度越高赤經上升時間越短，因此若黃道上的一段區間上升須花90個單位的赤經上升時間，則它的黃道經度比90°要多得多。緒論中有詳細的案例與解釋。

有最低限度的幸運、快樂與資產，因此即使命主十分努力，所增加仍
然有限；僅可勉強獲得應得之部份。

— 幸運點 —

10 若兩個發光體的主星位於凶宮，則檢視幸運點，雖然不同於
上述方法，但仍可指示命主生活是富裕、平凡抑或困苦的。

11 此時[167]若為日間盤，則計算太陽到月亮的距離，再從上升點
加上此距離（夜間盤的公式相反）。**12** 然後檢視計算後的落點是在吉
宮或凶宮，被何者（吉星或凶星）所注視，幸運點主星及所在宮位。
13 若對幸運點有充分的理解與洞見，且不被混淆者，就能清晰地作
出論斷。

14 若幸運點主星從凶宮注視幸運點，對命主是不利的；在下降
的宮位亦然（無論是否注視幸運點）。**15** 若幸運點及其主星在六宮或
十二宮，或受凶星注視，或它[168]位於太陽光束下，就無法產生力量與
影響。**16** 若日間盤的火星與幸運點會合，或以四分相或對分相注視
幸運點，對命主亦無益處。

17 若幸運點的主星未注視幸運點，但主星位於幸運的星座[169]或五
宮，命主將出生在幸福[170]、富裕的家庭，尤其若主星又注視幸運點時。

18 若幸運點主星在太陽光束下，則無能力賦予幸運。

---

167 ｜此段見《結果》II.18（修密特，第 55 頁）。
168 ｜這裡所指究竟為幸運點、幸運點主星或兩者其中之一並不清楚。
169 ｜即十一宮。
170 ｜更準確來說，應為「幸運的」。

19 極佳的情況是，日間盤的土星能注視幸運點，同時木星或太陽亦注視幸運點（夜間盤則為火星、金星和月亮注視時）；而水星的注視都是適合的[171]。

20 若幸運點主星在自己的宮位、三分性、躍升[172]或界上更佳。

21 若[173]幸運點主星在下降的宮位，金星和木星亦然，則為不利的徵象，而出生於如此配置之人將成為惡徒，若月亮又未注視吉星，將更為邪惡。**22** 此外若凶星在尖軸或在續宮，命主將跌入厄運的谷底並受到傷害。

23 若幸運點主星受剋，但吉星在吉宮，對上升及月亮形成證據（testifying，譯註：證據不僅可指相位，也可指在某處有必然尊貴。詳見詞彙表），且吉星又東出，命主將擁有中等的資產與平凡的生活。**24** 因若木星狀態良好，命主可從達官貴人獲得好處，為其工作而受益，並因此得到資產；若為金星處於上述狀態，命主可從女性獲得好處；若為水星，命主可從商業活動、知識、計算受益；若水星木星會合，則將受國王或團體的信賴。

25 若幸運點主星在吉宮，狀態良好，並受吉星從吉宮注視，與凶星無相位，命主將為國王的人馬且為擁有許多土地的自由人[174]，亦為達官貴人中最具權力之人。**26** 但若上述行星與幸運點主星如上所述，但凶星對它[175]形成證據，命主將從好運的高峰跌落。

---

171 | 見以下**36**有關幸運點本身。
172 | 即入旺。
173 | 此段見《結果》II.18（修密特，第55頁）。
174 | 或者為「貴族」。
175 | 此處我認為是上升點，但由於文法上為複數，也有可能是指吉星、幸運點及幸運點的主星。

— 吉凶星、幸運點及二宮 —

27 且[176]若凶星在尖軸，吉星在續宮，月亮離相位於凶星、入相位於吉星，命主早期生活落魄、受人蔑視，但之後將獲得財富與幸福。

28 若吉星已改善了上升與中天的狀態[177]，凶星在七宮卻未注視吉星[178]，命主將聲名大噪，事事如意，但很快會從幸運與豐盛的狀態跌落。

29 若 [1][179]幸運點在凶宮，或 [2] 凶星以聚集、對分或四分相注視幸運點，或 [3]幸運點主星未注視幸運點，或 [4] 其主星西入、被遮蔽，或 [5] 其主星位於敗壞的宮位或自己的弱宮，且 [6] 未注視夜間盤的月亮（日間盤的太陽），且 [7] 無吉星注視其主星，可論斷命主多災多難，生活困頓，尤其若發光體的三分性主星的狀態亦如上所述。

30 若[180]土星和火星位於幸運[181]的星座，尤其在資產的宮位（上升起算的第二宮），但未在自己所分配的領域內[182]（火星為夜間行星，土星為日間行星），命主的財富與地位都將一落千丈。**31** 若凶星在地底的尖軸亦可如此論斷，但若凶星彼此對分亦無木星的相位，則更加凶險：因為這代表逃逸、死於非命或地位大幅跌落。

32 若火星位於中天尖軸以降的續宮，命主會從富裕的生活狀態跌落，因為若十一宮有凶星在內，更代表破敗與衰弱；但若為吉星在

---

176 ｜此段見《結果》II.18（修密特，第55頁）。
177 ｜這裡應是指吉星就在上升或中天。
178 ｜若吉星在上升或十宮，當然能注視到七宮內的凶星。
179 ｜這些編號為戴克為方便見所加入。
180 ｜此段見《結果》II.18（修密特，第55頁）。
181 ｜原讀為「資產」，參考此句後面的部份而修改為此。但薩爾《論本命》章節2.7, **8** 及2.17, **5**）僅提到資產的宮位。因此如《詩集》所云，應讀為「好運的宮位，尤其……資產的星座」，表明十一宮亦能提供資產——以下的 **32** 證實如此。
182 ｜即它們的「區分」。

十一宮，則能迅速獲得資產。

33 若幸運點在吉星的界上，且在吉宮並受吉星注視，命主將能憑藉自身的資源累積豐厚的財產。

34 若幸運點的第一個三分性主星未注視幸運點，但第二個三分性主星有注視幸運點，命主雖會揮霍資產但仍能保留部份。**35** 但若以上兩者均未注視幸運點，但幸運點受吉星注視，命主將因外國人獲得良好的生活，同時受到尊敬與讚揚；但若同時受吉星及凶星注視，命主的生活將好壞參半。

36 對日間盤而言，若日間行星注視幸運點（夜間盤幸運點受夜間行星注視），可證實擁有好運與豐盛的資產；但若與上述相反[183]，則命主將生活困苦，須歷經絕望[184]與長期的等待始有所得。

I.29：從高位跌落與災難

1 若土星在尖軸之一會合月亮，即便是國王之子亦會從幸運與富裕的狀態跌落。**2** 若又遭火星注視，更為不幸。**3** 但若有木星會合在尖軸，他的資產與幸運能保持一段時間，但即使有木星注視，他仍將從高位跌落。

---

183 ｜ 即日間盤的夜區分行星，以及夜間盤的日區分行星。
184 ｜ 見以上 **19** 關於幸運點主星的論述。

― 二宮及其主星 ―

4 建議應檢視上升起算第二宮的星座：若有凶星在內，或與其對分或四分，可論斷資產的減少，生計由盈轉虧。

5 此時[185]若金星為二宮主星，災難與衰敗將來自命主對女性的慾望。**6** 若為水星，則災難來自書籍與計算。**7** 若為木星，則來自貴族或國王的危害，或來自蘇丹的工作[186]或國家。**8** 若為火星的宮位，則因為士兵、<佚失>、憤怒、搶劫、火災等等火星的自然徵象。**9** 若為土星的宮位，則災難來自年長之人或奴僕、被釋放之人、無法獲得表揚之人、因管理[187]而陷入困難之人，或來自建築物或墓園[188]。**10** 若為太陽主管的宮位（獅子座），災難來自父親、父親的女人、母親的男人、宗教[189]或借款。**11** 若為月亮的宮位（巨蟹座），且月亮不在吉宮，災難來自己母親或母親的親戚，或父親的女人。

12 同時[190]檢視星座的屬性（轉變、固定、雙體或水象、四足、人性或土象），及其主星為吉星或凶星；若二宮主星落在凶宮且為凶星，則為凶兆，但若為吉星入凶宮，命主將過著平凡的生活。**13** 若為吉星入吉宮，雖有凶星注視，困難仍可被驅離。**14** 若二宮主星在凶宮且傷害二宮[191]，或另一個凶星注視二宮或在其中，命主將為生計惶惶不可終日，難以快樂，或備受悲傷、苦難之事所侵襲，即便是國

---

185 ｜此段見《摘錄》I, **1-7**。
186 ｜或「蘇丹的作為」。
187 ｜此為賓格瑞的詮釋，原為「想要」。
188 ｜加入賓格瑞的詮釋，亦參考《摘錄》I, **1**。
189 ｜《摘錄》I提及「王朝的狀態」，且中世紀的穆斯林與薩珊王朝，宗教與政治是合而一體的。
190 ｜**12**請見《摘錄》I, **8-9**。
191 ｜此處可能假設主星為凶星之一。

王也將徒勞無功，因欲望不得滿足而痛苦：而他的資產將因微不足道之事而耗盡。

15 同時應檢視月亮：若月亮在吉宮（二宮狀態如上所述是良好的），並注視二宮，運行數據增加（increasing in calculation。譯註：詳見詞彙表）且增光，並三分太陽，火星未注視月亮，命主將為知名有為的領導，為城市或國王爭光而備受讚揚且具影響力。**16** 若月亮如上所述，但運行數據減少、減光，將減少以上吉象，命主難以正面地發揮管理能力，亦無法因此而獲得讚揚。

— *資產點與生計點* —

17 且[192]檢視二宮主星所落何處，並從其計算至二宮[193]，從此[194]可明確判斷命主的生計。**18** 檢視此點及其主星的狀態，何者注視它們，亦可清楚判斷命主的生計。**19** 因此若其主星在吉宮，受吉星注視，可論斷命主生計良好。

20 若其主星為凶星，並受另一凶星注視或會合，命主的生計將困難重重。**21** 若其主星為吉星且東出[195]，在尖軸且在自己的宮位，命主將過著榮華富貴的生活。**22** 但[196]若原本為西入，在第七天[197]轉為東出，命主仍可享有富貴的生活，但無法獲得名聲，亦無人知道他的富貴。

---

192 ｜此段見《結果》II.18（修密特，第55-56頁）。
193 ｜然後再從上升點投射。
194 ｜即特殊點所在的宮位。
195 ｜手抄本B的內容是遺漏的，但手抄本C的內容不僅清晰可讀，與**24**相似，且符合占星學理。
196 ｜見《摘錄》IV。
197 ｜以手抄本B為主。手抄本C為「九天」，為阿拉伯文常見的點的錯誤。《結果》II.18（修密特，第56頁）及《摘錄》確認為「七天」。

23 檢視位於此點之上的行星。

24 此時[198]若資產點在吉宮，其主星亦然且東出，命主可長期保留其資產。**25** 若資產點主星在吉宮但在太陽光束下，命主資產雖可保留但僅為一小段時間。**26** 若此點在凶宮，命主的資產將無法增加，亦無任何成果。

27 若上述相關行星逆行，但行星力量強，命主將會苦惱而胆怯。**28** 但若在配置不佳的本命盤，則他的狀態或將徹底被破壞。

29 同時須充分了解生計點[199]。

— 吉、凶星在尖軸與續宮 —

30 若木星在尖軸或在接續尖軸的宮位，首先可說命主將順利成長。**31**（但若有一凶星在內，則預示困難）。**32** 若有凶星從上注視著他[200]，或為象徵破壞的行星，則可確定命主將困難重重；即使父母離異，仍可如此論斷。**33** 但即使父母因行星的徵象離異，命主仍可繼承財產，因為木星在狀態不佳的本命盤中若仍位於上述宮位，可減輕傷害並化解不幸；即便生活狀態不佳，仍可因木星而獲得某些好處。**34** 若金星在尖軸或在接續尖軸的宮位亦同，只不過她的力量不如木星，除非是有關女性的事項：他將因她們而享有資產與生活上的歡愉。

35 若上述兩個吉星均在此強而有力的位置，命主將在其國家或群體獲得成就，因為他將有廣闊的人脈，敵人也會變成朋友並對他友

---

198 ｜此段見《結果》II.18（修密特，第56頁）。
199 ｜此處幾乎確定是以上**19-22**所討論的特殊點。薩爾《論本命》章節2.5, **17-23**）提及，日間盤為木星到土星的距離（夜間盤相反），並從上升投射。阿布·馬謝（見《古典占星介紹》IV.2）稱之為「生活點」，亦指「生計」或「賺取物資的方法」。瑞托瑞爾斯第57章（霍登，第58頁）認為「生活點」與都勒斯的另一個特殊點——資產點（二宮主星到二宮）是相同的。
200 ｜此處可理解為支配。

善，尤其若兩個吉星在自己的宮位上，從三方處[201]注視日間盤的太陽或夜間盤的月亮，如此可增強它們的力量、作為及穩定程度。

36 若殺手火星及破壞者土星位於以上木星和金星所在之處，預示命主的成長將受到阻礙，即便命主對所有人作出貢獻，亦無法獲得感謝與讚揚，或無過節之人卻將憎恨他，最後還會見到大眾因他而擔憂與悲痛。**37** 若命主為國王，其家族及王國將與其疏遠，命主也將跌入動盪、衝突與欲求不滿的生活中。**38** 出身中等階層或低階層的命主亦可如上述論斷，其家族將憎恨他，命主亦對他們毫無情份。**39** 若土星在尖軸或續宮，命主將憂心重重、令人生厭、長相醜陋、厄運連連且禍及家人。**40** 若為火星，雖然代表勇氣，但命主將為工人或為目光短淺[202]之人；但若有木星和金星注視土星和火星，可減輕傷害。

41 此外[203]檢視命主出生之時，何者先抵達上升或月亮所在之處：從該行星可清楚判斷命主的幸運、資產及社會階級[204]。

I.30：論星座的陽性和陰性、東方和西方、日間和夜間

1 牡羊座、獅子座及射手座為陽性星座，為東方及日間星座；它們的日間主星為太陽，夜間主星為木星，兩者的伴星為土星。

2 金牛座、處女座及摩羯座為陰性星座，為北方[205]及夜間星座；

---

201 ｜即三分相。
202 ｜此處意味「輕率」或「瑣碎」的。如拉丁文（levis）所示，難以確定是形容何者。
203 ｜見《結果》II.18（修密特，第56頁）。
204 ｜即評量命主的社會地位：階級、影響力等等。
205 ｜這裡應為「南方的」。

日間主星為金星，夜間為月亮，兩者的伴星為火星（水星在處女座具尊貴力量[206]）。

3 雙子座、天秤座及水瓶座為陽性星座，為西方及日間星座；日間主星為土星，夜間為水星，伴星為木星。

4 巨蟹座、天蠍座及雙魚座為陰性星座，為夜間及南方的[207]星座；日間主星為金星，夜間為火星，兩者的伴星為月亮。

5 第一冊終，讚頌主，主以仁慈行使祂的意志，將好運賜予祂的僕人，並以信仰行使祂的意志，消解僕人的惡意；主為至高、至尊、公正與至慈的。**6** 祈主賜福祂所選之先知，賜福一切祂的使者。

---

206 ｜見I.1, **5**。
207 ｜這裡應為「北方的」。

都勒斯占星學

第 2 冊

論本命的
婚姻與子女

奉至仁至慈的真主之名，並祈主助佑

1 第二冊為都勒斯論婚姻、子女與行星判斷之書。**2** 開篇先論婚姻，他說道：

II.1：論婚姻

— *金星的三分性主星* —

1 先檢視金星：她的位置及第一、第二與第三個三分性主星分別為何：若三分性主星與金星會合、在尖軸[1]或在金星的三方處為吉兆，因金星能充分代表婚姻相關事項[2]。

2 若金星的三分性主星與金星會合、在尖軸或接續尖軸的宮位、閃耀自身的光芒且順行，對婚姻相關的事項而言為好的象徵，孩子的父親[3]肯定也是幸運的。

3 但若金星的三分性主星在凶宮且在下降的宮位、受剋、在太陽光束下、在西方的區域，則預示相反的徵象，亦即困難的婚姻：命主將終身不婚，或對象為奴僕、妓女、不名譽且年老的、年紀過輕的，或命主為出租妓女之人（我曾見過如此案例：命主出租他的女人並因而蒙羞）。

---

1 | 此句可能是指在金星的四尖軸，即金星起算整宮的尖軸宮之一。

2 | 此句給人的第一個印象為，金星原本就為婚姻的自然徵象星；但我認為此句實指若三個三分性主星都與金星有強力的相位連結，則金星可獲得全力的支持與幫助。

3 | 此句雖然看來是指命主的父親（擁有美滿的婚姻與小孩方面的幸運），但它可能是指命主人不僅婚姻美滿同時子女眾多：亦見以下II.4, **9**。

4 若[4]金星的三分性主星在凶宮，但金星與吉星會合並落在同一宮位，且狀態良好，命主可娶得合適之女子[5]。

5 但若金星的三分性主星皆在中間[6]，命主將因女人而遭逢變故且蒙羞，因女人嚐盡憂慮與傷悲。

— **金星** —

6 若金星與木星會合且在吉宮，命主可娶到合適之女子。

7 若[7]金星在下降的宮位，受日間的火星注視，而木星以及金星的三分性主星位於中天[8]，命主的對象將為妓女受眾人嫌惡：因為木星代表社區裡的名聲，卻因金星的邪惡[9]蒙羞。**8** 若金星在凶宮但受木星注視，而火星以及金星的三分性主星位於中天，此時火星的相位代表性欲強的女子。

9 若有凶星與金星會合，或往下注視金星[10]或與其對分，命主會嫁娶不良[11]的配偶（男性或女性），命主將因女性過著晦暗動盪的人生，尤其月亮受剋時更是如此。

10 若水星位於金星的星座[12]又逢土星注視，命主將娶奴僕或外

---

4 ｜ 此句參見《結果》II.21（修密特，第69頁）。

5 ｜ 但仍會因為三分性主星的狀態不佳而「經歷一些損失」（《結果》）。薩爾：《論本命》章節7.1, 14使用了安達爾札嘎的句子，顯示都勒斯的其它版本亦包含此內容。

6 ｜ 即在「下降的」宮位，但也有可能是指與金星一起位於凶宮。

7 ｜ 此段參見《結果》II.21（修密特，第69頁）。《結果》的論述較為清楚：金星在凶宮，但三分性主星在吉宮，且同時受到木星和火星的注視。然而他並無提及有特定的行星在中天，亦不像塔巴里般區分火星與木星的差別。

8 ｜ 此處也可讀為「日間的火星及木星皆注視金星，且金星的三分性主星位於中天」。

9 ｜ 邪惡是因為金星與不同區分的火星有相位並位於果宮。

10 ｜ 即支配金星。

11 ｜ 按賓格瑞所補充。

12 ｜ 此處可能為金星的「主管宮位」（即金牛座或天秤座）而非金星所在的宮位。

國人；命主[13]為女性亦然。

11 若[14]木星與金星會合，命主將與為人稱道的女性有性關係，尤其[15]若木星又注視月亮時：命主將與自己的女主人，或與達官顯貴的女人[16]有性關係。**12** 若土星和火星從另一[17]個區域注視月亮（夜間的主管行星），命主將與自己的女主人或達官顯貴的女人發生性關係；命主若為女性亦然。

13 若[18]日間的金星位於上升或中天，在太陽光束下，且火星在尖軸或與婚姻點[19]會合，命主的妻子將來自低下階層、國外或為貪婪的女人。**14** 若婚姻點受到水星和金星注視，命主的妻子會是歌手或舞者。

── 第七個星座 ──

15 若[20]凶星注視婚姻的星座（上升起算的第七個星座），七宮的主星為下降的，或因凶星的相位或不佳的位置而受剋，亦預告婚姻的失敗。

16 若[21]七宮主為土星，傷害來自父親或中年人士，或來自死亡。**17** 若七宮主為木星，婚姻將受國王與富有之人，或國家命令[22]

---

13 ｜按賓格瑞所補充。
14 ｜**11-12** 參見《結果》II.21（修密特，第69-70頁）。《結果》似乎認為金星此時已在西方（引用都勒斯的詩）。
15 ｜按賓格瑞所補充。
16 ｜按賓格瑞所補充。
17 ｜按《結果》所補充。
18 ｜**13-14** 參見《結果》II.21（修密特，第70頁）。但在《結果》的內容中，此段是指女性的婚姻中關於丈夫的描述。
19 ｜《結果》提及火星在尖軸但在太陽光束下，而非與婚姻點會合。
20 ｜此句參見《結果》II.21（修密特，第70頁）。
21 ｜此句參見《結果》II.21（修密特，第70頁）。
22 ｜或國家的「事務」，例如公共事務。但「國家」亦可指「城市/社區」。

的傷害。**18** 若為水星，災難和傷害將來自法律或口舌之災，或妻子為奴僕，或命主以偷竊的方式獲得女子。**19** 若為火星，代表有瑕疵、不名譽的婚姻[23]；若有水星與火星會合，則是邪惡的，因為命主將親手殺害自己的女人，被迫濺血。**20** 若為金星，命主將因女性遭受如火災般的傷害而不得安寧，或婚姻充滿此類的災害。

II.2：論婚姻點

1 同時須檢視我稱為婚姻點的地方。**2** 計算土星到金星的距離，再從上升的度數加上此段距離，即以30°為單位從上升投射出去，最後的落點為婚姻點。

3 檢視是否有行星在此點之上，或與此點四分，它們皆為婚姻的徵象。**4** 並檢視是否有凶星或此點的尖軸，位於六宮或十二宮[24]：此為導致婚姻悲傷的宮位，無任何益處。

II.3：論女性的婚姻點

1 若命主為女性，則計算金星到土星的距離，再從上升的度數加上此段距離。

---

23 | 但薩爾（《論本命》7.1, **79**）則提到外國人和旅行（兩者皆為火星所代表）。此處的不名譽與接下來提到水星的內容有關，與《結果》II.21相符；《結果》則說火星亦為通姦。

24 | 我認為此處指同時符合兩種狀況 (1) 凶星在婚姻點的四尖軸（或在婚姻點上），以及 (2) 特殊點或這顆凶星在六宮或十二宮。此時婚姻點在果宮，且後續的「悲傷的宮位」亦符合六宮或十二宮。

— 婚姻點四尖軸的行星 —

2 若有行星在此點之上，或與此點四分，它們皆為婚姻的徵象。**3** 若行星為火星，命主將有連續的婚姻，或像妓女般周旋在男人之間。

— 土星—金星點的主星 —

4 若婚姻點主星在七宮且為土星[25]，命主的丈夫為老人[26]；若土星在自己的宮位[27]，丈夫將為祖父或叔伯母舅輩，或與命主有親戚關係之人。**5** 若命主為奴僕，丈夫即為自己的主人。

6 若婚姻點的主星為火星，命主將嫁給不知名的人[28]，或從事火星的工作之人。

7 若婚姻點的主星為木星，命主將嫁給在社區或城市內享有聲譽的知名人士。

8 若金星為婚姻點的主星，命主的丈夫為盡做金星[29]之事、飲酒作樂之人。

9 若為水星，會為婚姻帶來欺騙與諸多爭執，尤其又遭火星注視時。

---

25 ｜ 薩爾《論本命》章節 7.1, **95**）的解讀似乎較為清楚。首先，婚姻點在七宮代表配偶是自由之人，與以下的**5**恰好相反。此外，薩爾在章節 7.2, **64** 重覆相同的內容時卻完全不提婚姻點在七宮，強烈暗示婚姻點在七宮實為不相關的論述。

26 ｜ 或酋長。

27 ｜ 賓格瑞所補充（手抄本 B 遺漏了，手抄本 C 則被膠布蓋住）。薩爾《論本命》章節 7.1, **96**）並無提及，但在這裡確實合理，且很顯然為手抄本 C 被蓋住的文字。

28 ｜ 薩爾《論本命》章節 7.1, **97**）則說命主會祕密地結婚，尤其若火星為西入。因此此處不見得是不知名的人，而是隱藏的婚姻。

29 ｜ 薩爾《論本命》章節 7.1, **96**）讀為他將染上酒癮。但他的**99**則使用「飲酒」。但兩者可能都是誤讀 السكر 的結果。

— 金星 —

10 無論是男是女，只要金星在凶宮，經常預示不名譽的婚姻。

11 若木星注視金星（無論從何宮注視），命主能從女性受益；若木星注視的同時又有凶星注視，凶星的傷害得以減輕。**12** 若命主為女性，可作類似的判斷，即從男性獲益。

13 若金星位於雙體星座或雙像星座，命主不會只有一段婚姻。

14 若火星臨金星主管的宮位，金星又位於火星主管的宮位，命主將有不光彩之事，沉湎酒色，道德敗壞；若火星與金星會合，或對分、四分金星，亦作此論。

15 若金星與水星和火星會合，命主將不會有穩定的婚姻或感情，見異思遷，朝三暮四。**16** 承上句若三者會合在中天，或金星在中天，但受火星和水星注視，命主將與別人[30]的女人建立關係。**17** 若注視金星的行星東出[31]，代表關係是公開的。**18** 若木星又注視其中一個位於中天的行星，則能改善以上狀況，木星的相位代表命主受益的原因。

19 若金星的三分性主星在中天，預示她的淫亂行為將為人所知，使命主的聲譽蒙羞。.

20 若木星在凶宮與金星會合，但在尖軸或接續尖軸的宮位[32]，並注視金星的三分性主星，婚姻將不至於一塌糊塗。**21** 若木星如上句所述，但在凶宮，命主將因此蒙羞或因淫亂之事而招致惡名：因兩個吉星皆在下降的宮位，象徵因墮落而導致衰敗。

---

30 | 根據薩爾《論本命》章節7.7, **46**）的理解所補充。
31 | 即將離開或已離開光束下。
32 | 此處不合邏輯。應為木星在尖軸宮或續宮注視位於凶宮的金星。而且以下句子又另外解釋木星與金星同在凶宮的狀況。

22 若[33]金星的三分性主星第一個在吉宮，第二個在凶宮，則命主早期有關女性的事項是順利的，但後期則狀況連連：因為金星的第一個三分性主星代表人生早期，第二個代表人生中期，第三個則為人生晚期[34]。**23** 因此無論第幾個主星在吉宮，都代表那一段的人生時期是順利的。

II.4：婚姻點

1 若婚姻點與金星對分，或與上升對分，或在凶宮，同時金星在陽性星座且東出，由於陰性星座為夜間的分配（shares of the night）[35] 星座，金星為夜間的分配行星，因此在上述配置出生的命主終其一生將難以與女性交往。**2** 因為日間行星喜東出，夜間行星喜西入——此為不變的道理[36]。

3 若金星的三分性主星未注視中天與金星，男性命主將無法獲得幸福的婚姻。**4** 若婚姻點的三分性主星未注視婚姻點、金星及中天，命主將終身無法結婚。

5 若金星的三分性主星在星座末度數或在凶星的界[37] 上，或位在地底的尖軸，不在自己的星座上，遭凶星注視，命主將終生無法結婚[38]。**6** 但若金星的三分性主星在自己的星座上，命主會有婚姻。

---

33 ｜此段參見《結果》II.21（修密特，第69頁）。
34 ｜此句有關第三個主星的論述是錯誤的，《結果》（同上）及薩爾《論本命》章節7.1, **17** 亦顯示如此。只有前兩個主星代表人生時期。
35 ｜此處及本句的後面皆指日夜的「區分」。
36 ｜不過此處是模糊不清的。「東方」與「西方」通常是指星盤的東方與西方尖軸，但此處又說金星為*東出*，也就是先太陽上升。因此都勒斯應該是指「東出」與「西入」。
37 ｜埃及的系統中凶星的界幾乎都在星座的末度數。見V.6, **13**。
38 ｜亦見以下II.6, **4**。

7 若金星在上升起算的七宮內，預示女性將引起傷害、麻煩與災害，命主的婚姻是不穩定的，或與貧窮、身為奴僕或來自國外的女性發生性關係；命主將因金星在尖軸的緣故而有婚姻，但也因與上升對分而因女性受到傷害。

8 若金星在凶宮又與吉星[39]無相位，且遭土星注視（土星又與木星不合意），命主將難以成婚，同時與低下或無益處的女子發生性關係。

9 若金星在自己的宮位，命主將有婚姻，並得以生育許多子女。
10 若金星在轉變星座，在自己的星座上，且在有力的宮位[40]時，命主一生將女人不斷，尤其金星又受其他行星注視時[41]。

11 若[42]金星在地底的尖軸，命主將承受喪妻及喪子之痛。**12** 若地底的尖軸為轉變星座（尤其巨蟹座或摩羯座），則更加邪淫，命主將不斷與低下的女子或妓女發生性關係，因此招致債務。

13 若土星與金星會合，或金星在土星的界上，或受土星注視，對婚姻是有害的，因為命主將與寡婦或年老的女人結婚，或妻子曾有過不愉快的婚姻，或妻子過於年輕，為低下的奴僕，或為求生計而不知廉恥的女性（若命主為女性亦可同樣描述丈夫及子女）。

14 若金星與火星會合，或在火星的界上，且受火星以對分相注視[43]，若命主為女性，將有可能與他人通姦，或因子女而悲傷（若命主

---

39 │ 按實格瑞加入的補充。

40 │ 此處應可理解為「強勢的宮位」；事實上薩爾（《論本命》章節7.3, **2**）稱之為「極佳的宮位」（excellent place），但他同時又加入護衛星必須注視金星（但我認為不合邏輯）。

41 │ 有些文獻沒有最後一句。薩爾（《論本命》章節7.3, **2**）亦無提及。

42 │ 此處亦見以下II.6, **6**。

43 │ 按薩爾（《論本命》章節7.2, **20** 及 7.7, **9**）所加入的補充；本句的最後亦確認如此。

為男性亦可作此描述，因為命主本身有可能是無法生育的)[44]，這些都來自火星與金星的會合或對分。

15 若木星和金星在太陽光束下，代表不為人知[45]的婚姻，尤其若在荒地星座時：命主將娶寡婦或無法生育的女子為妻。

── 親戚間的婚姻 ──

16 若月亮在自己的宮位或躍升[46]，與金星會合且受木星注視，命主將與自家[47]的女性結婚。

17 若[48]金星和月亮對分、四分或會合在同一星座（在凶宮），代表婚姻的傷害；若兩者皆在尖軸，命主將與自己的姊妹或有親戚關係的女性[49]結婚。

18 若月亮和金星會合在地底的尖軸宮[50]，受木星注視，命主將與親戚結婚，且一定能在晚年[51]喜獲麟兒。

19 若婚姻點的主星在婚姻點上，或注視著婚姻點或月亮[52]，命主將與親戚──兄弟[53]或姊妹的女兒結婚。

20 若土星會合金星[54]，在金星或土星的星座，且位於上升，命主

---

44 ｜ 火星代表不孕。但我認為火星較是指通姦的部份。薩爾並未提及無法生育或子女之事（《論本命》章節7.2, **70-71** 及 7.7, **9-10**）。

45 ｜ 此處亦可能為「隱密的」、「不分辨的」或「虛弱的」。我認為也有可能是指年輕時短暫的婚姻，最好能遺忘不再提起。

46 ｜ 即入旺。

47 ｜ 即自己的家族或家庭。

48 ｜ 見《摘錄》II, **1**。

49 ｜ 字面上的說法為「命主女人的親戚」。

50 ｜ 按手抄本B；手抄本C在膠布上則有「宮位」的字樣。

51 ｜ 因為地底的尖軸代表晚年。

52 ｜ 這裡的情況太過廣泛反而意義不明確。薩爾一方面根據此段所述作廣泛的解讀（《論本命》章節7.3, **105**）；但另一方面，他作出了更具意義的解讀：月亮在婚姻點上，或四分、對分婚姻點（章節7.2, **10**）。

53 ｜ 按賓格瑞的解讀。

54 ｜ 薩爾的《論本命》（章節7.2, **12**）中，土星亦為婚姻點主星。

將與女兒或姊姊發生性關係；若月亮同時與土星和金星四分，命主將與母親的姊妹發生性關係。**21** 若金星未受月亮注視但受火星以四分相注視，命主將娶他喜愛的女人為妻，但會以各種方式因女人而敗壞家產（若命主為女性，將為同性戀）。

22 若金星在外來的宮位或在轉變星座[55]，且受月亮注視（或與月亮會合），女性將有很強的性慾並為性愛付錢給男人[56]——若同時受土星注視更甚。

23 若金星和火星位於對方的星座（或界上[57]），代表邪淫；同樣，若金星和火星會合，或以對分相、四分相注視對方，且[58]兩者在東方：其荒淫將眾所皆知。**24** 若在西方，則為祕密隱藏的；但若受太陽注視將會變得更為明顯，更加為人所不恥：此為受到太陽傷害之故。**25** 若婚姻宮的主星為水星，水星位在六宮或十二宮，西入，或在四足星座上，且婚姻宮的星座亦為不幸的（為四足星座），命主在年輕時就難以成婚；即使結婚，妻子的存在[59]將是短暫的，因為這樣的人常因生活困頓而難以結婚。**26** 若婚姻宮的主星位於吉宮，命主將與不孕或來自國外但單身的女性產生性關係，且難以與女性保持穩定的關係，或因女性而過著動盪不安的生活。

― *土星―金星點及其主星* ―

27 若婚姻點的主星在太陽光束下或在地平線下，遭凶星注視，

---

55 ｜ 更可能是同時滿足這兩個條件。
56 ｜ 或「費用」。我並不確定是誰付費給誰。
57 ｜ 按薩爾（《論本命》章節7.2, **72**及7.7, **11**）補入手抄本C被覆蓋的文字。
58 ｜ 原為「或」。
59 ｜ 此處可理解為「生存」，即她的壽命。

且主星注視其主管之星座，命主將與妓女或奴僕有性關係，或與人盡可夫之女子產生性關係。**28** 但若婚姻點主星閃耀自身的光芒，注視著其主管的星座，並位於尖軸宮或接續尖軸的宮位，又有吉星注視著它及它的星座，命主將娶冰清玉潔的女子，因美德而受人讚譽，命主也將享有高尚的生活。

29 若婚姻點主星為木星，命主將因達官顯貴而獲益，且與女人有關。**30** 若為土星，則因女性的父親或親戚的財產而受益（無論何者，都將歸於命主），或接手被解放的奴隸[60]之財產。**31** 若火星為婚姻點主星，命主將因來自國外且從事火星工作的人而受益，或因軍隊而受益。**32** 若婚姻點主星為水星，則因女性的計算或言語而受益。**33** 若為金星，命主將受到讚揚，且因女性或女性事務而受益。**34** 若婚姻點主星為水星[61]，在凶宮且受吉星注視或與吉星會合，命主將會娶有美德的良婦為妻，但也會因為水星所在的宮位而受苦。**35** 若婚姻點的主星在吉宮，但遇凶星注視或會合，命主將因女性而終結[62]痛苦的生活，或因女性收穫幸福與利益[63]。

36 檢視婚姻點的第七宮：若其主星在點之上，且婚姻點的主星在婚姻點的[64]第七宮，命主的婚姻將是隱秘的，且先祕密地與女人發生性關係後才結婚，而該女子也會因此而懷有子女[65]。

---

60 | 更清楚的說法是「*他所解放的奴隸*」。
61 | 我認為在此處提到水星是錯誤的（包括此句的後面），因為水星已在**32**提及。此句應是論述特殊點本身，與**35**是相呼應的。
62 | 我不認為如此就能終結痛苦——應該是只有一陣子痛苦會減少，否則在這裡指出凶星的注視就沒有意義了。前句亦然，雖然有好的徵象，水星在凶宮在根本上仍會帶來負面的經驗；因此此處應指吉宮會帶來正面的經驗，壞的徵象亦不會離開。
63 | 我認為是指「儘管有之前的困難」。
64 | 按瓦倫斯（《占星選集》II.32）中有關父親點與母親點的內容所加入；亦見I.14, **6**中我的附註，其中我亦討論了薩爾及瑞托瑞爾斯的看法。
65 | 亦見以上I.14, **6**，父親的狀況與此類似，可能暗示祕密的領養，或父親的身份是神祕的。

II.5：命主會有幾個妻子

— 配偶的數目 —

1 欲知命主會有幾個妻子，可檢視中天到金星之間有多少行星在內，即為妻子的數目；若其中有土星，則預示婚姻的冷漠與困難；若有火星且無吉星注視著他，則為死亡。

2 若命主為女性，欲知她會有幾任丈夫，則計算中天到火星之間（若火星就在中天，則計算中天到木星）有多少行星在內，即為幾任丈夫。

3 若金星從中天下降，命主與妻子之間的感情將極不穩定；若命主為女性，且火星在九宮[66]亦同此論。

— 幸福與婚姻點：金星到七宮 —

4 須謹記此特殊點：計算金星到第七個星座度數[67]的距離，再從上升點加上此距離，即以30°為單位從上升投射出去，最後的落點為幸福與婚姻點。**5** 檢視此特殊點的主星為何，與何行星會合，又受何行星注視：若遭凶星注視或會合，命主將娶不名譽或品行不良的女子為妻。**6** 若此點的主星在凶宮，且金星在太陽光束下，並遭凶星注視，大致而言命主將終身未娶。

---

66 ｜原文為「七宮」，此處按瑞托瑞爾斯第 66 章（第122頁）及薩爾（《論本命》章節7.1, **35**）翻譯。火星在七宮的確會造成婚姻的不穩定，而手抄本可能誤把阿拉伯文的九宮認為是七宮。

67 ｜日後的占星師將其轉變成下降點的度數，我認為是合理的。

── *結婚的時間*[68] ──

7 結婚的時間為木星的過運來到此特殊點所在的位置[69]，或與其四分、對分或三分時，或過運的木星來到金星的三方處[70]，或與金星四分、對分時[71]──若土星在此時並未以對分相或四分相來注視，命主就會結婚：因為若遭土星注視，命主將會變得冷漠，除了災害，什麼事也不會發生；若真的結婚，婚姻也不會持久。**8** 當木星的過運來到金星所在的宮位時，是適合結婚的時候[72]。

9 若該年小限來到此點所在之處，命主會結婚──且土星未如上述來注視時，因為土星會使命主變得冷漠。**10** 但有時土星的過運仍會帶來婚姻，若命主的根本盤[73]中，土星在有力的宮位，且為代表婚姻的特殊點主星，並注視著點[74]，尤其若同時有木星的相位來幫助時，因為木星和金星代表好的女子。

11 若已知命主與多位女性交往，當過運的金星來到或注視她所在的宮位，為命主結婚之時；但此婚姻並不適合且不長久。**12** 火星亦然，若過運的火星注視金星，且過運的金星注視火星（如我所描述的），婚姻是短暫的。

---

68 ｜ 此子章節，尤其**8**與**11**，參見《結果》II.21（修密特，第70頁）。
69 ｜ 由於緊接上一段落，此處大概是指**1-3**所述的金星─七宮（或金星─下降）點。但它更像是土星─金星點（與阿布·馬謝在《占星學全介紹》［*The Great Introution to the Science of the Stars*］VIII.4所認為的一致）。亦見 II.6 太陽─月亮─金星點或太陽─月亮─火星點。
70 ｜ 即三分相。
71 ｜ 薩爾《論本命》章節7.4, **1**）亦提及與金星會合，如以下**8**所述。見以下附註。
72 ｜ 薩爾《論本命》章節7.4, **3**）寫作金星星座的「主星」，這個說法挺有趣。而奇怪的是，塔巴里在此處單獨以一句話來談與金星的會合，卻沒有在第**7**句中談到（我們原本預期會談到），因此薩爾的說法的確值得考慮。
73 ｜ 此處根據薩爾《論本命》章節7.4, **5**）翻譯。
74 ｜ 手抄本B遺漏了注視特殊點的部份。

— 比對盤 —

13 男女雙方的適合度可從彼此上升是否落在對方的尖軸宮之一或相同來判斷。

14 若兩個發光體（或其中之一）在上升或中天[75]，雙方是適合彼此的。

15 同樣，若金星的星座為對方月亮的星座，或月亮的星座為對方金星的星座，尤其兩人的月亮彼此形成三分相，雙方是適合的。

16 但若發光體注視著對方的發光體，卻有凶星在同一星座內[76]，代表傷害與失和；但若發光體注視對方的發光體，且有吉星在同星座，或吉星在對方的尖軸宮，或雙方的兩個特殊點（宗教點[77]）在同一星座，則預示和諧與穩定的婚姻。

II.6：日間與夜間的結婚點

1 欲計算日間與夜間[78]的結婚點，應計算太陽到月亮之處，再從金星的度數加上這段距離，即以30°為單位從金星投射出去，最後的落點即為結婚點。**2** 若過運的木星與此點對分或四分，為結婚的時間。

---

75 ｜ 這裡是指發光體之一（或兩個發光體）在對方的上升或中天。

76 ｜ 此處語意不清。薩爾《論本命》章節7.5, **9** 僅提及，一方的太陽（也許兩個發光體或同區分發光體？）若在對方的幸運點上（反之亦然）是有利的；因此若為凶星則應該是有害的。

77 ｜ 精神點；亦見以下I.9, **1**。

78 ｜ 雖然阿拉伯文並無指出「日間和夜間」，但薩爾的《論本命》章節7.4, **8** 及阿布‧馬謝的《占星學全介紹》VIII.4確實是如此描述的。但阿布‧馬謝是由上升投射，而非金星。

— *配偶的死亡* —

3 若結婚點[79]位在上升的對宮或在地底的尖軸，逢凶星注視，命主將目睹妻子的死亡。**4** 若金星的三分性主星在西方的尖軸或地底的尖軸，亦代表妻子的死亡[80]。

5 同樣，若命主為女性，應如上述自金星檢視男性的婚姻一般，自火星檢視女性的婚姻[81]。

6 若金星位於西方的或地底的尖軸，對於男性而言預示妻子的死亡或不穩定的婚姻[82]。**7** 同樣，若火星位於西方的或地底的尖軸，對於女性而言預示丈夫的死亡。

8 若金星西入[83]，與凶星會合或形成相位，代表妻子的死亡。**9** 若木星從金星的十宮或三方處[84]注視金星，且[85]金星在十二宮或六宮，命主將娶適合的女子為妻，但妻子將死亡，或因妻子之故擔心受怕與悲傷。**10** 至於死亡的時間應如我在父親及兄弟[86]的章節裡教導的方法來檢視。

---

79 ｜ 此處似乎為**1**的太陽—月亮—金星點。
80 ｜ 見II.4,5。
81 ｜ 此處似乎指（**1**所提到的）特殊點計算公式改為太陽-月亮-火星；而下一句則顯示，我們應使用火星（或許還有火星的三分性主星）。甚至還有可能是月亮—太陽—火星點，如此一來陰性行星（月亮）就會在公式的最前面。
82 ｜ 見II.4,**11**。
83 ｜ 此處可能是指正在進入太陽光束下，或即將沉落於西方。
84 ｜ 此處可能是指以優勢的四分相或三分相來支配她。
85 ｜ 原文為「或」，此處按薩爾《論本命》章節7.6,**10**）翻譯。
86 ｜ 見I.17及I.23,**39-42**的案例。

II.7：同性間的性關係

1 現在我將解釋同性的性關係及其徵象（無論命主為男性或女性）。

— 水星的法則 —

2 若金星在水星主管的宮位，水星在凶宮，命主將不愛女人而是喜歡年輕的男性。

3 若婚姻點與水星會合，水星在陽性星座且在尖軸，命主將渴望年輕的男性，不願與女性發生關係。

4 若火星在水星主管的宮位，水星又在火星主管的宮位，命主將渴望男性；若火星與水星對分或四分亦然。

— 金星的法則 —

5 若金星在情感與慾望較強的星座（即牡羊、摩羯、雙魚及金牛座），且金星在太陽光束下，與土星和火星會合，則會做出所提及的失德之事。**6** 若金星在上述星座，遭凶星（土星和火星）之一從上方以四分相注視，亦同此論。

7 若命主為女性，金星在西方的尖軸對分上升，月亮位在上升，命主為對女性有情慾的同性戀；若命主為男性，則對男性有慾望——尤其若金星又在獅子和處女座，或在凶星主管的星座時。**8** 若凶星注視著她[87]，則更甚。**9** 若金星在太陽光束下，情況將更為嚴重與扭曲。

---

87 | 即金星。

10 若金星在土星的星座，土星在金星的星座，在西方的或地底的尖軸，或在六宮或十二宮，命主較女性化，並與他人做出女性會做的事。**11** 類似的還有，若金星是下降的或位於凶宮，凶星在陰性星座且在尖軸宮，命主較女性化，體力也較差，並做出女性的行為。

12 若兩個發光體皆在陰性星座，則更甚；若發光體之一在陰性星座，又遭土星或火星注視時亦然。**13** 若命主為女性，金星在摩羯、水瓶、牡羊、金牛、雙魚座，且疾病點[88]與兩個發光體同在陰性星座，則為女同性戀；若命主為男性，疾病點與兩個發光體在陽性星座，命主難以對女性做出應做的事。**14** 若金星在這些星座[89]並與凶星會合亦同論，若水星受剋更甚。**15** 若逢木星注視，則能化解[90]或隱藏這些困擾。

16 若月亮在雙魚、金牛或摩羯座[91]，水星與火星會合，女性命主將因通姦而惡名遠播，尤其若金星又在上升或中天時。

17 若女性的星盤中，兩個發光體在陽性星座，金星亦在陽性星座，在尖軸宮，且彼此對分（或四分），則會對女人做出像男人的事。

18 若金星在女性的星盤中<佚失>。

19 若[92]兩個發光體三分彼此，會加乘男性與女性交媾之事，或女性會與眾多男性產生性關係[93]。

20 以上為有關婚姻的章節。

---

88 ｜ 有可能是慢性疾病點（IV.2, **11**）。但薩爾《論本命》章節7.7, **27**）使用婚姻點，應較為準確。

89 ｜ 按薩爾的理解所加入。

90 ｜ 或「合法化」。

91 ｜ 薩爾《論本命》章節7.2, **78**）還加入牡羊座。

92 ｜ 在兩本手抄本中，這句話看起來像是跟著上面的句子，但瑞托瑞爾斯第 66 章（霍登，第121頁）和薩爾《論本命》章節7.2, **80** 和7.7, **19**）則是分開的句子。

93 ｜ 瑞托瑞爾斯第 66 章（霍登，第121頁）僅提及男人將會是大膽的，若命主是女性尤甚。薩爾則直接依循這個較為普遍的句子（《論本命》章節7.2, **80** 和7.7, **19**）。

II.8：論子女

1 檢視[94]木星的三分性主星：若前兩個主星皆位於吉宮，離開光束下，代表育有子女且因子女而受益。**2** 若前兩個主星一個在吉宮，一個在凶宮，命主會有子女，但會伴隨困難、哭泣與哀傷。**3** 並以第一冊所述之方法檢視三分性主星，可得知何時或人生哪個階段可享有天倫之樂，或遭受苦難與不安[95]。

4 若木星的前兩個三分性主星位於下降的宮位，在太陽光束下，將無子女之福，尤其若木星也是下降的且在太陽光束下。

II.9：論子女的數目

1 並且[96]如以下所述計算子女的數目。**2** 檢視木星的三分性主星，若其中之一在有力的吉宮，且在地平線上，則計算該主星到上升之間有多少星座在內，該數目為子女的數目。**3** 若木星和金星在其中，數目要再增加；若為其它行星，其數目亦會增加。**4** 若這些星座中有雙體星座，則該星座的數目要再加倍。**5** 若其中有火星或土星，則代表夭折，尤其若火星或土星又在凶宮。**6** 但火星或土星在吉宮，子女數目會增加，但子女會被拋棄，尤其凶星若在西方的或地底的尖軸星座時。

---

94 ｜ 此段參見《結果》II.22（修密特，第70-71頁）。
95 ｜ 見I.10, **24-30** 和I.24, **1-5** 的範例。
96 ｜ 此句可與之前的I.19論手足相比較。

7 若[97]木星（主管子女事項）的前兩個三分性主星，其中之一位於中天，可論斷命主有四個或一個子女；若在西方的尖軸宮，則為七個或一個（尤其若西方的尖軸宮為牡羊座）。

8 若木星的前兩個三分星主星遠離[98]中天的或地底的尖軸宮，則從上升起算至該主星，中間的星座數目為子女的數目。**9** 其餘則如以上描述來檢視。

10 若木星的三分性主星在多產星座，子女的數目將比上述還多（至於數目則如論手足的章節所示[99]）。

11 若月亮和金星位於摩羯、巨蟹座或它們的三方星座之中，則視何者所在的宮位較為卓越，讓其成為子女的徵象星。**12** 但若月亮和金星皆未在上述這些三方星座之中，則檢視木星及其三分性主星。

13 若子女的徵象星在上升或中天，或在代表幸運的宮位[100]，命主可在年輕時就享有子女之福。**14** 若位於上升起算的第二宮或在婚姻的宮位、八宮或在地底的尖軸，則子女會在命主的中年或晚年出生。

15 若子女的徵象星及木星在吉宮，在太陽光束下，命主雖有子女但會夭折。

II.10：論子女點

1 子女點：計算木星到土星的距離，再從上升加上這段距離，即以30°為一單位從上升投射，其最後的落點為子女點，並檢視其主。

---

97 ｜ 此段可與之前的I.19，**1-2**論手足相比較。
98 ｜ 這通常是指「不合意」，但我認為此處應該是指果宮。
99 ｜ 見之前的I.23，尤其**15-19**。
100 ｜ 即十一宮。

2 之後檢視子女點及其主星之間（或主星到子女點之間）有多少星座在內，星座數目即為子女的數目。**3** 若有凶星在內，代表子女的死亡。

　　4 若太陽或月亮與子女點四分或對分，太陽會增加兒子的數目，月亮則增加女兒的數目。

　　5 若無行星注視子女點，將對第一個子女不利，可能會流產或很快夭折。

　　6 且[101]若子女點位於尖軸宮或吉宮，對子女事項為吉兆。**7** 但若在六宮或十二宮，命主將膝下無子女，並為此焦慮和哀傷。即便有子女，子女將無法在其身邊而遠在他方。

　　8 且[102]無論子女點在何宮，若無行星以四分相或對分相注視，命主將會渴求子女。**9** 但若有行星與子女點對分或四分，可生育許多子女。

　　10 若子女點在荒地星座，則子女數目稀少。**11** 若與土星會合，代表不孕或子女數目稀少，或因子女而飽受痛苦。

　　12 若木星和水星在吉宮可享子女之福，但若在荒地星座（雙子、獅子、處女、摩羯、金牛座的前段、天秤座的中段、牡羊和射手座）[103]則將難有子女。**13** 若在水瓶座，則是中等的；而若在巨蟹座及其三方星座[104]，則可育有多位子女；天蠍座亦可帶來多位子女，但也象徵子女的毀滅。

101　此段見《結果》II.22（修密特，第70-71頁）。

102　此句見《結果》II.22（修密特，第70-71頁），其中特別指出若行星與「子女點和下降點以及其四尖軸」不合意。

103　薩爾《論命》章節5.1, **8**）的引述與此處一致，但並不正確，否則大多數的人都會是不育的，只有少部分人是多產的。另外，之前的I.21提到，荒地星座為獅子、處女、摩羯，多產星座為水象星座，其餘則介於中間。瑞托瑞爾斯（第106章的論手足）認為，荒地星座為雙子、獅子、處女、射手和摩羯座；第108章中一樣提到這些星座但去除了處女座。之後的薩爾《論命》章節1.38）列出：多產星座為水象星座，介於中間的為金牛、雙子、天秤、摩羯、水瓶，荒地星座為獅子、處女及射手座。而薩爾在《導論》第1章，**23-24**中則同樣認為，多產星座為水象星座，荒地星座為牡羊、獅子和處女座。以上可明顯的看到，多位名家對此並無一致的說法。

104　按薩爾《論命》章節5.1, **8**）加入括弧內的內容。

14 若有行星對分或四分子女點，為多產之象。**15** 同時檢視子女點所在星座是否為荒地星座：若是，亦代表子女稀少。**16** 若土星在子女點上，對子女為凶兆，命主將為不育的或子女數目少，或因子女而擔心受怕，飽受折磨。

II.11：生產點

1 謹記以下的特殊點。**2** 計算火星到木星的距離，再從上升點加上此段距離，即以30º為一單位從上升點投射出去，最後的落點即為此點。

3 若過運的木星來到此點，或與其對分或四分，為子女出生之時。

4 若過運的金星來到此點，將有子女。.

5 當小限來到木星和金星所在之處，將有子女。

6 若過運的土星來到此點，亦有子女出生[105]。

II.12：兒子點或女兒點

1 計算木星到太陽的距離，再從上升點加上此段距離，即以30º為一單位從上升點投射出去，最後的落點為兒子點。**2** 計算月亮到金星的距離，再從上升點加上此段距離，即從上升點投射出去，最後的

---

105 ｜ 另見II.13, **6** 和 V.17, **24-26** 所指出的過運。

落點為女兒點。**3** 檢視這兩個特殊點的主星及所在宮位的力量，來了解命主是否會有較多兒子或女兒，以及他們的狀態是否良好。

— 不育或少子 —

4 若土星對分水星，代表子女的死亡。

5 若金星遇土星來對分，又無木星的相位，命主將不育或少子。

6 同時[106] 若土星注視月亮，且月亮在轉變的度數（戴克補充：轉變的度數應是指位於轉變星座的任何度數）並與另一凶星會合，或另一凶星以四分相注視月亮，命主將無子嗣[107]。

7 若之前所述的兩個子女點遇凶星之一以四分相來注視[108]，象徵子女的死亡。**8** 若子女點在十二宮或六宮且遭土星注視，亦象徵子女之死亡。

9 若木星在地底的尖軸或在七宮之軸，與凶星會合，或遭凶星對分或四分，亦為子女死亡之兆；若木星失去光芒[109] 更甚。

10 若太陽與土星在同一星座[110]，太陽代表子女出生時將遭遇不測。

11 若木星是下降的，代表子女[111] 的毀滅。

12 若土星傷害金星又與木星無相位，命主將因子女而憂傷，雖有子女，但無法享天倫之樂，或難以生育。即使生育，也將因生產而哀傷——尤其若土星同時注視月亮與金星[112]。

---

106 | 此處似乎是多餘的。雖然**5**和**6**是正確的，但我認為**6**是獨立的狀況。
107 | 見以下**12**。
108 | 戴克所補充。
109 | 亦即在太陽光束下。
110 | 薩爾的《論本命》章節5.5，**15**中，此處為陽性星座。
111 | 按薩爾的《論本命》章節5.5，**15**，將原本的「父母」改為「子女」。薩爾亦明確提及木星在六宮或十二宮，這樣較為合理。
112 | 更多與不孕相關的內容，見以下II.13，**7**。

— 結論 —

13 此處我更進一步解釋。**14** 本命盤中若木星和水星不受剋，可論子女數目是多的。**15** 若木星和水星在井內[113]或衰弱的[114]，將不會有子女，即使有也將夭折，父親將飽受喪子之痛。

16 同時以中天[115]來論子女事項[116]：檢視中天受何者注視，其主星為何，其星座的種類又為何，注視中天的行星又在哪個宮位，跟隨中天的行星又為何：由此可確認生兒或生女。

17 檢視五宮（主管子女的星座）及其主星，例如主星在何宮位，是吉星抑或凶星，在本命盤中的力量：若其主星是下降的，又無木星和金星注視五宮，且有凶星注視五宮，命主命中將無子女；即便生產，子女將夭折或壽命短暫。**18** 但哪怕僅有一吉星注視五宮，你都不要對子女之事絕望，命主將會有一些子女。**19** 若有一吉星注視五宮，其主星[117]在吉宮注視著中天，不但子女的數目眾多，且都非常優秀。

II.13：女兒抑或兒子的數目較多

1 此時[118]欲知究竟是女兒抑或兒子的數目較多，則檢視以上所述位置[119]及其主星。**2** 若所在星座為陰性星座，其主星亦在陰性星座，

---

113 ｜ 若我猜得沒錯，此處應該是指入弱。薩爾《論本命》章節5.1, **41**）則讀為「不健康」，符合入陷的標準徵象。
114 ｜ 這個字常被用來指果宮或衰弱的宮位；但此處應指行星入弱，同「在井內」。
115 ｜ 應為「檢視何者在中天」。薩爾《論本命》章節 5.1, **46**）與我的理解一致。
116 ｜ 代替「命主」或「新生兒」。
117 ｜ 亦即五宮的主星。
118 ｜ 此段見《結果》II.22（修密特，第71頁）。
119 ｜ 這裡應為五宮，但都勒斯在前面曾短暫提到兒子點和女兒點，《結果》II.22則說是提供子女的「星座」，因此此處也可認為是特殊點（尤其子女點）。

可說是女兒；但若為陽性星座，其主星亦在一個[120]陽性星座，則為兒子。**3** 若所在星座為陽性，其主星在陰性星座（或相反），則可論斷兒子和女兒皆有。

— 其它法則 —

4 若凶星在尖軸宮注視月亮，命主將不斷拋棄自己的子女，將他們趕出家門。

5 檢視[121]懷孕的情況。**6** 若過運的木星來到火星之處，或以對分、四分或三分相注視火星，女性命主會懷孕。

7 若月亮在尖軸宮，且在均分之日（即日夜等長之時）的度數（戴克補充：此處應是指牡羊座0°及天秤座0°。費爾米庫斯亦曾提過類似的法則，指月亮在二分星座，即牡羊座及天秤座，不過他應該是指整個星座而非某個度數），命主無論男女皆不育。

---

120 | 自第**2**句「亦在陰性星座」開始至此的內容，是按《結果》II.22（修密特，第71頁）所加入的。薩爾（《論本命》章節 5.3, **18-21**）的兩部手稿對此亦無清楚的描述，有可能是波斯版本《詩集》本身就有混淆。

121 | 此處可與以上 II.11 生產點的內容比對。

II.14：三方處的相位[122]

─ *本命盤中行星從三方處注視其它行星* ─

─ *土星的三分相* ─

1 若[123]土星從三方處注視木星，且木星在吉宮，象徵豐盛的資產、土地、樹林及清真寺，命主或許為政府部門的首長，與父親相處融洽，或為管理社區或土地資產之人，並因外國人受益，或受有名望之人的信任與尊敬。**2** 若土星從三方處注視木星和水星，命主為謹慎之人，對隱藏或神祕事物具豐富知識，管理國家或國王的事務，為信仰虔誠之人，或撫養非親生子女，或無法從自己的子女受益，子女將早死或與他分離。**3** 若為火星來注視，則將奪走上述的好處，為命主帶來災難、名聲受損與無盡的折磨。

4 若為土星以三分相注視火星，且不[124]乏木星和水星的注視，命主將為富裕、博學多聞之謀士[125]，有力量且為大城市的知名人士，或過著像國王般的生活，但將目睹年長手足的死亡。

5 若日間的土星從三方處注視太陽，命主將過著優渥的生活，因他將會是知名的、受讚揚的或有領導欲之人，且將擁有與父親有關的[126]好運；若兩者皆位在陽性星座則更加優秀。**6** 若為夜間的土星，命主將過著舒適的生活，但他與父親的資產將被奪走。

---

122 ｜ 即三分相。
123 ｜ 此章節參見《論數學》VI.3, **2-13**。
124 ｜ 按《論數學》VI.3, **8** 所加入。
125 ｜ 馬特爾努斯 (VI.3, **9**) 認為是白手起家；但謀士的身份也可能有所幫助。
126 ｜ 也許應為「在……之上的」(譯註：即擁有的好運超過父親)。

7 若土星從三方處注視月亮，命主將從國王或類似國王身份之人處獲得極大的利益或尊貴，並受到讚揚——尤其若月亮增光；若減光，則會減少許多上述的吉象。

8 若土星從三方處注視金星，命主將過著舒適的生活，享有美譽，但仍將因低下階層之事而傷及名聲，且他的婚事將會延遲。

9 若土星從三方處注視水星，命主為冷靜、理智、思想不搖擺、意志堅定之人，精於計算與文字，過著優渥的生活。

— 木星的三分相 —

10 若[127]木星從三方處注視火星，命主將具領導力、能管理各項活動且博學多聞，因領導軍隊而獲益並受尊敬。

11 若木星從三方處注視金星，命主將面貌姣好，或因女性及感情而居高位。

12 若木星從三方處注視水星，命主為聰明機警、理智且真誠[128]之人，或受親戚與同儕之喜愛，令人愉悅，受尊敬與讚揚，不斷為大城市或國王工作，其中有些則通曉天體運行之學問。

13 若木星從三方處注視月亮，命主將備受讚揚並具有一定的身份與地位。**14** 並以我所敍述的方式檢視命主的好運何時會到來：有些將為領導或首領，有些為意見領袖，有些為商業巨擘，有些則領導軍隊，尤其月亮又增光時。

15 若木星從三方處注視太陽，命主將享有幸運的生活，有妻有子，位高權重。

---

127 ｜ 此章節參見《論數學》VI.4, **1-7**。
128 ｜ 或「完整的」、「完美的」。

─ 火星的三分相 ─

16 若[129]火星從三方處注視太陽且命主為夜生人，時主星為火星[130]，命主的地位將有所提升，或許成為有權力的國王。**17** 若木星在三方星座或在尖軸宮（譯註：從前文來看，應該是指在火星的三方星座或尖軸宮），命主將成為領導者，位高權重；若月亮又從吉宮[131]前來注視，命主為握有生殺大權的勇者，但命主將容易變更住所，對他人的指控也將很快受到懷疑，對自己亦無信心，尤其若火星在陽性星座[132]。

18 若火星從三方處注視金星，命主將不虞匱乏，過著富裕、穩定、婚姻美滿、努力不懈的生活，但命主也會沉溺與女性的性生活，做出禁忌之事。

19 若火星從三方處注視水星，命主在工作上為管理者，擅於處理衝突，透過磨練而累積力量[133]，但他的處境並不會因衝突或知識變好或變壞[134]。

20 若火星從三方處注視月亮且月亮減光，或其[135]為夜生盤中月亮的三分性主星，命主將擅於管理的工作，所求之事均能迅速獲成功；若有木星同時注視兩者，命主將成為權威人士，享有好運與強勢的領導力。**21** 但若命主為日生人且月亮增光，則預示身體的疾病。

129｜此子章節參見《論數學》VI.5, **1-6**。
130｜馬特爾努斯並未提及時主星。
131｜按《論數學》VI.5, **2**所加入。
132｜馬特爾努斯並無此處變與懷疑的敘述。
133｜在《論數學》中，為命主將因自己的決策而成功。
134｜此處似乎為他的壞處境（即「磨練」）將不會變得更糟；但馬特爾努斯的理解為生活品質將會提升。但如果我們簡化成情況不會變壞，則結論是一致的。
135｜從文法上來看此處可能為月亮。但馬特爾努斯在此並未提及三分性主星。

— 其它三分相 —

22 若[136]太陽從三方處注視月亮，則檢視行星的力量與其它相位，再以上述方式論斷。

23 若[137]金星從三方處注視月亮，命主為英俊快樂之人，但婚姻較不穩定，只想著不倫之愛。

24 若[138]水星位於月亮的三方處，命主將聰明機警、有學識。

II.15：四分相

— 土星的四分相 —

1 接下來[139]討論四分的相位。**2** 若土星從上方以四分相往下注視木星，將減少命主的資產與所求之事，並招致壞的結果。命主的行動將備受阻礙，對父母亦造成傷害。**3** 兩種四分相都會讓父母的資產遭受損傷及毀滅，若兩者交換位置亦然。而土星在木星上方、木星在左方四分土星，傷害更甚。**4** 但若為木星往下注視土星，傷害將會減輕。然而除了少數家庭以外，父母的地位將無法有所提升，命主的資產也將受到限制，既不富裕亦不貧窮。

---

136 ｜參見《論數學》VI.6, **1**。
137 ｜參見《論數學》VI.7, **1-2**。
138 ｜參見《論數學》VI.8, **1-2**。
139 ｜此章節參見《論數學》VI. 9, **2-16**。

5 若土星四分火星，土星在火星的第十個星座，命主將體弱多病且少有機會接受治療，常受發燒感冒所苦。父親的資產將被毀壞，命主也將目睹手足的死亡。**6** 若火星是較高的行星（在土星的十宮），土星的位置較火星低（在火星的四宮），父親將先於母親死亡[140]。命主也無法長壽，且會敗壞父親的資產，因嫉妒父親而破壞他的生計[141]。

7 若太陽受土星的四分相注視，並在土星的第十個星座，父親的遺產將會被敗壞。命主亦與親人易有衝突，情感真誠[142]，工作上狀況連連，疾病不斷，飽受奴役之苦，因生計而無比辛勞，默默無名。**8** 若為土星往下以四分相注視太陽，命主將受到誤解[143]或逃逸，受死亡的威脅，受母親家暴[144]，患麻瘋病（疾病中最為邪惡的），或腹部冰冷直至產生疾病，身體寒涼，工作上亦提不起勁。

9 若土星四分金星，命主將受女性拋棄，被拒絕，好運擦身而過，壞運緊緊跟隨。**10** 若為金星往下注視土星，命主將身體虛弱、時運不濟，但仍能遇到適合的女性，其地位將高過於命主，因自身的成就而受到尊敬，並與命主的父親相處愉快。

11 若土星從水星的第十個星座四分水星，將為命主帶來動盪的人生。命主的地位低下，工作上萎靡不振，並擅於欺騙。樂於當別人的副手[145]，卻因此受到傷害，或生來口齒不清或為聾啞人士。**12** 若水星往下注視土星亦不佳[146]，但情況比上述所提輕微。

---

140 ｜ 馬特爾努斯則理解為火星會殺死母親（VI.9, **6**）。
141 ｜ 字面上的說法是「食物，食品，滋養品」。
142 ｜ 或個性友善親人。不過此描述並不合理，應讀為「不真誠」。
143 ｜ 根據《論數學》VI.9, **10** 翻譯。
144 ｜ 馬特爾努斯並無提及母親。
145 ｜ 此處不合邏輯，幾乎不能反映正確的解讀（《論數學》VI.9, **13**）。更好的說法是，命主仍會從事服務他人的工作，同時卻憎恨他人。
146 ｜ 或「為不適當／不適合」。

13 若土星四分月亮，將傷害星盤的主人；若土星在月亮的十宮，命主將有行走的困難，罹患慢性疾病，從事任何工作都沒有信心，敗壞母親的資產，其中亦有些對父親懷有敵意。**14** 但若月亮位於土星的十宮，命主將遭遇各種突然的不幸，罹患疾病，少有資產；但月亮若在陰性星座，雖可論命主將受惠於女性，但女性將與命主敵對並想傷害命主，命主亦難享有子嗣。

— 木星的四分相 —

15 若[147]木星四分火星且往下注視火星，命主是正直、堅定、富有同情心之人，因協助王室而受到尊敬，在國內為知名人士，甚至代理國王的事務，地位步步高升。但命主仍將敗壞父親的資產，為子女之事而感到挫折，因事實上他們子女稀少。**16** 若為火星往下注視木星，命主將因生計而苦苦掙扎，歷經千辛萬苦，因蘇丹的原因而招致他人的誹謗與衝突。

17 若木星與太陽四分，且太陽在木星的第十個星座，命主的父親是高貴的，但命主的資產會減少，且將離鄉背景，或族人對他懷有敵意，或遭受強而有力的敵人無情地攻擊。**18** 但若木星在太陽的十宮，命主和他的父親皆為正直良善之人，有巨大的影響力，與國王有良好的交情，享有榮華富貴與崇高的地位。

19 若木星與金星四分，在金星的右方，命主將為熱愛群眾之人，因女性而得益，因富得貴，對主（祂超絕萬物！）虔誠，重視承諾。**20** 若[148]金星往下注視木星，則歡愉處將產生邪惡，愛好女色成

---

147 | 此章節參見《論數學》VI.10, **1-11**。
148 | 塔巴里的版本中金星支配木星的內容是佚失的，因此我參見賓格瑞，1999年的內容進行了補充。

為他的瑕疵，熱愛他人的稱讚，可享有快樂與清廉的聲譽；但他（工作上）的作為仍會受到阻礙，他的行動容易被視為犯罪。即使不是為非作歹之人，仍能享受因邪惡之事所帶來的利益。

21 若木星與水星四分，往下注視水星，命主將為作家，博學多聞，或為計算師，受他人（親人）[149] 的保護，過著良好的生活。**22** 但若水星在右方四分木星，命主雖為大方之人，但事事受挫；即便家裡有好事發生，他仍將受其困擾，或在工作中尖酸刻薄，對他人不心存感激。

23 若夜間（與日間）的月亮與木星四分，命主與母親可過著良好的生活，受他人尊敬、愛戴與陪伴，命主享有好的名聲，在有權勢的階層中聲名遠播並備受讚揚。**24** 若為月亮位於木星的十宮，命主為做大事之人，受人讚揚，比軍官更受尊崇，但有一段時間他的工作會減少、無所事事。

── 火星的四分相 ──

25 若[150] 火星在左方四分太陽，對父親事項而言為惡兆，命主的靈魂會更為邪惡，資產會遭受損失，直至他曾經掌控的一切都陷入困境。命主將會變得恐懼、疑惑、作不實的指控，或視線不佳，懷有錯誤的見解；若命主為日生人，傷害更為嚴重，甚至招致死亡與毀滅。**26** 但若火星在太陽的十宮，命主在人生的早期是快樂的，但在晚期卻體弱多病，厄運突然降臨，生活動盪不安（戴克補充：即便是

---

149 ｜或為「公共行政體係中」（按《論數學》VI.10, **8**，霍登，第322頁相對應的希臘文版本）。公共行政體係或親人均屬木星主管的徵象。

150 ｜此章節參見《論數學》VI.11,**1-2**。

火星支配太陽，但太陽在早期仍會發揮吉象，但後期則被火星的壓制所影響)。

　　27 若火星在金星的十宮，對命主將造成極大的影響，因這將製造混亂與邪惡，命主將因女人而致病；同時火星若在轉變星座，命主將是女性化的，或荒淫無度；婚姻上將娶奴僕或失德之女為妻，或與妓女縱情聲色（若命主為女性，將為妓女或對男人做壞事的女人）。**28** 若金星在火星的十宮，上述事項仍會傷害命主，但較為低調不為人所知，命主最後亦會悔改。

　　29 若火星往下注視水星，命主將獨排眾議、為所欲為，亦將因此處處受挫，在爭鬥、勞動及一切作為中受到傷害，因親人或秘密被揭露而遭中傷；若命主為日生人則傷害更甚，若為夜生人情況將較為輕微。**30** 若為水星往下注視火星，即好戰者[151]在左方四分水星，命主為有文化之人，但性格多變[152]，會篡奪他人的財產，或因為沒有仔細看管而失去對財產的掌控權，父親將視他為邪惡之人而與其爭辯，導致命主無自己的思想，或命主會與親戚不合；他的個性喜獵奇[153]，或成為惡毒之人[154]，貪圖錢財，一生只為追求金錢。

　　31 若火星注視月亮且在她的右方[155]，命主母親將會是寡婦，命主的生計與資產會有損傷，母親或手足將死於非命或經歷激烈的悲傷，其中亦有受瘋狂所苦而進入禮拜堂者，或受視線不清與心智混亂之苦，尤其火星又在土星的界，月亮在水星或火星的界時：有時界的力量也會有所影響。**32** 但若火星在左方四分月亮，月亮往下注視火星，

---

151 ｜即火星。
152 ｜或「阻礙」。另一個可能的詞有自大的含義，但放在這裡不符合語法。
153 ｜或「不可能」、「不可思議」之事。應指《論數學》命主是擅以欺騙的，喜歡以荒誕的故事愚弄他人。
154 ｜或「憤世嫉俗」。
155 ｜即火星支配月亮。

母親的社會地位是低下的，生計上是困難的；命主本身則將敗壞家產，生活難以安定。

── 太陽與月亮的四分相 ──

33 若[156]太陽與月亮以及四尖軸形成四分相[157]，兩者皆受吉星注視，命主可享榮華富貴，榮耀加身；但若遭凶星注視，將為生存而惶惶不安。**34** 若月亮與木星有所連結且注視木星，但逢凶星注視，月亮的配置又如上述所言[158]，命主將為高貴之人，但仍會陷入困境，遭他人[159]嫉妒與詛咒；若木星未注視月亮，毀滅性的凶星卻注視著她，命主將歷經千辛萬苦。

── 金星的四分相 ──

35 若[160]水星與金星四分，無論是何者往下注視另一方，皆代表命主博學多聞或精於工藝，並因其作為而為眾人所知，但也因為與女性的關係[161]而招致惡評。

36 若月亮與金星四分，且月亮往下注視金星，命主為富裕之人，若為男性則易因女性而受譴責。**37** 但若為月亮在左方四分金星，金星在月亮的右方，將為命主帶來諸多好處，身體健康、生活富裕、臉色紅潤、面容姣好、乾淨清潔且口才迷人；但與女性的關係卻不太

---

156 ｜ 本段參見《論數學》VI.12, **1-2**。
157 ｜ 按《論數學》VI.12, **1**代替原來的「月亮或尖軸形成四分相」。
158 ｜ 《論數學》VI.12, **2**中則提及月亮為減光且應該仍與太陽四分。
159 ｜ 字面上的說法是「他們」。
160 ｜ 此章節參見《論數學》VI.13, **1-3**。
161 ｜ 此處有怪罪的含意：換句話說，他將無法履行對女性的義務而遭譴責。

穩定；另外命主的母親將為貞潔且動作敏捷[162]之人，命主的女人也會是美麗的——但並非忠誠之人，會覬覦丈夫以外的男人。

— 水星與月亮的四分相 —

38 若[163]水星與月亮四分且在月亮的十宮，命主將言之有物，口才便給，有理性；但有可能因自己國家的事物而苦惱；若有凶星往下注視水星並與其四分，命主將因語言或著作而遭逮捕甚至受牢獄之災。**39** 但若水星在月亮的十宮[164]，命主為膚淺[165]、愚蠢或愛開玩笑之人，或難以取悅、內心與言語皆無法信任[166]之人。

II.16：論行星的對分相

— 土星的對分相 —

1 若[167]土星以對分相注視木星，對命主的生活與工作是不利的，並因子女而受苦。**2** 若土星在上升，木星在西方，命主的生命初期是悲慘的，但晚期是快樂的。

3 若土星以對分相注視火星，命主的生活將面臨千辛萬苦，飽受悲傷、疾病、傷害與損失，子女稀少，到處樹敵並遭受譴責，與

---

162 ｜ 但也可能是指「有資產的」、「有背景的」，代表生活環境良好、富裕。
163 ｜ 此段參見《論數學》VI.14, **1-3**。
164 ｜ 按《論數學》此處應指月亮在水星的十宮。
165 ｜ 即精神不濟沒有活力。也可能是指「不重要」的人。
166 ｜ 此處似乎是指命主不相信任何事，而非其他人不信任他。
167 ｜ 此章節參見《論數學》VI.15, **1-22**。

親戚亦爭戰不休，父親早死，壞事連連。**4** 若兩個行星位於潮溼的星座，命主將會受困於河流或海水（之類），因潮溼而染上疾病，傷害身體健康。**5** 若在四足星座[168]，命主將被野獸所傷，或在人生晚期遭毒物侵襲。**6** 兩者彼此四分[169]，亦會面臨同樣處境，或命主將由盛轉衰[170]，至死方休；若兩個凶星又注視月亮且無木星的相位時更甚。**7** 若兩者位於尖軸宮，命主將遠離親人與國家，並死於異鄉，或家道中落，甚至受人奴役。**8** 但若兩者位於接續尖軸的宮位，又彼此對分，命主將生無可戀，或墮落不堪，尤其土星又在陰性星座時。**9** 若兩者位於下降的宮位，雖不至於如此邪惡，但命主仍會衰弱悲傷；但若有太陽[171]注視，則能化解傷害。

　　10 若土星以對分相注視太陽又無木星的相位，命主的父親不但在生活上困難重重，受慢性疾病所苦，資產亦會遭受嚴重損失；若父親死亡，命主亦會迅速敗壞父親的資產，且父親會死於非命，命主將會跌入罪惡的淵藪，尤其土星又在陰性星座時。

　　11 若土星以對分相注視金星，命主將荒淫無度、下流無恥，且無法結婚──若有機會成婚，亦會娶低下的歌手、外國人、有慢性疾病之人、奴僕或體弱多病之女為妻，或無法從金星事項獲得快樂。

　　12 若土星以對分相注視水星，命主將有口吃，沉默少言，或為口齒不清之人，尤其水星又在無聲星座（即巨蟹、天蠍或雙魚座），且[172]在太陽光束下，又注視月亮時。**13** 若火星注視水星，在免去邪惡之事的同時亦帶來困難。命主有深入理解的能力、認真且因理解力

---

168 │ 此處應為野獸星座（《論數學》VI.15, **7**）；四足星座應是指下一句。
169 │ 此處應為四足星座（《論數學》VI.15, **8**）。
170 │ 或「衰弱」。《論數學》則認為既包含從高處跌落，也包含身體上的傷害或衰弱。
171 │ 或金星和木星（《論數學》VI.15, **11**）。
172 │ 按《論數學》VI.15, **17**，此處應可理解為「或」。

而受益，成為有知識、聰慧、不被問題難倒的人；有鑒於此，命主也較其他手足[173]受到喜愛，因即使是手足中最小的，年長的手足也會先他而死，他會成為手足的領導，而父親也將先於母親死亡。

14 若土星以對分相注視月亮，象徵命主母親的資產將被敗壞，亦象徵隱藏的痛苦與疾病，悲傷與惱怒。**15** 若無吉星注視它[174]，母親的身體將有缺陷，生計[175]亦會遭遇困難。**16** 若土星在四足星座，代表掠食動物的傷害。**17** 若在人性星座，則該類的困難將會傷害命主。**18** 若為潮溼星座，則命主會因為水或潮溼而受到傷害，因潮溼[176]而導致疾病。**19** 若無吉星的相位，命主將罹患慢性疾病或眼盲，或因生計離鄉背景。

— *木星的對分相* —

20 <*木星對分火星佚失*> [177]

21 <*木星對分太陽佚失*> [178]

22 <*木星對分金星佚失*> [179]

23 <*木星對分水星佚失*> [180]

---

173 | 按《論數學》VI.15, **18** 所補充；手抄本 C 有部份被覆蓋，手抄本 B 則遺漏了。
174 | 文法上來看，此處可能是指土星或月亮，但由於兩者是對分的，若吉星與其一不合意也會與另一個不合意。
175 | 我不確定此處是指母親的生計（或生活方式），或是命主的生計。
176 | 《論數學》VI.15, **22** 讀為「有害的體液」；以體液質的理論而言，所有的體液都屬於液體。
177 | 《論數學》VI.16, **1** 提及，命主的生活較不穩定，並將遭遇財富的損失。此外朋友將對命主懷有敵意，並因衝動的行為導致危險。亦見《波斯本命占星》第四冊（*Persian Nativities* VI），II.8, **10-11**。
178 | 《論數學》VI.16, **2** 提及，父親的資產將有損失，命主的名聲也將由盛轉衰，不受他人喜愛，夜生人尤其如此。亦見《波斯本命占星》第四冊，II.8, **16-17**。
179 | 《論數學》VI.16, **3-5** 提及，命主將獲得升遷、成就、好運及富裕；但仍會被朋友背叛，與朋友有分歧，或交到不知感恩的朋友。亦見《波斯本命占星》第四冊，II.8, **22-23**。
180 | 《論數學》VI.16, **6** 提及，命主將口才便給，但人們仍會背叛他、與他產生矛盾，或他人因嫉妒向國王中傷他。手足亦將死亡，或與手足有所衝突。亦見《波斯本命占星》第四冊，II.8, **28-29**。

24 若[181]木星以對分相注視月亮，月亮在西方，運行數據增加[182]，命主的生活方式將引人注目並享有良好的名聲，個性有主見，不依循他人，尤其若月亮的度數少於木星時[183]。 **25** 若月亮的度數較木星多則不利，這代表生計的損失，困難亦隨之而來，與好運擦肩而過。

── *火星的對分相* ──

26 若[184]日間的火星以對分相注視太陽，命主父親將死於非命，命主的視力將會退化，崇高的地位也將下降，苦難亦隨之到來；若命主為夜生人，工作將會減少，資產也將被揮霍殆盡。

27 若火星以對分相注視金星，命主的心性不定，子女與婚姻也將受到傷害。**28** 若火星在轉變星座[185]，命主將因女性導致衝突與災難。

29 若火星以對分相注視水星，命主將不知謙遜，擅於說謊，飽讀詩書或精於巫術，或傷害他人來求取生計；命主的資產稀少，且會遇到適合的女性[186]；雖不斷有人將事項與責任托付於他，但他卻逃避應負之責[187]，因而招致仲裁與衝突；領導也將降恐懼與災難於他，或命主將被迫離開家鄉，尤其若水星位在土星的界，或在自己的界與星座上。

---

181 | 此段參見《論數學》VI.16, **7-8**。
182 | 《論數學》VI.16, **7**則提及增光或滿月的「光」。因此「西方」在此是指在黃昏時出現在太陽的西方，即在月亮增光的階段。
183 | 此處似乎是指木星以對分相護衛月亮，木星位於月亮即將經過的位置；但這也許應該在夜間盤或月亮在尖軸宮時等等，才可作此論。
184 | 此子章節參見《論數學》VI.17, **1-5**。
185 | 馬特爾努斯則特別指出摩羯座或巨蟹座。
186 | 此處應為「不會遇到」；馬特爾努斯則無此項描述。
187 | 《論數學》中是指他將拒絕返回被托付之物，因此造成下一句所說的受到法律的仲裁威脅。

30 若火星以對分相注視月亮極為不利，因命主的將難以獲得維持生命的物資[188]，生活上也將災難不斷，甚至有人還未結婚就死亡，或死於非命[189]；他將永遠無法獲得滿足，手腳不是被截斷就是被捆綁。

— 其它對分相 —

31 <太陽與月亮的對分相佚失>[190]

32 若[191]金星以對分相注視月亮，命主將無法享有美好的婚姻，亦無法生兒育女（即使有子女，亦會死亡），而命主將因為女性而失去名譽或受傷。

33 若[192]水星以對分相注視月亮，代表來自眾人的衝突、苦難與非議，命主也將為害怕發言之人。

II.17：行星的六分相

1 論[193]六分的相位：如三方處相位[194]的方式論斷，但其力量較為微小。

---

188 ｜亦指「生命」或生活方式，《論數學》提及命主會短命。
189 ｜《論數學》則是指妻子會死亡，而非命主。
190 ｜《論數學》VI.18, **1** 提及，命主的生活、地位及財富將會受到影響，在富有與貧窮間反覆來回；命主的臉也會有瑕疵，身體是衰弱的。霍登在其附註（第339頁）中亦提到，他的希臘版本並無此描述。亦見《波斯本命占星》第四冊，II. 14, **9**。
191 ｜參見《論數學》VI.19。
192 ｜參見《論數學》VI.20。
193 ｜參見《論數學》VI.21。
194 ｜即三分相。

II.18：土星與其它行星的會合

1 若[195]土星與木星會合，命主會有許多土地，為國王或貴族管理房產，他人亦委託其管理資產，且受當地的人尊重，若火星未注視他。

2 若土星會合火星，命主的個性良善，但有財務的問題，或智力遲鈍，生活窘迫，體弱多病，體內的黑膽汁質失衡；父親先母親死亡，而命主將敗壞父親的財產；由於年長的手足早死或重病，命主須承擔長子的責任；或導致悲傷、依賴、困境與生理缺陷。**3** 若有木星注視，將能減輕或化解上述的困境，命主亦有能力承受這些困難。

4 若土星會合太陽，命主將敗壞父親的資產，人生晚期的生活將動盪不安；若為夜生人更甚，無論土星東出抑或西入，對於父親與手足，尤其命主而言皆如此。**5** 若太陽的度數比土星更少，上述的情況將更加嚴重，因父親將死於非命，或有等同上述情事發生，好運將擦身而過，或因潮溼或虛弱致病；命主將喜歡建造房子，或許藉此為生累積資產，但仍無法逃脫悲慘的命運。**6** 若太陽位於自己主管的星座或土星主管的星座，父親將受到尊敬且生活輕鬆，但命主會對父親懷有敵意，或有等同上述情事發生。

7 若土星會合金星，命主將娶不適配、有缺陷的女子為妻，或與不能生育或患有慢性疾病的女性發生性關係，因而受到譴責與輕視；命主也將難有子女（若論子女，兒子的數目是比較少的），亦難以與女性享有穩定的關係，或婚姻關係冷淡；若命主為女性亦同此論。

8 若土星與水星會合，命主將有口吃或口齒不清的問題，少有作為，但他會是個沉穩[196]、聰明、有內涵的人。

---

195 ｜ 此篇參見《論數學》VI.22，**2-18**。
196 ｜ 至少外表看來如此：至於內在，則是嚴肅、頑固、不快樂的（馬特爾努斯）。

9 若土星與月亮會合，命主將毀壞母親的名聲與工作，母親身體虛弱；因母親的資產而遭受巨大的損失，或身體虛弱，母親的身體亦是虛弱的。**10** 若命主為日生人，月亮增光，逢吉星注視，則能驅逐厄運。**11** 若命主為夜生人且月亮增光（或減光），與木星和金星呈相位，則上述事項將會更加嚴重[197]。

II.19：木星與其它行星的會合

1 若[198]木星與火星會合，命主將擁有領導力與資產，在大城市或社區中為知名人士，或為團體中的指揮官且非常忙碌。**2** 若兩者其一位於自己主管的星座，命主將擁有權勢、意志堅定，活躍在軍事等領域中。

3 若木星與太陽會合，在太陽光束下，所有的好處都會減少。**4** 若木星東出，命主將享有幸運且富裕，比父母更有成就，得與子女享天倫之樂。

5 若木星與金星會合，命主將出身於受人尊敬且富有的家庭，對人們熱情慷慨，善良慈悲，眉清目秀，被領導者與貴族視為朋友，樂於行善且好求讚揚；因女性或信仰而獲得權力與資產，並擁有美好的婚姻，亦有利於子女。**6** 若有[199]凶星在兩者之間，命主所到之處將獲得人們的喜愛；女命亦同。**7** 若木星與金星在有力的宮位會合，且受月亮和火星注視，命主將以醜陋不名譽的方式替親人說項[200]。

---

197 | 應該是夜間的月亮若為減光，即使逢木星和金星注視，情況仍會變得更糟（馬特爾努斯）。
198 | 此章節參見《論數學》VI.23, **1-7**。
199 | 按《論數學》，此處應為「無」。
200 | 此處應為錯誤的，《論數學》的說法是：命主將因親人而受人責罵與非議。

8 若木星與水星會合，命主將擅長於法律、辯論，在智慧與知識上亦高人一等，為人中之龍，或為國王等有權勢之人代筆。

9 若木星與月亮會合，命主將享有財富、名聲與幸運。**10** 若木星強勢且東出，命主的成就將高過父親。**11** 若月亮的度數少於[201] 木星，且木星不在自己的光芒中，上述的幸運將會減少。

II.20：火星與其它行星的會合

1 若[202] 火星與太陽會合，命主的父親將會早死：若火星又在尖軸宮或在接續尖軸的宮位，對命主更為不利，命主將會受盡苦難，或為善妒之人，敗光父親的財產；或從事鐵與火的相關行業，想法混亂、不穩定。

2 若火星與金星會合，命主將因女性而有爭議[203]、災難或損害。**3** 若火星在轉變星座，命主將會與壞女人發生性關係，並因女性而引發爭議，或有其它傷風敗俗的性關係（若為女命，亦將因性關係而傷害名譽）。

4 若火星與水星會合，命主將謊話連篇，但也可能為聰明、理性、知識豐富、愛好文化、喜好爭論之人。**5** 若木星注視火星，命主將受到讚揚；若為金星，命主對子女將寵愛萬分[204]。**6** 若逢土星注視，對命主是不利的，因命主會成為被他人憎恨的對象，並且身體有缺陷。**7** 若水星和火星會合且在光束下，在尖軸宮，且火星注視金

---

201 ｜ 此處應為度數「多於」或「大於」木星（馬特爾努斯），月亮離相位於木星。
202 ｜ 此章節參見《論數學》VI.24, **1-11**。
203 ｜ 或「訴訟」。
204 ｜ 或對小孩有（不正常的）情欲，尤其是男孩（馬特爾努斯）。

星，命主為蓄意說謊、朝三暮四之人，或為盜賊的首領，以行惡來獲得快樂。**8** 若逢木星注視，命主的邪惡能受到抑制；若逢土星注視，命主將受到懲罰。

9 若火星與月亮會合，命主的壽命會減短，或死於非命，罹患慢性疾病，或因鐵器而受傷，對命主的母親造成諸多傷害。**10** 若火星與月亮位於尖軸宮，命主在工作上將輕率魯莽，不聽從指示而導致傷害[205]。

II.21：太陽與其它行星的會合

1 若[206]太陽與金星會合，金星在夜間盤西入，在日間盤東出，命主將受到讚揚與歡迎。

2 若水星與太陽會合（無論水星東出或西入），命主將為有風度及擅於書寫之人，因文采與智慧而居高位，或成為將領，對他人有助益。

*<**3** 太陽與月亮的會合佚失>*[207]

---

205 ｜但《論數學》則認為大膽與魯莽會帶來成功。

206 ｜此章節參見《論數學》VI.25, **1-6**。

207 ｜《論數學》VI.25, **4-6**中：(**4**) 若兩者位在同一星座，月亮受到太陽光線的覆蓋，且為日間盤時，代表權威與力量；但若為夜間盤，月亮剛離開太陽光束下但仍在同一星座時，代表謙遜但主觀。但 (**5**) 若月亮在同一星座，且已完全離開太陽光束下，命主為有效率的商人，擁有一定的社會地位。若太陽在陽性星座，月亮在陰性星座，對命主甚好，能為其贏得社會地位、幸運與友誼。最後，(**6**) 若兩者不合意（即在相鄰的星座），且月亮離開太陽光束下，對父母及（命主的？）婚姻是不利的。但若太陽與月亮形成三分相，父母間的感情是融洽的。若兩者不合意，且中間有凶星的相位，父母之間將衝突不斷。

II.22：金星與其它行星的會合

1 若[208]金星與水星會合，命主在工作上是受歡迎的，熱愛休閒娛樂，與眾多女性交往，有文化並擅於言詞、出口成章，但他會因與女性發生性關係而歌唱讚美，且事實上[209]他對奴婢有著異常的喜愛與熱情。**2** 若金星和水星在上升會合，命主上述的才能則更為卓越穩定；若又逢木星注視，命主將因女性而獲得利益與尊貴的地位。

3 若金星與月亮會合，命主將有強烈的欲望，寵愛子女，快樂且幸運，然而命主的婚姻將不穩定，覬覦其他的女人，其中亦有遭遇女性的不忠誠對待者。

II.23：水星與其它行星的會合

1 若[210]水星與月亮會合，命主將因聰明才智而受到稱讚，獲得成就，但也有可能是個騙子，對任何事難以堅持到底[211]。**2** 若有吉星注視兩者，將減輕凶象並為其母親增加吉象，但母親也將因男性而失去名譽。**3** 若月亮的度數多於水星為吉象，因為若月亮度數較多，能將其離相位的行星之能力交付出去──鑒於月亮為最接近地球的行星[212]。

---

208 ｜ 此章節參見《論數學》VI.26，**1** 及 **4-6**。
209 ｜ 大意如此，原文為「因事實上」。
210 ｜ 此段參見《論數學》VI.27，**1-2**。
211 ｜ 若無木星的證據才會如此（《論數學》）。
212 ｜《論數學》則是說月亮的度數最好是少於水星；也許此處是指，即使月亮度數較多，「仍然」能帶來好處。請見以下 V.29，**1** 的附註。

II.24：論行星所臨之宮位

1 除了[213]以上的內容，應檢視行星的宮位及尊貴力量，了解赫密斯（至高無上，三方尊崇的埃及國王）的箴言。

II.25：月亮所臨之宮位

1 若月亮在上升或中天而狀態良好，發出自身的光芒，但遭凶星注視，將減少命主的幸福與生計；但若為吉星注視，則增加命主的幸運。**2** 若夜間的月亮在自己的廟宮、界或躍升[214]，在尖軸宮或接續尖軸的宮位，是極佳的徵象，命主為家喻戶曉、交遊廣闊、文化水平極高之人，命主及母親都能享有高壽。**3** 若遭凶星會合或注視，命主的希望將被斷絕，終日汲汲營營，永遠得不到滿足。**4** 若有吉星注視且無凶星傷害，命主將成為有權力的領導者、指揮官。**5** 若吉星與凶星同時注視月亮，命主仍會遭受苦難，手足死於非命，但命主亦能獲得尊貴的名聲與地位。

6 若月亮在西方（即在婚姻的宮位），命主的母親將早逝，命主的生計也會衰敗，或旅行到遠方，或為了妻子兒女而哀傷。

7 若月亮在地底的尖軸宮且遭凶星注視，命主將罹患致命的隱疾，或遇嚴重的衝突，為了妻子兒女而憂傷。**8** 但若有吉星注視著她，命主將因邪惡之事受益。

---

213 | 這部份的內容實際上與之前的章節是相互連結的，之後的章節也與之相關。但兩個手抄本卻將其獨立成另一章，另立標題。
214 | 即「入旺」。

II.26：太陽所臨之宮位

1 若太陽在上升或中天，在自己主管的星座或陽性星座，是卓越的徵象。**2** 若有吉星從十宮[215]注視太陽，命主將位高權重，備受讚揚；若太陽在中天，亦同此論，但命主手足數較少。

3 若太陽在婚姻的宮位，命主的父母與手足將會有隱藏的危機。**4** 若水星與太陽會合，命主將有豐盛的資產，尤其水星西入時。**5** 若太陽位在自己廟宮以外的地方且遭凶星注視（尤其遭火星以對分相或四分相注視），命主將受火災或暴死的威脅，或受邪惡欲望的驅動，惡名昭彰[216]、四處叫囂、引發爭論，或成為野獸的食物；若月亮亦同時受剋，情況將更為嚴重；但若受吉星注視，則能減輕凶象。

6 若太陽位在地底的尖軸宮，命主將從高處跌落，父親的資產也將減少；但若所在宮位之主星或其旺宮之主星往下注視著他[217]，能減輕凶象。

II.27：土星所臨之宮位

1 若日間的土星在上升、自己的廟宮或任何主管的位置時將不會造成傷害，因為命主將成為土地的主人或建築[218]的管理者。**2** 須視命主的生活狀況再作此論斷[219]，且命主亦有可能體弱多病，在即將獲取

215｜此處應該是指支配。
216｜可能是指壞的「名聲」。
217｜即「支配他」。
218｜或房地產。
219｜即上述所提之吉象。

高位時功虧一簣，或無法因婚姻而受益，與父母分離。**3** 若土星在他的敵人之廟宮[220]，傷害更大，命主的聲譽將一落千丈或子女數目稀少。**4** 若為夜間的土星，則上述的情況將更為嚴重，命主將身陷困境，受疾病所苦，長相醜陋，言語粗鄙，偷偷摸摸，個性扭曲，行事卑劣；或膝下無子，在親戚間不受歡迎。**5** 若土星在上升，木星在婚姻的星座，命主年長的手足將會受到傷害，而命主則會落入敵人的手中。**6** 若土星在上升，火星在西方與其對分，則凶象更甚，命主及其父母將死於非命。**7** 若土星在上升且金星在西方，命主的女人將會面臨死亡的威脅。**8** 若土星在上升且水星在西方，命主的雙親將會早死。

9 若土星在中天，將傷害命主的生活與幸運長達三十年，尤其是夜間的土星在固定星座時，因其凶象將是持久固定的；若土星在雙體星座，凶象可望離去，但他的幸運也將無足輕重。**10** 若土星在中天與火星會合，命主將無法善終，除非有吉星在西方的星座上。

11 若土星在天底的尖軸宮，子女和手足將會受到毀滅，或子女及手足是稀少的；命主的身體也將過重，體弱多病，受海水或液體或四肢冰冷所苦，不得善終，並被敵人奪取所愛之事物。**12** 若水星與土星會合，對他的子女、奴僕傷害更甚，命主的好運與資產將被敗壞。

---

220 | 即在自己的陷宮（但也有可能是指外來的或弱宮）。II.28, **5** 將七宮描述為敵人：若土星在自己的敵人宮位上，即是在自己的陷宮。

II.28：木星所臨之宮位

1 若木星在上升，命主將有美滿的婚姻與孝順的子女，兄友弟恭，名聲遠播，尤其若命主是日生人；若為夜生人，則以上吉象會減低。**2** 若木星在陰性星座，母親的狀況將會強過父親；若在陽性星座，則父親會好過母親——若又在雙體星座，命主將因雙親而知名。**3** 若木星在上升且土星在西方，年長的手足將會受到傷害，父母亦然，且命主所愛將會被敵人擁有；但命主仍會有好的名聲並受人讚揚，居禱告之所或國王之所，並受大眾信任。**4** 若火星在木星所在宮位的第十宮（即中天），或在接續十宮的宮位中，將減少上述吉象，或最終對命主造成傷害。**5** 若木星在上升且火星在西方，命主的狀況將會好過敵人，比敵人受到幸運的眷顧[221]；若金星又注視木星更佳，若月亮也在其中，則地位更為崇高。

6 若木星在中天，命主將聲名遠播，地位尊貴，擁有幸運與子女，尤其是在日間盤中。**7** 若與火星在吉宮且在自己的分配[222]時，命主將為軍隊的將領或指揮，享有名聲，備受讚譽。**8** 若逢金星注視，命主因女性而增加好運，命主也將成為有名且受人稱讚之人。**9** 若為水星從吉宮注視木星，命主則為知書達禮之人。

10 若木星在西方的尖軸宮，命主要在晚年才能獲得良好的生活與地位並得以安享晚年（若木星在自己的廟宮或旺宮更佳），但早期仍須經歷千辛萬苦，目睹妻子與手足的死亡（尤其有凶星注視或會合時）——命主將有一技之長，在國王或權貴家裡工作，或為資產的管理者，並從而獲取權力，名聲也將提升，即使在身後，他的佳話仍能

---

221 ｜或是「比他們優越」。
222 ｜即「區分」。

流傳於世。**11** 若西方為轉變星座，命主將遠行或為逃避責任之人，不受國王的喜愛；而他也會敗壞父親的財產，尤其又有凶星注視著木星時——我所見類似的情況是，命主為首領或指揮者，卻不屑自己的資產而離開；或沉迷於奴婢或國外的女子或社會地位低於他之人。**12** 若木星注視金星、水星和火星，且月亮又會合木星，命主將沉溺於酒色，過著動盪與辛苦的生活。**13** 若木星在西方且受金星注視，兩者又注視月亮，命主為博學多聞或預知未來之人。

　　14 若木星在地底的尖軸宮，命主將受益於隱藏之事，並被提升，擅於管理他的資產；父母的情況良好，但婚姻受挫，或到晚年（或中年）才得以結婚生子，至於人生中期則常與好運擦身而過——但之後運勢會慢慢上升，事事順利。

II.29：火星所臨之宮位

　　1 若火星在上升且命主為日生人，命主將經歷痛苦，好事多磨；命主的個性惡劣，子女稀少，憤世嫉俗，沉溺酒色，為非作歹（女命亦同）；若遭土星注視則更甚，但若有木星注視則為吉象，可強化他[223]，讓他受到喜愛。**2** 但若火星在上升，發光體[224]在西方，另一個發光體則在地底的尖軸宮，且木星是下降的，雙親將會早死，命主會被逮捕，但不會監禁太久，或罹患慢性疾病；或命主根本無法長大成

---

223 ｜我認為此處是指火星，而接下來的「他」則是命主。
224 ｜即同區分的發光體。

人。**3** 若為夜間的火星位於上升，在陰性星座，且逢木星注視，則情況較好：命主將為聰慧之人，前途光明，具膽識與勇氣，能面對困難的挑戰[225]。

　　4 若火星在資產的宮位，命主的財產將會被敗壞；若有吉星注視，則部份被敗壞，部分仍能留下。

　　5 若夜間的火星在中天（或在接續中天的宮位），命主將面臨衰敗的命運並倉促離開自己的土地。**6** 若火星在轉變或雙體星座，命主會返回自己的國家，尤其若有吉星注視時；但若遭凶星注視，父親的資產將被破壞，尤其受太陽注視時。**7** 若命主為夜生人，傷害較能減輕，尤其若有木星注視時，因木星能減少命主怠惰的習性與惡劣的個性，並藉由增加命主的理解力來促進理性。**8** 若火星與月亮會合在中天或在地底，命主的資產或商品將被破壞；但若有吉星注視，命主將賠償其損失[226]。

　　9 若火星與上升對分為凶兆，命主將因此受到傷害，逃離他的國家或墜入罪惡的深淵；若火星又不在自己的分配[227]或廟宮內更為嚴重，命主將遭逢困難、火災或背叛──至於究竟為何者則視火星所在星座的屬性。**10** 若有木星注視火星則可緩解，命主將有致命的危險，但可獲得解救。**11** 若火星在西方且注視太陽或月亮，命主將離開雙親，誤入歧途。**12** 若火星在西方，月亮增光且注視火星亦為凶象，命主將經歷嚴重的傷害與苦難，在旅途中或因其它事項歷經險境，甚至在重傷中被逮捕。**13** 若無木星救助，上述凶象將益發嚴重（若為夜生人凶象得以減輕）。

---

225 ｜ 此處似乎是指木星幾乎能化解任何問題，並將火星轉為正面的特質；但仍無法去除所有火星的困難。
226 ｜ 或者也許是，他被賠償。
227 ｜ 此處應可理解為「區分」。

II.30：金星所臨之宮位

1 若金星在上升或接續上升的宮位且為東出，閃耀自己的光芒，命主將為人稱道、有魅力、常有女性相伴，其名聲將在國王或達官貴人間流傳，亦聞名於大城市或社區之中；其中亦不乏有與富有女性發生性關係者（但命主並未因此受益或地位被提升），或有獻身於宗教，堅守節操者（此為常見狀況）；另外亦有善舉被表揚、頭戴王冠、個性良善、愛好詩歌[228]之人，尤其若受月亮注視時。**2** 此時若金星又受火星和水星注視，命主將沉溺於感官的享樂[229]並為之歌頌。**3** 若遭土星注視，命主將與年紀較大且名聲不佳的婦女發生性關係。**4** 女命亦同此論。

5 若金星在上升且在雙體星座，命主可能會受兩個父親、兩個母親來命名，或本身有兩個名字。**6** 若金星和水星在上升或中天，或在地底的尖軸宮且東出，命主為情節高尚之人，因個性和善與博學多聞為大眾津津樂道。**7** 若金星又在陰性星座則更佳；在轉變星座，亦錦上添花。

8 若金星在上升或中天，或[230]注視月亮，命主將娶親戚為妻。

9 若金星和水星在中天，火星在西方，父親的資產將被敗壞，命主所獲取的財產也將因資助[231]以及對知識的渴望被揮霍殆盡，或親近禮拜之所：為了受到表揚與提升地位。命主也會因女性而產生衝突或舉止失當，或因他人受傷而被補，或被餵食毒藥，而終日惶恐不得安

---

228 ｜ 或「財富」。
229 ｜ 字面上的意思是「尋歡作樂」。
230 ｜ 此處應為「且」。
231 ｜ 或因督導或管理。

寧，直至資產散盡，至死方休。**10** 若逢木星注視，則凶象得以減輕；但若無木星注視，命主將備受折磨，居無定所，消耗資產；若為女命，則將與達官貴人發生性關係並因此賺錢受益。

　　11 若金星在上升，土星在西方，命主的女人將會對命主下毒，命主因而致死。**12** 若金星在上升且土星在十宮，命主為個性迷人[232]、自稱主人[233]、信仰主之人，他比父親更能獲得尊貴與權勢，他將於四處遊歷見識後歸國，並因女性而負債；若無凶星注視，命主將有子女（子女的徵象則如之前章節所述）[234]；若為女命亦同此論。

　　14 若金星在中天或在地底，或在幸運的宮位[235]而喜樂，命主將受人讚揚，為人喜愛；若有凶星注視，則會減損金星的力量。

　　15 若為女命，金星在中天且為陽性星座，命主將為淫亂之人，尤其若有火星或水星注視（命主為同性戀，對女性做出男性之事）；若月亮又從陽性星座注視金星更甚。**16** 男命中若金星在中天且在陰性星座，命主個性較不討喜，有著女人的性格，無男子氣慨；若又逢土星注視，命主將更加虛弱，在金星事項上難以成事。

　　17 若金星在西方，命主將得以善終，但婚姻會有危機，尤其若金星不在自己的廟宮[236]，且無木星的相位時。**18** 但女命中若金星在此宮位，則比男命為佳[237]，因為命主不會以奇怪的方式做出金星的行

232｜意思也可能是指「生病的」。
233｜或「富裕的」。
234｜見 II.8─II.13。
235｜大部份的阿拉伯文獻是指十一宮，但此處都勒斯可能是指五宮。的確五宮為「幸運的」宮位，同時是金星喜樂之處（因此接下來才說金星是「喜樂的」）。
236｜原文為「若＜佚失＞不在兩者之間」，但在此暫且作此解讀。但西奧菲勒斯在《軍事行動開始盤研究》（Labors），第3章，**70** 中有類似的論述：「若外來的金星與火星和土星產生連結，且無木星的幫助。」這可解釋此處阿拉伯文原文的「兩者之間」是指兩個凶星，即便如此，金星是外來的也的確被提及。此外，西奧菲勒斯亦提及金星在中天或天底，但也可能源自都勒斯這裡的說法。
237｜也可以理解為「金星運作得宜」。

為[238]。**19** 但男命中若月亮與金星會合在西方，命主會較女性化，並娶人盡可夫的浪蕩女子為妻。

20 若金星在地底且在陽性星座，且命主為日生人，將因女性而受恥辱[239]；若土星或火星又來注視[240]，命主將目睹妻子的死亡。**21** 若金星在轉變星座，則上述事項不會只發生一次，而是許多次。

II.31：水星所臨之宮位

1 若水星在上升，命主將喜歡各式各樣的人事物，同時擁有許多子女，為聰明機智、遠近馳名、熱衷教學與討論之人。

2 若水星在中天或在接續中天的宮位或在接續上升的宮位，且[241]為轉變星座時，命主的名聲將在受稱道的國家與人民之間[242]宣揚。**3** 若水星在雙體星座，命主為訓練師，從事教育的工作，或為他人子女的管教者。**4** 若水星在陰性星座，命主將因女性而獲得尊貴的地位。**5** 水星若在中天或上升，命主將為富人、作家或以計算維生之人。**6** 若水星與金星會合，命主可成為詩人或擅於演講之人，並受眾人讚揚。**7** 若水星與木星會合，命主的演講能激勵人群，取得凌駕眾人的權力與地位，或為禮拜場所、王室、城市或城邦的領導，尤其水星又在轉變星座時。**8** 但若水星在太陽光束下，命主雖具謀略，但低調且行事隱密，不易透露內心所想。

---

238 ｜賓格瑞理解為「以不自然的方式」，雖然沒錯但似乎不夠貼近原意。
239 ｜或「醜聞」。
240 ｜西奧菲勒斯在《軍事行動開始盤研究》第3章，**71-72** 中亦有類似的論述，火星和土星從中天注視金星；但同樣，西奧菲勒斯的資料為金星沉落，而非在天底。
241 ｜原為「或」。
242 ｜或「國家或受讚揚的人們之間」。

9 若水星在西方，對命主的手足或子女是不利的，且會為命主挑起訴訟或招來非議，尤其水星又在雙體或轉變星座上，或受火星注視時；若水星在地底亦同此論。

10 若水星在地底，閃耀自身的光芒，與凶星或吉星會合，命主將為心地善良、有理性、不輕易承諾的謹慎之人；但若遭凶星注視，除上述之外，命主還可能是個巫師，或為盜賊、邪惡之人，或為關注毫無價值[243]之事的人。

II.32：土星所臨之處非自己的廟宮

1 若土星位在木星的廟宮，命主狀態良好並受到尊重，但會撫養一位非親生之子女，為一家之主，熱愛他的妻子，喜愛達官貴人[244]，生活[245]無憂無慮；若在木星的界上亦然。

2 若土星位在火星的廟宮，命主在自己與他人的工作上都會遇到困難。

3 若土星位在金星的廟宮，對婚姻是不利的，因為命主會娶太過年輕或年紀大的女子或妓女為妻，或因女性而遭遇困難與悲傷，其中亦有人因為淫亂而招致毀滅。

4 若土星在水星的廟宮，命主為沉默的、喜歡安靜之人，但他會是聰明的，對神祕事項有豐富知識之人，但也可能因此而招致災難，或為口才遲鈍、口齒不清之人。

243　｜或「徒勞無功」。
244　｜也有可能是「贊助，管理」。
245　｜或「生活方式」。

II.33：木星所臨之處非自己的廟宮

1 若木星位在土星的廟宮，命主可免於匱乏[246]，但也因此不會受到讚揚與尊敬[247]；他會偏好祕密行事或從事輕鬆的工作，但與他的實力不符，且心胸狹窄。命主亦不會追求權力或名譽，對名利從不掛念，但會在命中註定的時刻遭逢苦難。

2 若木星位在火星的廟宮，命主可望成為指揮官、領導或天文學家。**3** 但若木星在尖軸宮注視同在尖軸宮的月亮和太陽，命主將受到讚揚；若兩個發光體又在陽性星座，命主將成為海軍或陸軍的指揮，掌管生殺大權。

4 若木星位在金星的廟宮，命主將成為王室及其工作人員的管家，靠著達官貴人生活。另外也常看到命主與貴婦發生祕密的性關係，並因此獲得資產與好名聲，貴婦也將給予他充分的支持。命主也可從事管理女性資產的工作，或管理為她們工作的人員。

5 若木星位在水星的廟宮，命主將為社區的法律工作者，或從事任何需要計算的工作。命主亦具有聰明才智，並因此受到讚許，成為他人求助的對象。

---

246 | 按兩本手抄本，也可能讀作「自給自足」。

247 | 我不太明白為何富有或免於匱乏意味著不會受到讚揚與名聲，除非此處指的是「自給自足」的意思：也就是說，命主無須成就大事或功於名利，因為他已擁有所有他想要的了。利奧波德（Leopold）（VII.17, **9**）及阿布·馬謝《波斯本命占星》第四冊，VIII.2, **1**）提到，他將會有資產，只是看起來或假裝自己是窮人（這樣較為合理）。

II.34：火星所臨之處非自己的廟宮

1 若火星位在土星的廟宮，命主將為和藹可親[248]、有勇氣、急公好義之人，但他也會敗壞父親的資產，年輕的手足將會死亡。

2 若火星位在木星的廟宮（或界上），命主將成為國王的朋友，受王室的喜愛；此時若木星注視火星，木星亦在自己的廟宮，命主將晉升為貴族或軍隊的指揮，掌管步兵與騎兵；命主亦有可能成為城市的領導，位高權重。

3 若火星位於金星的廟宮（或界上），命主為荒淫、貪戀女色之人，或傷害自己的親人，沉溺在扭曲的性關係中；亦有殺害自己的女人，或目睹自己的女人死亡的情形。

4 若火星位在水星的廟宮或界上，命主為天資聰穎之人，有可能貪戀女色，但也可能是喜好靜心冥想的理智之人。命主亦有可能以禁忌的手段斂財，或認真[249]工作卻難以求得溫飽。

II.35：金星所臨之處非自己的廟宮

1 若金星位在土星的廟宮（或界上），命主將為不育之人，或與手足的女人發生性關係；若命主為奴僕，將有機會重獲自由，並與自己的女主人發生性關係。

2 若金星位於木星的廟宮（或界上），命主將因女性或為女性工

---

248 ｜按手抄本 B 所翻譯，但手抄本 C 讀為「固執、堅持」。《曼涅托之書》第二冊（*Manetho Book II*）（第170-171行）則是說「穩定」，故「堅持」可能是正確的。

249 ｜或「苦行者」。

作而獲得權力與財產，其中亦有人成為女性的管家並因此致富，過著愉快的生活；或對信仰十分虔誠，對自己的女人萬分寵愛。

3 若金星位於火星的廟宮（或界上），命主是個熱情洋溢之人，但異性關係複雜，因而導致爭議、傷害與困難。他將與別人的女人或助理、名聲不佳的女性或奴婢發生性關係，而這些女性亦無法對他從一而終。

4 若金星在水星的廟宮（或界上），命主的生活將因女性或女性相關工作而獲得幸福，但同時也因此而產生爭議。其中亦有藝術[250]家或擅長繪畫[251]者、製作精美工藝品之人、香水販賣商。

II.36：水星所臨之處非自己的廟宮

1 若水星位在土星的廟宮（或界上），命主將為聾啞人士或有口吃之人，或沈默寡言，不知人生方向，或懂得冥想自省，對人類事項深入探討並從中獲得喜悅，或嫻熟於宗教經書，深諳占星學，能預測未來。

2 若水星位在木星的廟宮，他將心懷敬畏，成為國王或貴族的傳道者或管理者；為演講與法律事務的教育者；或為城市與國王提供勞力或服務者。

3 若水星位在火星的界（或廟宮），命主為愚蠢、無足輕重之人，或為騙子、不知廉恥、不信仰主、倒行逆施、荒淫之人；其中亦有犯

---

250 ｜ 或「工藝，專業」。
251 ｜ 或「雕刻」；雕刻尤其更屬於水星的徵象，繪畫則偏金星的徵象。

偽造罪、與巫師為伍、作出保證[252]詢求指示之人；或有欠債不還、遭人仇視、不忠不義、名聲不佳之人。

4若水星位在金星的廟宮（或界上），命主為愛開玩笑、受人喜愛或開心之人，行事迅速且持續，其中亦有博學多聞之人、詩人、歌手、從事染色之人、擅長棋類遊戲之人；若水星又在尖軸宮，離開太陽光束下，命主將為詩人，或有理智，能獲取財富，為他人所需要。

II.37：行星所臨之處非自己的廟宮[253]

1若土星位在月亮的廟宮，命主將敗壞母親的資產，趁母親在世時竊取她的財產；母親將為黑膽汁質所造成的四肢冰冷或其它內疾所苦，使她必須到禮拜之所發願祈求[254]。**2** 若土星臨在太陽之宮，父親為受人讚譽之人，命主的生活將不虞匱乏，但父親將因潮溼而受苦或不得善終[255]。

3若火星位在月亮的廟宮，命主天資聰穎，為生計汲汲營營，卻仍無法獲得穩定的工作求得溫飽，或受慢性疾病之苦或死於非命；或物質生活不充裕，為體弱多病之人（日生人更甚）。**4**若火星位在太陽的廟宮，命主將敗壞或竊取父親的資產。其中亦有從事火或鐵相關的粗重工作來維持家計者。**5** 若火星和土星位在太陽和月亮的廟宮，命主的生活是匱乏[256]的，或將死於非命。

---

252 | 原文語意不清；此處與付保證金有關，但我不清楚是否與巫師有關。
253 | 如以下內容所示，此處實為發光體與其它行星宮位的混合描述。
254 | 亦即「若某個神治癒了我，我就做某事」。
255 | 《波斯本命占星》第四冊，VIII.1, 5 則是說因潮溼而產生的疾病只會發生在夜生人身上。
256 | 但此處亦可理解為短命的。

6 若月亮位在土星的廟宮（或界上），命主將歷經千辛萬苦、難以找到工作或工作不順利，為身體虛弱、不名譽之人。**7** 若月亮位在火星的廟宮（或界上），命主為勇氣十足、意志堅定、奪取他人財產、不顧真理與正義之人，其中亦有許多成為軍隊或戰事的指揮或首領。**8** （亦須檢視行星的區分及與吉星的相位：因為吉星可化解凶象）。**9** 若太陽位在火星的廟宮（或界上），命主將受重病所苦，但仍能享受充裕的生活，在工作上是個有能力、能自我驅動且有權勢的強人。

10 若太陽和月亮位在木星的廟宮（或界上），若兩者皆是如此[257]，命主將以正當手段取得富貴，卻與兄弟的女人、甚至自己的母親發生性關係；女命亦同此論，易與親近的男性，如母親或姊妹的男人發生性關係。

11 若月亮位在金星的廟宮（或界上），命主將為面容姣好、受人喜愛、眼神良善、舉止得宜、進退有禮之人，尤其若位於人性星座時；但命主將為放蕩之人，並因而享受榮華富貴，亦鑑於此原因，他在享有富裕生活的同時被不名譽所苦。**12** 若太陽位在金星的廟宮（或界上），命主為預言家，遠見卓識、富有洞察力、博學多聞，或擅於天文與占星；但他的體質偏溼，且常憤憤不平。

13 若月亮位在水星的廟宮（或界上），命主為聰明之人，可成為作家，並從工作獲取利益，但命主將同時喜愛男人與女人，且少有子女。**14** 若太陽位在水星的廟宮（或界上），命主為意志堅定、自我驅策之人，為保守祕密、個性忠誠而沉默寡言之人，但命主將為疾病或潮溼所苦。

---

257 │ 亦可理解為「兩者同時」，因此兩者無須在木星同一星座或界上。

15 托靠主，以上所述的廟宮和界的徵象若有重覆[258]，其論斷將更為確定與準驗。

16 第二冊終。讚美全知的主。

---

258 | 換句話說，（舉例來說）若行星在火星的界，*且在*火星的廟宮上，此處的描述將更加準確。但行星若在火星的界上但在其它星座，或在火星的星座卻在其它行星的界上，徵象則是混合的。

都勒斯占星學

3

第　冊

論釋放星與居所之主：
壽命的主管星與徵象星

奉至仁至慈的眞主之名，祈主助佑[1]

III.1：釋放星與居所之主[2]

戴克的評論：文獻中的**1-7**與《亞里士多德之書》**II.1-II.2**大致雷同，與薩爾的《論本命》章節1.22, **1-8**亦有緊密的連結（故應一起閱讀）。此處翻譯的困難在於部份內容為佚失的，只能參考《亞里士多德之書》與薩爾的著作來補充，我甚至還參考了比魯尼（al-Bīrūnī）的著作§§481-482，他的論述更為直接了當。以下用來解釋焦傷的圖示即是從比魯尼的著作而來（而非來自《詩集》）；至於其中所提及的內行星的容許度，比魯尼與薩爾認為，東出行星的容許度為12°，西入的為15°，但此處我仍依照《詩集》裡的數據。

這一冊的內容主要是根據行星與太陽相關的能見度，來探討行星是否「有資格」成為本命盤的居所之主：當外行星符合條件時，即可成為本命盤[3]的居所之主，此時我們自然也會認為內行星亦應如此，但比魯尼認為這些資料自成一體，與居所之主並無關聯。我認為這些資料僅僅是關於東出與西入的一般性理論，並在此處應用為挑選居所之主的標準之一。至於這套理論是否為都勒斯原創則為未定之天。赫菲斯提歐汲取了不少都勒斯的內容，但在《結果》III.4, **5-6**談論這些數字時，並未如都勒斯般對內行星和外行星有所區別。因此我同意賓

---

1 ｜兩本手抄本標題皆為「此為《都勒斯占星學》第三冊的開端，他寫道……」。
2 ｜賓格瑞認為這個章節全部出自波斯占星家。星盤案例的確來自波斯時期，我認為其它內容亦是。
3 ｜《亞里士多德之書》II.1；薩爾《論本命》章節1.22, **4**。

格瑞的看法，此章節的內容（包括居所之主的界定）有可能出自波斯占星家之手。

　　從各個角度來看，此章節的內容的確令人感到混亂，許多行星的描述是不完整的。其主要觀點是，每顆行星進入或離開太陽光束下都有自己的容許度（請見下圖），根據不同的行星容許度，可判斷行星究竟何時進入或離開太陽光束下。傳統上認為行星在七日內抵達容許度的最大範圍即可。例如土星西入於太陽光束下的容許度為15°，假設土星的黃道度數位於太陽之後且其中相差22°，此時土星即可被視為西入的[4]：由於太陽一天行進約1°，故七日後太陽與土星將相距15°（22 − 7 = 15）。

　　然而，文獻中卻針對東出的木星和土星提出另一個奇怪的數字，即九日內木星及土星成為東出的晨星。因此若木星或土星位於太陽東邊且相距太陽僅約6°，可視為東出的行星，因為九日後木星或土星將完全離開太陽光束下（6 + 9 = 15）。為何太陽東邊的木星與土星會另外加上這九天的法則，而這個法則能否應用在其它行星上，文獻內並未提出說明。我注意到西奧菲勒斯（《宇宙始源》第2章，2）在對應的章節中的確只使用七天，並未提及其它特別的度數，因此可判斷這篇內容可能以不同的方式被多方解讀。

　　1 開篇他談到：檢視土星、木星和火星是否為東出的，或是否處於兩次停滯之一。**2** 若三者在太陽光束下但與太陽同度數，則不能視

---

4 |《詩集》III.1沒有這個內容，但《亞里士多德之書》中是有的。

為西入的[5]。**3** 若三者在出生前九天（或出生後九天）位於上述位置[6]，或在此三顆行星的界上[7]，則為本命盤的主管行星。

4 所謂東出行星是指在太陽之後[8]，西入則為太陽之前。

5 若土星和太陽相距15°，太陽與木星之間相距15°，太陽與[9]火星之間相距18°，金星與太陽相距19°，只要是這些行星在太陽之後相距這些度數，則可說它們擁有東出[10]的力量。**6** 若有行星在太陽光束下，這顆行星將無法被看到。

7 且[11]水星東出、西入的度數與金星的度數相同。

8 檢視出生時刻起第三天月亮的位置：位於哪個行星的界上？ **9** 若該行星為吉星，且其主星[12]位於吉宮，並從適當的位置以三分相注視月亮，且月亮在尖軸宮或在接續尖軸的宮位，則可論斷命主事項[13]是吉祥的。**10** 若月亮所在之界的主星為凶星，且它[14]在尖軸，且幸運點與月亮對分，則可毫不猶豫地論斷本命盤[15]的凶象。**11** 若界主星為吉星（或凶星），僅位於吉宮來注視月亮，則吉凶參半。

---

5 ｜此處應是指，由於此時行星「位於太陽核心內」，因此不能算是西入的行星（或在光束下、被焦傷）。

6 ｜即停滯期或離開太陽光束下。如上所述，若本命的木星和土星與太陽相距6°或以上，九天內與太陽的距離將為15°而東出。很顯然，文獻認為如果它們在出生前或出生後九天停滯也可以。

7 ｜此處應是指行星離開太陽光束下或停滯時*所在*的界。西奧菲勒斯的《宇宙始源》第2章第2句並未提及此點，但在第2章第*17*句，他的確有類似的主張，提到「在行星的界上」，不過仍未解釋是何行星及其重要性。

8 ｜此處是從次限運動或黃道運動的角度而言。「後面」是指「黃道上較早的度數」，因此比太陽還早東升；而「在前面」則是指「黃道上較晚的度數」，因此比太陽還要晚西降。注意到「西入」這個詞的意思在此是模糊不清的，有可能是指在光束下（**2**中所提），或在太陽之後西降（**4**）。這樣的模糊不清在古典占星中非常常見。同樣的還有東出的行星可以是指在太陽*之前*，因該行星在早上先於太陽東升。

9 ｜按賓格瑞所補充。

10 ｜除此之外，手抄本C還以小字補充：「在東方」。可能是指「在東方具有東出的力量」，或僅是指「在東方的力量」。但無論如何我並未加入此補充。

11 ｜兩本手抄本中，此句出現在**11**之後，但由於內容應屬此處，故我將它往上移。

12 ｜此處較像是指月亮所在之界的主星，與**9**和**10**對應。但波斯學者也可能希望月亮所在宮位的主星亦能注視月亮。

13 ｜或應為「壽命」。

14 ｜此處也應是指界主星，也就是那顆凶星。

15 ｜亦即「命主」。

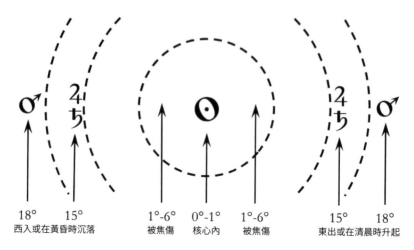

18°   15°   1°-6°   0°-1°   1°-6°   15°   18°

西入或在黃昏時沉落   被焦傷   核心內   被焦傷   東出或在清晨時升起

圖41：外行星的東出與西入（《詩集》III.1，比魯尼§481）

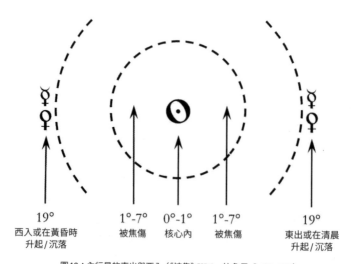

19°   1°-7°   0°-1°   1°-7°   19°

西入或在黃昏時   被焦傷   核心內   被焦傷   東出或在清晨
升起/沉落   升起/沉落

圖42：內行星的東出與西入（《詩集》III.1，比魯尼§481-482）

── 比較太陽與月亮 ──

12 檢視太陽與月亮會合，月亮每完成一半[16]的路徑，以及太陽與月亮對分（滿月）之時：若月亮在上述停駐點之一，則月亮的界主星對命主將具主導性。**13** 若月亮的界主星不在尖軸宮，亦不在接續尖軸的宮位，則檢視上升的界主星，此時上升點的度數將具權威性。**14** 若兩種情況在本命盤中出現[17]，則檢視廟主星：若它東出且在吉宮，則該行星將較具權威性。**15** 若廟主星在太陽光束下，則檢視其定位星為何，並檢視定位星所在宮位是陽性星座抑或陰性星座。

16 若太陽的界主星在吉宮，則該主星將主管釋放星[18]。

17 若太陽在七宮或八宮，且為陽性星座，則太陽的界主星將具主導性，但若在陰性星座則不同，此時太陽被重覆陰性化：第一次是因為他所在的星座，第二次則是因為他在十二宮位中的位置[19]。**18** 若太陽位於上述的處境，則檢視月亮的狀況。**19** 若月亮在地平線上，位於中天或接續中天的宮位，在陰性星座，則月亮的界主星將具主導性──若它（譯註：即月亮的界主星）不在太陽光束下。**20** 若月亮在西方的尖軸宮或在接續的宮位，無論在什麼星座，月亮即為釋放星，其界主星將比其它行星更具主導性；夜間的月亮亦同此論。

21 若月亮在下降的宮位，夜間的太陽在地底的尖軸宮[20]或第五宮，太陽的界主星對命主將具主導力──若該行星不在太陽光束下。

22 若夜間月亮的界主星在太陽光束下，須同時檢視太陽：若太

---

16 │ 此處似乎是指月亮在朔望週期內與太陽形成的兩個四分相。
17 │ 此處應該是指沒有*出現*。
18 │ 即該行星為太陽的居所之主，太陽在此被假定為釋放星。
19 │ 此處應是指位於本命盤中的陰性象限。
20 │ 我加上了「的尖軸宮」，如同在**22**中一樣，這裡應指天底或第四宮，而非其它宮位。

陽在五宮或四宮，太陽將負擔主導的責任。

23 若太陽與月亮皆在下降的宮位或是虛弱的，即便能散發自身的光芒，兩個發光體仍是無力的，且其中一個是虛弱的[21]，此時則檢視上升點的度數。**24** 此時若上升點的主星（戴克補充：應該只是廟主星，《結果》II.26 亦說若日、月不適合，則以上升主星代替），在太陽光束下或下降，可論斷命主的毀滅[22]，他將無法順利成長。**25** 但若有吉星在上升，且與上升點差距15°[23]，則可將此行星視為釋放星之一。

26 若釋放星為月亮且在巨蟹座，與其界主星四分或三分，命主可順利成長；太陽若在自己的星座亦同此論——但若太陽不在自己的星座上，則檢視太陽的界主星以及廟主星。**27** 同時計算太陽是否位於牡羊座的前面幾個度數[24]，並受其界主星及廟主星注視，若如此則該行星可成為徵象星。

28 若火星與木星皆在尖軸宮或在接續尖軸的宮位，或在上述位置[25]，或在自己的廟宮、界、躍升[26]、三分性、區分時，則為吉象，即本命盤中最具主導性的是落在自己廟宮、界、形象（image。譯註：即外觀）、躍升或擁有三分性之處的行星。

---

21 | 此為贅句；也可被理解為「即使只有」一個是虛弱的——但若只有一個發光體是虛弱的，何須再檢視上升點？
22 | 此處我加上「毀滅」作為結尾；但從文法上來看，整個句子的結構並不完整，很有可能此處是有單字佚失的，原意也許是「命主生命的毀滅」。
23 | 此處應以赤經上升計算，同I.28, **3-7**的解釋類似。
24 | 此句亦可讀為：「若太陽在……將更為有價值」
25 | 此處有可能是第**1**句中所說的東出或停滯。
26 | 亦即旺宮。

— *壽命釋放星的配置（distribution）：案例* —

29或許你想要看到實例，故我現將清楚地示範經過實證的壽命與年數的計算方法。**30** 命主生於戴克里先曆九十六年，米爾（Mihr）月[27]的第二天，當天第一又二分之一小時[28]。**31** 首先須找出命主出生的時候釋放星所在何處，是否在五個宮位內（譯註：一般指上升、第十宮、第十一宮、第九宮及第七宮）：除了上升之中有太陽在內，其它宮位並無行星在內——上升為五個宮位中最具優勢之處。

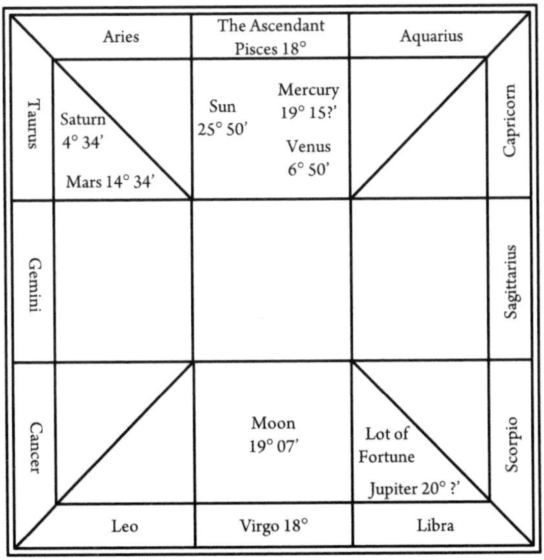

圖43：星盤 #9，壽命的配置（III.1，手抄本B和C）

27 ｜ 此處是指拜火教曆法的第七個月。

28 ｜ 文獻中所提出的時間相當於儒略曆380年2月27日，但這時間過早，實際上應為381年，或戴克里先曆九十七年。此外，日期應為26日，月亮的度數才會正確。而第1 ½ 小時可能源於托勒密之前，人們將破曉的時間視為一天的開始。

圖44：星盤 #9，壽命的配置（III.1，現代版本，恆星黃道系統）

32接下來使用命主的上升度數計算，將此度數在命主出生時所在的氣候區進行向運（direction）。**33** 此時土星在金牛座4° 30'，並向雙魚座5°[29]投擲六分相的光線。**34** 上升點在18°，若從上升點計算至土星光線的所到之處，上升點是無法觸及的[30]。**35** 再來火星在金牛座24° 50'，向雙魚座25°[31]投擲光線。

---

29 │ 準確來說為雙魚座的「第五」度。

30 │ 作者想要將上升向運至凶星的星體或相位所到之處。但由於土星六分相的光線只能映照到上升點之前更早的度數，因此這光線是沒有作用的。

31 │ 同樣，這裡應為「第二十五」度。

― 當上升點來到火星的六分相 ―

36 接下來欲知道上升在幾年後會與火星的光線連結。**37** 先從表格查出所在之地的氣候區中，上升星座的18°為十二星座的哪一部份，結果為352° 30'，將此度數另外寫下。**38** 接下來查詢火星投擲光線至雙魚座的24° 50'又對應何處，以赤經上升時間計算後為356° 48'，減掉上升點的352° 30'，還剩 4° 18'。**39** 因此可論斷上升點將於4年又1/5年又1/10年[32]，與火星的六分相連結。**40** 由於金星在此界上，化解了火星所帶來的困難與恐懼，對命主不會造成致命的傷害，困難也會擦身而過：當吉星與凶星的光線同時存在時，吉星將化

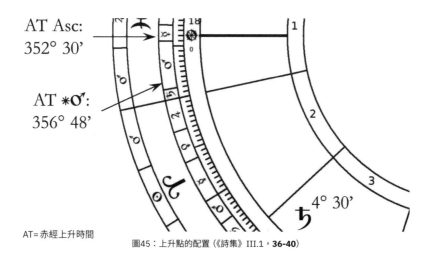

AT Asc:
352° 30'

AT ＊♂:
356° 48'

♄ 4° 30'

AT＝赤經上升時間

圖45：上升點的配置（《詩集》III.1，**36-40**）

---

32 ｜ 多出來的18'為 0.3（18/60 = 0.3），而一年的 0.3 為 1/5 + 1/10 年（0.2 +0.1 =0.3）。

解凶星的傷害；但若只有凶星的光線，則命主來日無多。

— 當上升點來到金牛座的金星界上 —

41 之後，當上升離開牡羊座將來到金牛座第一個界上，為土星所在之處。**42** 經仔細計算後，發現所在氣候區牡羊座30°的赤經上升時間為19° 12'。**43** 我欲從其中再減掉上升點的赤經上升時間。**44** 但由於上升點的赤經上升時間多於牡羊座的19° 12'，因此無法相減，於是再加上一個圓周的度數（即360°）後減掉上升點所對應的352° 30'[33]，剩下26° 42'。**45** 因此可說上升將於26年又1/2年又1/5年[34]後離開牡羊座。**46** 此時上升點很明顯與凶星產生了連結，若無吉星投擲光線至此界上，命主將遭逢嚴峻的困難：甚至在上升度數還未與凶星連結時[35]，困難——包括死亡——就已然降臨。**47** 這個時間點將在26年又1/2年又1/5年。

— 當上升點來到土星的星體 —

48 接下來欲知道上升與土星的星體產生連結的時間。**49** 應查閱所在之地的氣候區中，土星所在的4° 30'對應十二星座的赤經上升時間為何，結果為22° 21'。**50** 由於度數少於欲減掉的度數，因此再加

---

33 │ 由此處開始，塔巴里就不再清楚寫出度跟分，而只寫出數字；但為讀者的方便著想，我仍加上度與分。

34 │ 作者想要計算離開牡羊座的時間。由於赤經上升時間是以牡羊0°開始計算，而牡羊座的赤經上升時間為19° 12'，他可將該度數再加上360°後再減掉上升點的赤經上升時間，即為上升點到金牛座0°的時間：379° 12'-352° 30 = 26° 42'。如此一來命主的上升將在26.7年後來到金牛座0°。

35 │ 作者真正的意思是指，我們已來到金牛的第一個界上，其中有土星在內。但即使土星位於4° 30'，它仍會影響整個界，讓傷害立即發生，除非有吉星對此界投擲光線。以下（52）他就提到太陽的光線投擲在界內，進而減輕土星的傷害。

上一圈，得到的總數為382° 21'，之後再減掉上升點的時間（即352°
30'），剩下29° 51'。**51** 因此可論斷在29年又1/2年又1/4年又1/10
年後，上升的度數將會與土星連結[36]。**52** 由於太陽以六分相投擲光線
至金牛座的第一個界上，即土星所在之處，太陽的熱度將化解土星的
不幸，極端的困難將與命主擦身而過，而不至於造成毀滅。

── 當上升點來到金牛座的土星界 ──

　　53 當上升來到金牛座22°時，即會觸動火星[37]。**54** 查閱表格內所
在之地的氣候區中，金牛22°對應十二星座的赤經上升時間為何，結
果為35° 24'。**55** 由於數字太小，無法減掉欲減掉的度數，因此再

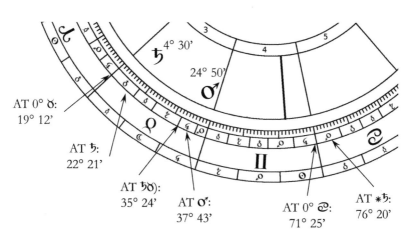

圖46：上升點的配置（《詩集》III.1, **41-67**）

---

36 | 表格說明土星所在金牛座的 4° 30' 的赤經上升時間為22° 21'。若加上360° 後再減掉上升的赤經上升時間，
　　則上升點來到土星星體的時間為29.85年（382° 21' - 352° 30' = 29° 51' 或 29.85）。

37 | 此處非指火星本身（24° 55'），而是指金牛座的土星界，其中有火星在內。

加上一圈的度數，得出的總數為395° 24'。之後再減掉上升的352° 30'，剩下42° 54'。**56** 此時可論斷在42年又1/2年又1/3年又1/13年，上升點將來到火星所在的界上[38]。

—— *當上升點來到火星的星體* ——

57 以下為上升點來到火星所在度數的計算方式。**58** 查閱火星在金牛座24° 50'的度數對應所在氣候區的赤經上升時間，結果為37° 43'。由於數字太小，再加上一圈的度數，得出的總數為397° 43'。之後再減掉上升的352° 30'，剩下為45年又1/6年，又1/10年的一半，此時上升點將與火星連結[39]。**59** 由於金星亦以六分相投擲光線至此處，化解了火星的不幸，火星將不足以毀滅命主；由於是金星，因此無論她以何種相位投擲光線至此處，傷害將與命主擦身而過。**60** 之後在上升點來到巨蟹座之前，再無任何光線傷害命主，因此可略過金牛座與雙子座的度數：當中並無凶星注視，直到來到巨蟹座時。

—— *當上升點來到巨蟹座的火星界* ——

61 當上升點來到巨蟹座的開端時，將受到土星的注視。**62** 於是計算如下：以所在的氣候區尋找十二星座中雙子座30°對應的赤經上升時間，結果為71° 25'。**63** 由於數字太小，再加上一圈的度數，再

---

38 | 同樣，我們計算的為火星所在的界，早於火星實體。金牛座土星界的赤經上升時間為35° 24'，加上360°再減掉上升的赤經上升時間後，得到42.9年（395° 24' - 352° 30' = 42° 54'或42.9）。

39 | 火星星體的赤經上升時間為37° 43'，加上360°再減掉上升的赤經上升時間後，得到45.216年（395° 43' - 352° 30' = 43° 13'或45.216）。

減掉上升的352° 30'，剩下78° 55'[40]。**64** 此時可論斷當上升點進入巨蟹座第一個界的開始[41]，而觸及土星的六分相時，為78年又2/3年又1/4年[42]。 1/2年又1/4年。

─ 當上升點來到巨蟹座土星的六分相 ─

65 接下來計算它與土星的度數連結的時間。**66** 在表格中查詢所在的氣候區中土星巨蟹座4° 30'對應的赤經上升時間，結果為76° 20'，加上一圈的度數後，減掉上升的352° 30'，剩下83年又1/2年又1/3年[43]。**67** 由於太陽從三方處投擲光線至土星所注視的界上，太陽化解了此段期間的困難，但命主仍會在上升點觸及火星[44]時而遭受毀滅。

─ 配置法的建議 ─

68 在計算這些度數之餘，仍應檢視[45]月亮的行進度數才適當：因為月亮的度數若與凶星產生連結亦代表困難，尤其若無吉星前來注視時：若有吉星注視，則能化解困難與死亡。

---

40 ｜原讀為45'。

41 ｜簡單來說為「巨蟹座的第一個界」。

42 ｜原為「1/3又1/2又1/4」。文獻中將分誤寫為45'，等同於0.75，的確為1/2年又1/4年，此時，我們只要忽略「1/3」即可。然而正確的數值實為55'或0.916，即2/3加上1/4 (0.666 +0.25)，我們只將1/2刪去。我認為原始的文獻數值是正確的，是其他的人植入了錯誤的分數。

43 ｜土星六分相在巨蟹座的赤經上升時間為76° 20'，加上360°再減掉上升的赤經上升時間，所得為83.833 年 (436° 20' - 352° 30' = 83° 50' 或 83.833)。

44 ｜為了讀起來更自然而作了調整，原文讀為：「當火星的光線觸及上升點」，即在巨蟹座與火星形成六分相。不過屆時命主已約百來歲了。

45 ｜字面上的說法為「但你要看」。

69 同時應檢視行星的過運以及當年的太陽回歸盤，因為或許它們呈現凶象並會毀壞命主的生命——但並非人人皆然。**70** 但我仍會在特定時期檢視兩者，並努力確認其影響力。

71 另外也要注意光線所在的黃緯度數：即使有行星以對分相來注視，但若經計算後發現其中一個行星在南緯，另一個在北緯，此時就無法投擲光線，亦無法形成對分相（即不會造成困難）[46]。

72 亦要注意太陽和月亮，若發現兩者[47]在六宮、八宮及十二宮，且遭凶星注視，當兩者的度數與凶星連結時，代表生命的毀滅。**73** 若兩者在不幸的宮位[48]，但無凶星傷害，當凶星投擲光線到與它們的度數相同的地方時[49]，困難仍會到來，但將與命主擦身而過，不至於造成毀滅。

III.2：論釋放星

1 現在[50]解釋何謂釋放星（生命事項的徵象星）以及居所之主（生命事項的管轄星）。**2** 日間的釋放星為太陽，夜間為月亮，接下來是上升點所在界的度數，然後是幸運點；若命主出生於新月到滿月之間，則接下來為新月的度數，若命主出生於滿月到新月之間，則為滿

---

46 | 阿拉伯文版本在此處並未解釋清楚，若直接翻譯則為「兩者並非對分相，亦無法投擲光線，因此它代表困難」。

47 | 雖然文獻中使用的是複數（代表兩者），但都勒斯應該是指兩者之一：只要一個即適用此法則，無須兩者都處於相同情況。

48 | 塔巴里傾向使用不同的字彙來表達「不幸」，所以此處可被翻譯成「不幸的宮位」，但根據上下文應為：在凶宮，但不被凶星注視。

49 | 即凶星來形成準確相位時，困難就會發生。

50 | 都勒斯在**1-15**句中的指示可參考《結果》II.26（修密特，第78-80頁）中所整理的摘要。日間的順序為太陽、月亮、幸運點、出生前的朔望月及上升。夜間則為月亮、太陽，其餘順序理論上是相同的。要成為釋放星必須位於吉宮（例如上升、中天或十一宮），並以下列順序受其定位星所注視：界、廟、旺及三分性。

月的度數（每個月的第十五天，若在夜間力量更強）[51]。

3 日間的太陽和夜間的月亮最好能在尖軸宮，尤其在上升內。**4** 若又受其界主星所注視（或廟主星、躍升[52]主星、三分性主星或形象主星），即符合標準，將毫無疑問地成為釋放星。**5** 但若界主星或上述其中之一（廟主星、三分性主星、旺主星或形象主星，但以界主星為主，其次是三分性主星）不來注視太陽或月亮，則太陽或月亮不適合成為釋放星。

6 檢視光線的投擲：檢視釋放星投擲光線至哪個行星（無論是兩種四分相、兩種三分相、兩種六分相、合相或對分相），該行星即為居所之主[53]。

7 若為日生人，太陽在上升，度數在地平線上，並受其上述之一個主星注視，此時太陽足以成為釋放星。**8** 若太陽在中天或十一宮（幸運的宮位）亦然。**9** 夜生人則以此方式檢視月亮。

10 若日生人的太陽是下降的，受凶星刑剋，但月亮在有力的宮位，則月亮將比太陽更具主導力。**11** 若夜生人的月亮是下降的，但太陽在上升，則太陽亦同此論。**12** 亦可以同樣方式檢視幸運點，以及新月或滿月的位置。

---

51 | 此處似乎指，若為夜生人，出生前的滿月度數相形重要。但此句亦可如以下簡單的方式理解：(1) 新月後生的人，新月的度數為接下來的釋放星；(2) 滿月後出生的人，滿月的度數為接下來的釋放星；(3) 滿月發生在每個月的第十五天，包括當天晚上。

52 | 即入旺。

53 | 此句暗示有兩種程序作用其中。首先確認候選者是否可成為釋放星，依據是：它的主星是否以整宮制相位注視它（**4-5**）。但單憑主星注視釋放星也無法確定主星就是居所之主：應為釋放星投擲光線而形成最緊密相位的行星（**6**）。可惜內文並無提供相位的容許度。

13 發現可能的釋放星後，檢視太陽和月亮的界主星。**14** 若它們[54]皆為下降的，且未注視釋放星，則候選的行星無法真正成為釋放星。

15 若有凶星投擲光線至釋放星的度數將可造成傷害，造成傷害的時間為該凶星管理配置的期間或光線時[55]。

16 若太陽從上升對分火星，為父親資產將被揮霍的徵象，尊貴之人將讓命主陷入恐懼與悲傷，命主的性命將受損害，或腿部受傷，而傷害發生的時間為火星管理釋放星的光線[56]時。

— **案例** —

17 此為日間盤，故先檢視太陽，但太陽是下降的。**18** 再檢視月亮，月亮亦為下降的。**19** 另外我發現幸運點及滿月亦在下降的宮位。**20** 由於沒有候選者足以成為釋放星，所以只好將上升點視為釋放星[57]。

21 而上升點的界主星為火星，在地平線上，在東方的區域內（如圖可見[58]，上述四個候選釋放星的位置與幸運點所在宮位）注視著上升點，並從上方投擲光線至上升點的界上；火星因投擲光線至上升的宮位及界上而獲得主導力，若非投擲光線至此宮位以及界上，則不具如此力量。

---

54 | 內文是以複數呈現，表示我們不僅要檢視界主星，亦須檢視所述其它的主星。
55 | 毫無疑問此處是指釋放星（無論它是什麼）的配置，不單是上升點。因此，若太陽為*釋放星*，我們應將太陽在界上移行，直到凶星成為配置星或伴星。
56 | 應該是指*配置*的期間及光線。
57 | 此處的確依上述的釋放星順序來檢視，亦如《結果》II.26（修密特，第78-80頁）所述。
58 | 我補上了「如圖可見」幾個字，因為我認為這個括號內的內容是為了要指出太陽、月亮、幸運點及滿月的位置，而不是指這四個候選的釋放星都在東方象限上（月亮及滿月的位置都不在東方象限上，幸運點可能是，但要視都勒斯的黃道計算與實際的差異），亦不是指它們都在地平線上（滿月即不是）。否則我不清楚為何這句話要加上括號。

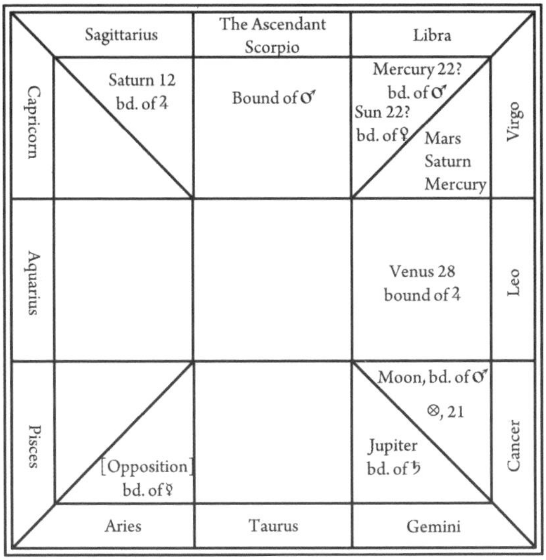

	Sagittarius	The Ascendant Scorpio	Libra	
Capricorn	Saturn 12 bd. of ♃	Bound of ♂	Mercury 22? bd. of ♂ Sun 22? bd. of ♀ Mars Saturn Mercury	Virgo
Aquarius			Venus 28 bound of ♃	Leo
Pisces	[Opposition] bd. of ♀		Moon, bd. of ♂ ⊗, 21 Jupiter bd. of ♄	Cancer
	Aries	Taurus	Gemini	

圖47：星盤 #10，壽命的配置（III.2，手抄本 C）

圖48: 星盤 #10，壽命的配置（III.2，現代版本）

── 火星—火星的配置期，天蠍座6°-7° ──

22 界（譯註：即上升點所在的界）內還有1度，由火星主管。**23** 此時火星主管這個配置的期間與光線，直到上升度數完成在此界的移行、離開火星的光線，未接觸其它光線，所以此段期間火星代表與火有關的傷害與疾病將會發生。**24** 雖然火星在吉宮，仍無法改變火星的徵象：由於月亮亦注視於它[59]，困難將變得更加嚴重。**25** 此時若無太陽的光線來到他的[60]光線及上升之間，切斷火星的力量，情況將更為嚴峻。

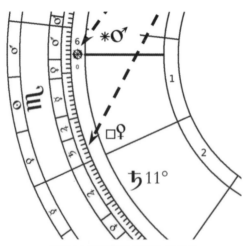

圖49：上升點的配置（《詩集》III.2）[61]

---

59 | 我認為此處是指界，但從文法來看也可能是指火星。若指的是界，月亮的確是在巨蟹座的前面度數。

60 | 我認為此處是指火星，因此都勒斯是指太陽的星體介於火星以及火星的光線在上升星座所落的界之間。但我不確定為何這件事是重要的。這裡可能是指太陽的光線來到火星或月亮的光線與上升點之間，但太陽實際上與上升點不合意，因此不可能投擲光線至此處。

61 | 此圖是以 Delphic Oracle 軟體所繪製。

── 金星─火星的配置期，天蠍座 7°-11° ──

26 接下來上升點的配置會來到金星的界，直到11°。**27** 由於火星剛離開，金星剛進入，應將兩者力量混合[62]。**28** 此時命主將會受到父母的疼愛（因為兩者皆位於吉宮）[63]，但傷害仍會影響著他[64]。

── 水星─火星的配置期，天蠍座 11°-19° ──

29 接下來到19°之前為水星的界，這段期間命主的知識與文化將有所增長。

── 木星─火星的配置期，天蠍座 19°-24° ──

30 當命主進入青春期時，上升的配置也來到了木星界[65]，此時他將因良好的教養而受稱讚，或因好的口才而受益，或遇到貴人引薦[66]。**31** 雖然木星是逆行的，同時並未注視月亮和上升，仍未減少吉象[67]：一般而言若有行星如此，力量都會有所減弱，吉象都會被減少。**32** 若木星能在更好的宮位，毫無疑問對命主是更有益的。

---

62 │ 又或者，上升的配置離開了火星的界後進入了金星的界，但火星仍為伴星；因此此時的配置為金星─火星。
63 │ 火星在十一宮，金星在十宮。
64 │ 火星為伴星之故。
65 │ 按照西頓（甚至亞歷山大 [Alexandria]）的緯度，此時的命主年約十五歲：此區域天蠍座的赤經上升時間（AT）為36°，所以黃道的每度約合赤經上升時間1.2°。本命上升到木星界19°的距離為13°，故13 * 1.2 = 15.6 歲。
66 │ 此處亦可讀為「貴人來到，並將他引薦給他人」。
67 │ 從「雖然」和「因為」來看，此句前半段 (31a) 與後半段 (31b) 是矛盾的。前半部似乎是跟隨上一句的意思：木星象徵吉象 (30)，雖然逆行，仍不會減少（或阻礙）其吉象 (31a)。但後半部又予以否認，認為行星的吉象會因逆行而減少 (31b)。我認為比較好的說法為：「因為木星是逆行的（等等），因此無法減低火星的傷害」，畢竟火星為伴星。這樣一來此句的概念就完整了：雖然木星賦予正面的吉象 (30)，但因他逆行及不合意仍無法減少火星的傷害 (31a)，因為那些情況會奪走行星理應給予的吉象 (31b)。

— 土星—金星的配置期，天蠍座24°-30° —

33 接下來上升點的配置將來到土星界，此處金星亦投擲四分相的光線至天蠍座的27°：因此土星與金星將一同管理此段配置期[68]。**34** 土星代表工作的停滯、疾病、離開家鄉、痛苦與延遲，而這些情況將因火星在土星之上[69]而更加嚴峻。**35** 此時若無木星注視土星，凶象將更為嚴重[70]。**36** 土星所在宮位將使命主母親在此期間過世[71]，但也因為土星的徵象[72]，命主得以繼承財產；命主也將娶寡婦為妻，並在第三年生育一個小孩（但生命是短暫的，很快就死亡）[73]；所以命主將因金星而嚐到娶妻生子的喜悅，卻因土星而經歷子女死亡的哀傷。

— 木星或木星—土星的配置期，射手座0°-12° —

37 接下來上升點的配置將來到射手座的第一個界，即木星的廟宮及界上。**38** 由於該處為木星的廟宮與界，因此這段配置期將單獨由木星管理，無其它行星的影響，木星的力量也被強化[74]。**39** 此時

---

68 | 由於金星投擲光線到該界上，因此火星可被忽視，即便上升還未觸及金星的光線。

69 | 即以優勢四分相來支配。所以本命的配置仍會影響配置法的徵象星。

70 | 木星以對分相注視土星。

71 | 我不確定此處何者象徵母親。

72 | 土星在二宮。

73 | 此處我加上括弧是因為有兩種方法可以理解此句。第一為命主將先結婚生子，但三年後小孩會死亡：這是比較合乎自然的說法。但此配置期的三年後，上升點會來到金星的光線所在，此時應該會帶來正面的事物。因此我認為都勒斯的確是指第三年（遇到金星的光線時）命主結婚生子，但之後會因為土星而失去孩子。有些人可能會認為第一種說法比較正確，因為遇到金星光線的三年後將離開該土星的界與天蠍座，尤其土星又位於下一個界上（射手座的木星界）；因此三年後土星將會讓小孩喪命。即便如此，這還是意味命主因金星的光線娶妻生子。

74 | 此處與21有所衝突。火星主管上升點所在的界且為上升主星，但21說火星如果沒有注視著界，就無法管理整個配置。此處又說木星管理此段配置的星座與界，但木星並未投擲光線到界上，儘管木星注視著這個星座。

本命盤[75]將展現領導力，受眾人景仰，地位得以躍升。**40** 由於土星位在第十二度，代表壽命的終結，在第十二度後命主將再活48個晚上，因為土星位於較前面的度數[76]。

41 欲知每個行星將如何增強或削弱命主，可檢視行星的過運，有何行星從左方或右方注視釋放星、上升的界、上升的界主星，以及界內的行星。

42 同時仔細檢視光線是從吉星、凶星抑或兩者同時而來的：若只有凶星而無吉星，結果是慘烈的。

43 檢視何行星以相位向它（譯註：指配置期的界）投射光線或位於其中，以及它[77]於所在的氣候區中進入此配置要經過多少赤經上升的度數。

44 檢視有何者向注視或會合它的行星及配置的主星投擲光線[78]，並將兩者的吉凶性、所在宮位力量、與行星形成的相位、區分、所在的界及星座綜合在一起進行判斷。

45《都勒斯占星學》第三冊終。一切讚頌全歸真主，祂應受讚頌。

---

75 ｜字面上的說法為「命主」。
76 ｜我不清楚48晚的典故；此處可能有誤。
77 ｜此處應是指釋放星。
78 ｜此處似乎為 (1) 行星與伴星的混合，以及 (2) 行星與配置星的混合（如上述的 **34**）。換句話說，本命盤以及時間主星的狀態對理解配置法是非常重要的。

都勒斯占星學

第 4 冊[1]

論流年推運

奉至仁至慈的眞主之名[2]

IV.1：論流年推運[3]

1 當[4]命主出生時，該年的年主星即為本命盤的第一宮之主星。**2** 之後從上升開始，一個星座代表一年，依序計算，直到欲了解的年份為止：該宮位（譯註：即星座）的主星即為當年的主星。**3** 檢視該星座的主星：是吉星抑或是凶星，在本命盤的位置如何，星相[5]又是如何？ **4** 並檢視年度開始時，何者位於本命盤的這一星座之中來判斷命主該年的運勢（年度的開始為太陽回到命主出生時所在度數的时刻）。

5 若該年的星座主星西入，命主將遭遇困難；若主星在太陽光束下且逆行，亦同此論[6]。**6** 若主星在太陽光束下，但運行數據增加（非減少），將有益命主，而且是適當的，因為＜佚失＞[7]。

7 且古巴比倫及埃及學者曾說道：若太陽或月亮未[8]從其所落星座的三方處注視那個星座[9]──年主星必須位在自己主管的宮位：

---

2 ｜兩本手抄本的祈禱文則在標題之上。

3 ｜西奧菲勒斯（《宇宙始源》第4章）稱此部份的內容為「論年主星」。這亦算是合理的，可能源自古波斯文或希臘文的散文版本。

4 ｜也就是上升主星。

5 ｜字面上的意思為「基礎」，音譯自希臘文的phasis。也就是行星與太陽之間的關係及運行的方向。

6 ｜我認為此處應為「或逆行」，或「若主星逆行」，以區分逆行和在太陽光束下的情況。

7 ｜賓格瑞遺漏了「因為」並在此將句子結束，但很明顯此處的內容是佚失的。

8 ｜此處（「未」）為戴克所加入，這樣接下來的句子才符合邏輯。

9 ｜此處應該是指年度星座，而非年主星所在星座。但西奧菲勒斯（《宇宙始源》第4章，**3**）卻認為是後者。

如此才確實不會作惡[10]。**8** 若年主星位在敵人的宮位[11]，邪惡之事將更為嚴峻，命主將因此致病，遭受困難與財產的損失（除非主另有安排）。

— 年主星狀態不佳時 —

9 若如上所述（譯註：即年主星狀態不佳）且火星為掌管該年的行星，命主的判斷或意見將會是錯誤的，想法也會飄忽不定；他也會有血光之災，受鐵器所傷或流鼻血，或受其判斷或邏輯所傷；疾病或嚴重的傷害將侵擾他，或他會旅行到毫無用處、沒有利益的地方，而且還被流放他鄉。

10 若土星為掌管的行星，而且土星在地平線上，對資產是不利的；命主將受寒氣所傷，肺部發炎，受外傷；他的資產也會蒙受損失，或身體被叮咬[12]；手上的工作也會受到邪惡之事所干擾，諸事不順[13]——總而言之身心俱疲。

11 若木星為掌管的行星，命主對財富較無欲求，資產雖會減少，但並非由他人所奪取，亦非自願放棄；即便如此，他仍能感到快樂，或因父親的國家或子女而受益。

12 若金星為掌管的行星，命主將因女性的關係而遭受傷害、衝突或名譽受損。

---

10 │ 此處語意不清。我認為真正的意思是 (1) 兩個發光體或其中之一應注視年度星座（但不確認是否是指發光體的過運或本命的發光體）；但 (2) 若未注視，年主星的過運應在自己的主管位置之一（不限於入廟），因為 (3) 若年主星亦不在自己的主管位置，對命主的確不利。

11 │ 此處可能是指入陷，但也有可能是自其主管宮位起算的第十二宮，或至少與年度星座不合意。西奧菲勒斯《宇宙始源》第4章，**6** 及之後的句子）則理解為陌生的（即外來的）位置。

12 │ 或被咬傷，尤其是蛇咬。

13 │ 此處也有毫無益處與動彈不得之感。

13 若水星為掌管該年的行星且在太陽光束下，命主將因商業貿易或合作夥伴、寫作與計算、奴僕或下屬而受到傷害。他的心願將無法達成（除非主另有安排），或因未做過的事而受責難，又或許即便有財產與利益置於眼前，他卻不願接受。

— 誤植的內容：瓦倫斯的太陽回歸法 —

（**14** 瓦倫斯[14]稱：當太陽回到命主出生的位置時，檢視該年的主星注視何處[15]，並[16]檢視太陽進入[17]本命位置的當下，其上升位置及從東方升起的星座為何。**15** 同時檢視月亮所在位置與星座，並計算太陽回歸盤的月亮回到本命位置的時間[18]，此時上升的星座即為該年度的上升星座。）

---

14 | **14-15** 的內容實際上混雜了瓦倫斯V.3（修密特，第10頁；賴利，第97頁）的說法。首先，瓦倫斯談的並非年主星，而是計算太陽回歸法的時間及其上升。瓦倫斯在計算太陽回歸盤（太陽回到出生位置時）中的行星方法與一般無異，但上升有所不同：在太陽仍在出生的星座時，找出月亮回到本命位置時的上升：當下的上升即為太陽回歸盤的上升，其它行星則仍在太陽回歸盤中原來的位置。但這在時間的計算上是有缺陷的，其象徵的意義也是怪異的——缺陷在於瓦倫斯的內容（及**15**）指出，月亮回歸的時間須在太陽回歸之後。但若太陽是在最後的幾個度數（例如27°），月亮不太可能在太陽離開出生的星座前回到本命的位置，因此可能要考慮月亮上一個回到本命位置的時間——此時回歸盤的上升將會不同。至於象徵意義上的怪異在於，瓦倫斯的太陽回歸盤混合了兩種即時過運的星盤：其所產生的回歸盤的上升與其它行星並非來自同一時間。我們的確習慣以行星之間的實際距離來尋找特殊點（具幾何學與象徵意義的位置），或將具象徵意義的移動或間隔應用在小限法或其它時間主星的方法，但瓦倫斯的概念是截然不同的。他的太陽回歸法結合了兩種即時的半獨立星盤（太陽回歸盤的行星與月亮回歸盤的四尖軸），成為另一張可與本命盤相互比較的象徵性星盤。但這也許是有效的，誰知道！

15 | 原文讀為「若它注視」或「它所注視」。賓格瑞以被動式解讀此句（「若它被注視」），但文中隨後沒有任何相關內容；實際上**14-15**僅列出回歸盤的計算方法。

16 | 此句後面的意思是有爭議的，因此我更改了兩個我認為是錯誤的地方。如果按兩本手抄本，剩下的句子應為「……並檢視那個度數從地平線升起的時刻，以及從東方升起的星座」。這在邏輯上是有誤的，但它的確看起來更貼近關於太陽回歸盤的標準說法，即當太陽回到本命位置時，從東方升起的星座即為上升。

17 | 原文為「它升起」。見以上附註。

18 | 也就是實際上須花費的時間（瓦倫斯）；此處的描述看起來像是計算某兩個事物的間距。

— 年主星狀態良好時 —

16 此時[19]若年度星座的主星為火星（即年主星）且東出，命主的行動將會迅速獲得成功，他的才智也會變得更加敏銳。

17 若土星為年主星且東出，並閃耀自身的光芒，命主將成為土地的主人，並從事播種、耕種，開始新的項目[20]以及挖渠造河。

18 若木星為年主星並閃耀自身光芒，離開光束下且東出，命主將受達官貴人讚揚，所從事之工作都將完成，地位躍升於貴族之上；若論及子女，子女可望繼承父親的資產。

19 若金星為年主星且東出，命主將因女性而享受到快樂、性的愉悅及諸多好處。

20 若水星為年主星且東出，並在適當的宮位，命主將因智慧、見識、他人的讚揚以及主的襄助而獲得資產及諸多好處。

— 年度星座內的本命行星 —

21 現在我將詳細說明當流年觸及本命盤中行星所在星座的狀況。**22** 若年度星座為本命土星所在的星座，而且太陽回歸盤的土星就在該星座，或從該星座的三方處、四分處或第七宮[21]注視本命位置，命主將飽受批評，受到忽視與傷害，人民和國家亦將與他為敵，甚至引來蘇丹的憤怒與仇視[22]。**23** 若流年來到地底或西方的尖軸宮，而且土星就在該星座或如上述般注視該星座，命主將遭受人們的敵視

---

19 │ 此處的主題應為年主星的分析

20 │ 或進行與農事有關的新事項——播種與耕種皆為農事的開始，而收穫為結束。之所以與新事物有關是因為土星東出。

21 │ 即三分相、四分相或對分相。

22 │ 但就如IV.4, **6** 所指出，三分相優於四分或對分相。

與傷害，並恐他將因此而遭逢厄運。**24** 若以上情況相同，同時又加上火星的注視，厄運的侵襲將更凌厲，命主也將遭鐵器所傷，或遇嗆傷、燒傷、中暑、發燒等意外——倘若命主命該如此。**25** 但若有木星注視這些凶星，疾病可望變得輕微。

　　26 若流年來到火星所在的星座，而且火星與上述的土星情況相同，亦可由上述來論斷他所受的傷害。

　　27 若流年來到木星主管宮位，木星亦位於或注視年度星座，若命主命中有子女，可望在該年生育或獲得女婿，他的資產也會增加。

　　28 若流年來到火星主管的宮位，且火星和土星同時注視年度星座，命主將在該年遭逢諸多困難與悲傷，並因國王之事及其憤怒而恐懼不已。**29** 若流年來到某個凶星主管的宮位，且該凶星（或另一個凶星）亦在年度星座中，命主將一事無成，遠走他鄉，但因為他的流亡與草率而被人發現其罪行。

　　30 若流年來到金星所在的星座，對命主並非不幸的一年，他的才藝將更加精進且備受景仰；若命主已屆適婚年齡，可望在該年娶妻生子——若金星在根本盤中的位置是適當的。

　　31 若流年來到水星所在的星座，且水星狀態良好，命主將能獲益並生有一子或一女。**32** 但若土星注視水星，命主將因子女而受辱，並因奴僕之事而悲傷，爭執與憂傷將對他造成傷害。

　　33 若流年來到月亮所在星座，而土星注視月亮，命主將受疾病之苦，身體將遭毀壞。**34** 此時若水星亦注視著土星，命主將更加不幸，不僅工作量會增加，也容易陷入爭執而受到傷害，另外還會受到來自死者的喧鬧[23]與厄運的侵擾。

---

23 ｜此處不知如何詮釋。

— 小限來到本命的四尖軸 —

35 若流年來到上升，同時有木星和金星注視它[24]時，命主將擁有好運並受人尊敬，生活愉快，娶妻生子。**36** 若上升受土星和火星注視，將減少命主的資產與幸運，命主將因親人而悲傷。

37 若流年來到第四或第七個星座，其中有土星在內（或土星從該星座的四宮或七宮來注視時[25]），為悲慘的徵象，命主將因財產遭受極大的痛苦與悲傷。**38** 此時若火星又與土星會合，慘狀更甚，命主將遭受血光或火燒之災，受熱病所苦，從高處跌落，毫無獲益，看起來就像瘋子一樣。

39 若流年來到本命盤的第十個星座，同時有一顆凶星[26]在內或注視著該星座，命主將被各種厄運或困難所傷害，他亦無法得主賜福。

— 年度星座的第七個星座 —

40 檢視流年（小限）來到的星座以及它的第七個星座：何者從七個星座注視著它[27]？**41** 若土星和火星（或兩者之一）在第七個星座，對命主絕無好處。**42** 但若為金星和木星在內且狀態良好，命主將獲得提升。

---

24 ｜可能是指木星和金星的過運。
25 ｜即四分相或對分相。
26 ｜戴克另外補充，可與以下**43**比對。
27 ｜即哪個行星從對面的星座注視年度星座。《詩集》並未說明是本命盤抑或太陽回歸盤的行星，但我猜測應是指太陽回歸盤。

43 上述方法亦可作用於每月的星座：若有凶星注視著它或在星座內，對命主將無益處。**44** 若得吉星注視，則可化解凶星的傷害。**45** 但若無吉星注視，凶星將會在該月傷害命主的母親。

— 每月主星 —

46 現在我來說明每月的主星讓你清楚了解。**47** 欲知每月主星，可從太陽所在的星座的度與分，計算到命主出生時月亮所在的度與分，再從上升投射此段距離[28]：最後的落點在哪個星座，其主星又是七顆行星中的哪一顆，該行星即為命主出生時的月主星。

48 若月主星在太陽回歸盤中位於適當且喜樂的宮位，發出耀眼的光芒，在本命盤中的狀態亦然，對命主是有益的。**49** 但若月主星在本命盤的宮位是適當的，現在卻落入凶宮，則此段時間內[29]命主的情況將介於中間。**50** 但若月主星在本命盤中位於無益的宮位，現在

---

28 | 我的理解為先計算本命太陽與月亮之間的距離，再從太陽回歸盤的上升投射：此方法保存了陰曆月與本命盤中月相的精神，而每年第一個月主星也將因太陽回歸盤上升的不同而有所差異。我的猜測是，根據太陽與月亮之間的距離找出第一個月的星座，接下來的月份則以接續的星座代表。然而西奧菲勒斯的《宇宙始源》第5章，**3** 中，似乎也是根據此篇的內容，但他是計算過程的太陽與太陽回歸盤的月亮之間的距離：隨著太陽不斷往前進，它與太陽回歸盤的月亮間距會漸漸變小，從上升投射之後所得到的度數反而會慢慢往後退，這與古典占星的法則是抵觸的。若將原文中「月亮所在的度與分」後的逗點移除，亦是同樣的結果，因為那看來就會是計算太陽回歸盤的太陽（或一年中太陽進入每個月的星座時）到本命月亮之間的距離。但可惜的是，西奧菲勒斯第6章中源自尼切普索（Nechepsō）的方法，計算後的度數一樣是往後退的。阿布·馬謝《波斯本命占星》第四冊，IX.1, **40**）似乎也是依照《詩集》的方法，計算每個月過運的太陽與本命月亮之間的距離，再從本命的上升點投射。最後，我發現瓦倫斯（《占星選集》V.4）亦提出另外一個類似尼切普索的方法：計算過運的太陽到太陽回歸盤（「迴轉盤」[the turning ,ektropē]）的月亮，但瓦倫斯說夜間盤才如此計算（我認為他應該是指太陽回歸盤為夜間盤時，而不是本命盤為夜間盤）：若為日間盤，則計算過運的月亮（譯註：即回歸盤的月亮）到本命太陽之間的距離，再從上升（應該是指太陽回歸盤的上升）投射。但這些方法若以每個月為基礎來計算，所得的度數會是倒退的，而瓦倫斯日間盤的方法則會造成每個月的度數跳來跳去的狀況。我認為合理的方法為：將本命發光體之間的距離從太陽回歸盤的上升投射，接下來的星座則各自代表接續的月份——而非計算太陽進入每個星座的時間。

29 | 即在該月份；亦見**52**。

亦落入無益的凶宮，對命主是不利的，他將遭受極大的不幸；此時若未被木星[30]注視，月主星又在太陽光束下時，則雪上加霜。

51 若月亮為月主星，則檢視月亮在哪一側[31]。**52** 若月亮升起且運行數據增加，那是適當的；若月亮下降且運行數據減少，命主的狀況在此段時間內將介於中間；若月亮減光且運行數據增加，對命主是不利的；若月亮增光且運行數據減少，對命主最為不利。**53** 除上述外，還須檢視其它行星的證據[32]。

54 若太陽為月主星，且太陽在一天當中的行進速度增快，則是適當的；若減速，對命主是不利的。**55** 除上述外，還須檢視其它行星的證據。

— 每日主星：兩種方法 —

56 欲知每日主星，可檢視當日太陽與月亮的所在[33]。**57** 再來，計算太陽至月亮的距離，從本命盤的上升投射該段距離後，再視最後落入的星座為何，該星座的主星則為日主星[34]。

---

30 | 以「被木星」代替原文的「從東方」。反過來說，此處的確「不是東出」，因為月主星是在太陽光束下（如句中所述），甚至不在星盤的東方象限中。

31 | 此處似乎是指星盤的兩個半球（上升或下降的一側）或與太陽之間的相對位置（朔望週期）。但西奧菲勒斯《宇宙始源》第5章，**8-9**）則是指速度、光線及黃緯的緯度。

32 | 按以下**55**的模式所加入。

33 | 此處更像是一年之中每月的太陽進入不同星座之時。

34 | 之後的日主星很可能為接續的星座主星，與上面每月主星的方式雷同。但也有可能依循迦勒底順序，即下一段所描述的另一種方法。

　　58 此外[35]有另一種方法計算每日主星：將命主出生的第一天[36]到欲知日期之間的年數，以每年為365¼ 天的基準換算成天數。**59** 之後將總天數以7天作為一個單位，每7天由七個行星之一[37]所主管：從位於上升之內的行星[38]開始起算，再由接下來的行星主管。**60** 因此第一個步驟為：將總天數以49天作為一單位，再視無法成為一單位的剩餘的天數為何：由上升星座的主星主管剩餘天數的第一個7天，下一個星座的主星則主管第二個7天[39]，以此類推，直到無法再依此方法計算為止；此時可從那個行星[40]得知該日的主星為何者以及月亮所在的星座。**61** 因為倘若月亮位於當日的星座內，且本命盤中有凶星在該星座，命主將受疾病或邪惡所侵襲。

　　62 同樣須檢視星座是否呈現凶象：若那時有凶星注視該星座，或本命盤中的土星或火星位於那一星座內，且該星座由凶星所主管，但是逢過運的吉星注視，則命主所從事的事項將好壞參半；反之則相反。

---

35 | 阿布·馬謝在有關太陽回歸盤的著作中（《波斯本命占星》第四冊，IX.7, **2-6**）亦解釋了**58-60**的方法。每個行星主管7天，即一個星期，為該星期的主要主星，而該主星亦主管該星期的第一天，即次要主星。接下來的天數則依行星順序由不同行星主管，因此每天有不同的次要主星。7周後（49天）又重覆此周期，以此類推。一旦找出太陽回歸日期，無論當日主星為何，該星即主管當周剩下的天數，之後再重覆同樣的周期。上升的主星永遠是開始的主星。例如，若命主出生時的上升為天蠍座：火星即為主要主星，主管第一周或前7天；這7天內依「迦勒底」順序亦有不同的次要主星：火星—火星，火星—太陽，火星—金星，以此類推。下一周或下一個7天則由太陽主管（太陽—太陽，太陽—金星，太陽—水星等等）。當我們跑出某一年的太陽回歸盤，以49天為一個單位（從生日開始將所有的天數除以49），從餘數即可得知太陽回歸當周為哪一個行星周期。舉例來說，假設命主在太陽回歸前3天結束了一個49天週期，代表太陽回歸日的當周為火星所主管：火星—火星，火星—太陽，火星—金星——而太陽回歸的當天則為火星—水星，即「火星周」的「水星日」。火星周結束後即為太陽周，如此計算到生命結束。讀者亦可參考V.42,**45-49**，其中每年的天數為365天而非此處所提的365¼天。但最後你會發現這並不重要，因為重點在於計算實際天數，而不是日曆上的日期，因此以儒略日的整數數字來計算可能是最好的方法。

36 | 或為「生日的一開始」。

37 | 字面上的意義為「七個行星中的每一個」。

38 | 或應為上升的主星，即**60**中以及阿布馬謝所確認的。

39 | 同樣，按阿布·馬謝及類似法達的時間主星系統，此處應依循迦勒底順序，而非星盤的黃道順序。

40 | 我認為此處應有部份內容佚失。從這裡到**63**所談論的是每日與月亮星座的對應，然而若每日是以行星順序計算而非星座順序，月亮又如何能剛好出現在當日的星座內？

63 同時檢視月亮的狀況，觀察其是否受吉星或凶星注視：若受吉星注視，但比15°來得早[41]，當日對命主而言是辛苦的，但到了夜晚則可獲得寧靜，在隔天恢復正常。

IV.2：論疾病

1 接下來我將說明慢性疾病的判斷。

── 第六個星座及其主星 ──

2 檢視[42]本命盤中上升起算的第六個星座，了解它屬於七個行星中的哪一個以及該星座的屬性（是人性星座、四足星座還是掠食動物的星座），之後檢視該星座的主星及其屬性與特質。

3 若第六個星座及其主星皆被土星[43]所損傷，且兩者的性質皆屬潮溼的，命主將遭到潮溼與寒冷疾病的侵襲，罹患關節上的毛病，並受慢性疾病的折磨。

4 若為[44]火星主管的星座，命主將因鐵器、火燒而受傷，或被野狗、掠食性動物所咬傷，有些人還會被長矛所刺傷，也會受到各種苦難的折磨。**5** 若火星是明亮的，閃耀自身的光芒，傷害將更加明

---

41 | 此處似乎是指吉星注視月亮，但其光線所及之處與月亮的距離超過15°。但也有可能是指與尖軸之間超過15°，意思是指在果宮且為衰弱的。不過此處似乎也有部份內容佚失，畢竟衰弱的吉星仍比凶星來得好。

42 | 1-6參考《結果》II.13（修密特，第50-51頁）。《結果》所摘要的都勒斯的內容中，提到了第六個星座或其主星所在星座是否為野獸或潮溼星座等等。

43 | 「被土星」是按瑞托瑞爾斯《占星摘要》第61章（霍登，第112頁）所補充的。

44 | 注意到都勒斯在3仍在討論土星傷害第六個星座，但此時的主題已轉換成星座的主星。因此我懷疑3應該是指若土星為星座的主星。

顯──但若火星隱藏在太陽光束下，則易有身體上的疼痛或急性腹痛的症狀，也會有腸胃的疾病，而且還會因此而死亡。**6** 亦應知曉星座的部位[45] 及其特質。

7 若為木星主管的星座，命主將喜好飲酒，但也會因此而引發疾病，肝臟也會腫大。

8 若為金星主管的星座，疾病將源於沉迷女色，而疾病的痛苦將使命主瘋狂，他的理性（與羞恥心）也將因沉迷女色而喪失；若金星在陽性星座更甚。

9 若為水星主管的星座，命主的聲音及口才將受到損傷，不僅說話困難，聽力也是微弱的，喉嚨也難逃厄運。

10 若為太陽或月亮主管的星座，或為火星主管的星座，命主將罹患慢性眼疾，太陽亦會令命主罹患心臟疾病，月亮則為脾臟的疾病。

── *慢性疾病點* ──

11 另外[46]有古代學者計算日間的土星到火星的距離，或夜間的火星到土星的距離後，再從上升投射此段距離，當計算結束後檢視其落點所在星座及其主星，並觀察該星座主管的身體部位[47]，來判斷會罹患慢性疾病的身體部位。**12** 牡羊座為頭部，金牛座為頸部，雙子座為肩膀，巨蟹座為雙手及胸部，獅子座為軀幹及心臟，處女座為腹部及脊椎，天秤座為腎臟（以及到臀部之間），天蠍座為生殖器、睪

---

45 ｜此處應指「星座所主管的身體部份」，例如牡羊座主管頭部，金牛座主管頸部等等。

46 ｜此句見《結果》II.14（修密特，第51頁）。瑞托瑞爾斯《占星摘要》第61章（霍登，第113頁）認為此特殊點源自都勒斯，並補充也應注意在點之上的行星或注視點（或點的主星）的行星。

47 ｜西奧菲勒斯亦會注意此點所落的象限來判斷疾病出現的身體部位（《宇宙始源》第4章，**54**）。

丸和肛門，射手座為大腿，摩羯座為膝蓋，水瓶座為雙腿，雙魚座為雙足。

13 古代學者中亦有人透過月亮來論身體健康。**14** 他們[48]說：若凶星以四分相或從第七宮[49]注視月亮，（同時他們也會檢視本命盤的上升、金星和水星，並檢視它們是否遭凶星所注視），應觀察月亮所在星座的特質以及是否為四足星座、人性星座或水象星座，同時檢視該星座所主管的身體部位來論斷會罹患慢性疾病的位置。

— *疾病在身體何側* —

15 欲知慢性疾病為何以及它將發生在身體的右側或左側，可檢視第十個星座至上升星座。**16** 若有七個行星之一在內，則為右側[50]；若無行星，則為左側。

— *天底的三分性主星* —

17 應[51]檢視從上升起算的第四個尖軸宮，及其日間與夜間的三分性主星究竟是何行星。**18** 實際上第一個三分性主星被認為代表死亡，第二個主星則代表慢性疾病。**19** 因此可檢視此一主星以及上述

---

48 | 原句令人混淆而且尚未完結，但它所討論的是檢視本命凶星以四分或對分相所注視的星座，並分析該星座的特質以及主管的身體部位。亦參考《摘錄》XXII。
49 | 即對分相。
50 | 若面向東方（在北半球），從上升和中天之間若有行星在內即為右側。
51 | 此段見《結果》II.14（修密特，第51頁）。

的慢性疾病點（火星至土星[52]）。**20** 我們已採納這個作法，希望你能知曉並傳達給遵循智慧之路的人[53]。

─ *發光體的星座相位* ─

21 所有古巴比倫及埃及學者稱，若月亮和慢性疾病[54]點在上升起算的第十一個星座，火星在第八個星座，將會傷害命主的身體，所有的部位將會受到傷害。**22** 若上述為土星而非火星，命主將從高處或隆起之處墜落；若該星座[55]為潮溼星座，災害將源於水，或水中的生物將會吞噬命主。

23 若凶星隨著太陽和月亮升起之後上升，或凶星與太陽和月亮會合，且凶星的度數大於太陽與月亮的度數，<*佚失*>[56]；其中最凶的為火星，除了世界的真理——主之外，再無其它能阻擋火星的激烈攻擊。

─ *視力的損傷* ─

24 若火星在太陽或月亮所在星座的第二個星座，命主的視力將減損，甚至失明；若太陽與月亮位於命宮，且有凶星在太陽與月亮從

---

52 | 應該是土星至火星（日間）。火星至土星為夜間的公式，亦為另一個相關特殊點的日間公式。古典占星對於該特殊點有不同的說法，其一是在奧林匹奧多羅斯（Olympiodorus）[對保羅第 22 章的評論] 以及瓦倫斯（V.1）著作裡的說法，他們認為土星—火星點為控訴點，而火星—土星點為受傷點或疾病點。但如《結果》II.14（修密特，第51頁）以及上述內容所稱，都勒斯將土星—火星點視為慢性疾病點。

53 | 瑞托瑞爾斯《占星摘要》第61章（霍登，第113-114頁）補充，若第二個三分性主星被凶星注視或狀態不佳，與吉星不合意，亦代表疾病或受傷。

54 | 「慢性疾病」幾個字是按薩爾的《論本命》章節6.3.7, **5** 所加入的。

55 | 此處應該是指第八宮的星座。

56 | 此處幾乎可確定是在討論對視力的傷害：見**24**。

西方沉落後下降，視力受到的損害將更為嚴重。

25 若太陽與月亮在西方，且凶星在尖軸宮亦可同論；若為滿月更甚[57]。**26** 滿月的太陽亦為凶；但若得木星注視太陽，命主仍可保有些微視力。

27 若土星和火星於太陽和月亮之後升起，且太陽與月亮皆在第七個星座，若論眼疾，則可論斷命主的眼睛將罹患慢性疾病。

28 若月亮從第七個星座[58]注視火星，且時值滿月，或火星在月亮之後升起，疾病將傷害命主的眼睛。

29 若火星與太陽同在自上升起算的第七個星座（即婚姻宮），且火星被木星注視，亦同此論。

30 若火星與太陽同在上升的星座亦然。

31 若太陽與月亮同在上述的星座，亦同此論。**32** 若太陽在月亮之後升起，或月亮偕太陽上升，且火星位在兩者之間時亦同此論。

33 若月亮與土星皆在射手座，疾病將傷害命主的眼睛。**34** 若月亮在射手座，且遭土星從第四宮或第七宮注視[59]，亦同此論。

35 須知以上法則乃基於根本盤的徵象，而非太陽回歸盤。**36** 若太陽回歸盤中的月亮被兩個凶星圍攻，命主雖心懷恐懼，但（依主的旨意）災禍不會降臨於他，他亦可免於一切疾病的痛苦。**37** 故我才說應以根本盤的徵象來論斷，托靠主。

38 若凶星從第四宮或第七宮注視[60]太陽與月亮，命主的眼睛將受慢性疾病所傷。

57｜此句刪除了原文句尾的「就像太陽和月亮」。
58｜此處應是指對分相，但都勒斯也有可能是指從西方。
59｜此處應是指土星的四分或對分相，但也有可能為上升起算的第七宮或第四宮（或下降和天底）。
60｜此處應是指凶星的四分相或對分相。

— 再論疾病發生在身體何側 —

39 若日間的太陽受到傷害：慢性疾病將傷害命主身體的右側，右眼及右手。**40** 若夜間的月亮受剋於凶星，疾病將傷害命主的左側、左眼及左手[61]。

— 更多慢性疾病的徵象 —

41 若月亮與造成慢性疾病的凶星會合，或月亮從第四宮[62]注視凶星，即便接受醫生的治療或向主祈禱，命主仍無法逃離病痛的折磨，直至死亡降臨。

42 檢視太陽與月亮的十二分部的位置：若遭凶星注視，命主的身體將受慢性疾病的折磨。

— 對眼睛造成傷害的度數 —

43 古代學者亦確實有以下論斷：若月亮位在傷害眼睛的星座與度數，且遭凶星從第四宮或第七宮注視[63]，或凶星與月亮會合，命主的眼睛將渾濁不清[64]，或失去視力，甚至失去眼睛。

44 獅子的鬃毛，獅子座18°。

45 蠍子的尾刺，天蠍座23°。

---

61 ｜ 我認為應該相反：日間的太陽為右側，月亮為左側；夜間的月亮為右側，太陽為左側。否則若如原文所示，太陽與月亮將永遠代表右側與左側。

62 ｜ 此處應是指第四宮或天底，而非月亮的四分相。

63 ｜ 此處應是指凶星的四分或對分相，但也有可能是指下降或天底。

64 ｜ 字面上的意思是「變成藍色」，即青光眼。

46 蠍子的頭與眼，在天蠍座的8°、9°和10°。

47 弓箭的箭頭，射手座的第三度[65]。

48 昂宿星團（Pleiades），金牛座6°到第九度。

49 巨蟹座第九度[66]。

50 若減光的月亮位於上述位置之一且受凶星注視，命主將失去視力。**51** 若月亮閃著滿月的光芒，命主的眼睛將患有慢性疾病，但不至於全盲。

── 其它疾病或受傷的徵象 ──

52 若火星在命宮或第七個星座內，且火星從第七宮[67]注視月亮（月亮減光則更為嚴重），命主的壽命是短暫的，且會受瘋狂所襲擊。

53 若月亮在金牛座或四肢截斷的星座（戴克補充：由於金牛座的星座符號並未看到身體，故有四肢截斷的象徵。），且火星在命宮的某個部位[68]，從月亮的七宮注視月亮，命主的四肢之一將受鐵器所切割，該部位將因此產生問題。**54** 若火星位於命宮起算的第五個星座[69]，同時又受月亮從第七宮注視亦同此論。

55 若木星在第七個星座，而月亮與火星會合在命宮，命主將受瘋狂所襲擊而失去理性，對自己的所作所為將毫無自覺。**56** 此時若土星在命宮或在第十個星座，且月亮在第七個星座亦同此論，若月亮又會合火星更甚。**57** 若它們如上述情況，且吉星在它們之後上升，吉星將因此而受傷害，尤其若又在陰曆月的第一天，即新月出現時。

---

65 | 此內容在薩爾《論本命》章節6.2的版本為水瓶座的瓶子及摩羯座的脊椎。
66 | 薩爾的版本（《論本命》章節6.2，**49-55**）加入了水瓶座的水罐及摩羯座的脊椎。
67 | 即對分相。
68 | 此處應是指上升的度數，或至少是指它所在的界。
69 | 此處不合邏輯，應讀為「第七個星座」：見薩爾《論本命》章節6.3.7，**3**中同樣的內容。

58 若太陽與月亮在同一星座，火星位於兩者中間，土星亦注視兩者且在它們之後上升，命主將失去理性。**59** 若太陽和月亮位於第八個星座更甚。**60** 但若有吉星同時注視太陽與月亮，或在太陽與月亮之後升起，命主可望逃離這樣的痛苦。

61 此時[70]若月亮和木星位於命宮，同時[71]受火星從第七個星座注視，命主將失去理性。

62 若減光的月亮在太陽光束下且剛離相位於位在尖軸宮的凶星，命主將不具力量，而且還體弱多病（若同時有另一顆凶星注視月亮則更甚）。**63** 若此時月亮離相位於土星，命主將罹患腹部或腸道的疾病，且受寒氣的攻擊，痛苦將無止息；其中亦有人將罹患脾臟疾病，沉溺於飲酒，有腹部疾病，咳嗽不止。**64** 若月亮離相位於火星，腹部將會出血，醫生的治療亦無法[72]對他有益。**65** 若為女命，除上述疾病外，亦會受其它疾病的侵襲，例如腹部腫脹，所有的子女夭折，胎死腹中[73]，或累積過多的黑膽汁。**66** 若月亮離相位於吉星，但隨後與一顆位於[74]其所在星座30°[75]的凶星連結，命主的上半生身體健康，但下半生將受腫脹或疾病所苦，難以逃脫。

67 若土星和火星在第十二個星座[76]且同時注視月亮，但木星並無注視月亮[77]，命主將飽受病痛折磨。

---

70 | 即**55**的變體。
71 | 讀為雙數，即兩者都。
72 | 「無法」是按薩爾《論本命》章節6.3.1, **23** 所補充的。
73 | 或比較像是「從腹中」，例如剖腹產。
74 | 此處應理解為距離月亮所在度數30°「內」，而非星座。如此一來，月亮才不會有空虛的狀況——根據安提歐切斯（Antiochus）（修密特，2009年，第192頁）等占星師所設定月亮空虛的30°限制。亦見薩爾《論本命》章節6.3.1, **21**。
75 | 但西奧菲勒斯《宇宙始源》第4章, **58**）的設定為13°。這就是月亮空虛與月亮主動藉由星體連結的容許度之間的差異。
76 | 原為「第二」。此處按薩爾《論本命》章節6.3.1, **25** 及西奧菲勒斯《宇宙始源》第4章, **61**）所更改。
77 | 西奧菲勒斯（《宇宙始源》第4章, **61**）中，此處特別為四分相或對分相，而非只是相位。

68 若土星注視水星，命主將為啞巴，失去理智，無說話能力，有口吃或口齒不清。

69 若[78]土星和金星在十宮（或月亮在十宮），且火星注視兩者時，命主將無性能力而成為怪異的男人。**70** 若為女命，她將無法結婚，即使結婚，亦無法生兒育女。

71 若[79]火星和土星同時注視金星和月亮，命主的陰莖和睪丸將受鐵器切除。**72** 若為女命，命主將不孕，無法生兒育女；若火星和土星皆在命宮起算的第六個和第十二個星座更甚。**73** 若木星注視兩者，命主將在禮拜場所從事事奉真主的工作，成為清真寺的教長等等，以宗教為生[80]。**74** 若木星位於金星主管的宮位，或水星位於金星主管的宮位，或水星與木星會合[81]（若兩者位於雙體星座則更為不幸），但遭凶星注視，命主將無男子氣慨，而被以「水星」或月亮[82]的名字稱呼。

75 若[83]月亮位於所在星座的第三十度（譯註：29°0′到29°59′之間），受土星從四宮[84]注視，命主將為侏儒，為同儕裡身材最矮小者。

76 若土星和火星在同一星座，月亮位於兩者中間，命主將得麻瘋病，飽受疥瘡與瘙癢所苦。

---

78 | 薩爾《論本命》章節6.3.1, **26**亦有同樣論述，應從塔巴里或都勒斯的其它版本汲取而來。此外，**69-74** 這一組論述出現在薩爾的6.8, **1-5**，與《論數學》VII.25, **2** 和**10** 有著緊密的關聯。至於此句，我認為應該不是指在十宮內，而是土星從行星的第十宮來壓制或支配，如薩爾的內容所示。

79 | 此處似乎仍是指月亮和/或金星受到支配，如薩爾所論。《論數學》VII.25, **10** 同樣認為火星和土星的會合將代表去勢的神父：見以下**73**。

80 | 木星增加了宗教與社會責任的意涵。

81 | 薩爾《論本命》章節6.3.1, **5**中還加上「同時位在金星主管的宮位」。

82 | 此處是指雌雄同體（hermaphrodites），但原意是指異教徒加利（Galli），他被去勢後成為祭司，崇拜自然女神西布莉（Cybele）（但我不認為這與月亮有關）。（譯註：hermaphrodites 這個字是由Hermes[希臘文的水星]以及Aphrodite[希臘文的金星]所組成[herm－aphrodite]。而自然女神西布莉為地球的女神，因此月亮的連結可能與此有關。）

83 | 亦見《結果》II.14（修密特，第51頁）。此處都勒斯似是說月亮在天底代表矮小，月亮若在下降會合太陽或土星亦然。

84 | 此處應是指從天底注視，而非位於行星的第四宮所形成的四分相。

77 若月亮位在牡羊座或金牛座而且與火星和土星會合，命主將受肢解性麻瘋病[85]和丹毒所傷害，身體亦將腫脹不堪。

— 疾病發生的時間 —

78 並以理智用心檢視代表疾病的行星：若該行星位在東方[86]，則疾病將發生在命主的前半生。**79** 若在南方，則在生命的中期。**80** 若在北方，則命主會在成年時期罹患慢性疾病。

81 同時檢視那顆行星：它見於東方[87]或是西方？ **82** 若見於東方，則更為不幸；若見於西方，則較為理想，因命主可在童年時期加以治療而轉為吉祥。

IV.3：論死亡

— 第八個星座及其主星 —

1 接下來我將說明死亡的論斷。**2** 首先[88]，許多古代學者對於死亡曾說道：應檢視命宮起算的第八個星座：確認星座的屬性、特質，例如是否為水象星座、乾燥星座、人性星座、四足星座或掠食性動物星

85｜一種肢體會腐爛而脫落的麻瘋病。

86｜此處是指行星所在的四尖軸方向（更好的說法是所在的象限方向）。見薩爾（《論本命》，6.5, **1**）及西奧菲勒斯（《宇宙始源》，第4章, **62**）。

87｜此處是指「東出」，也就是比太陽早升起而為晨星，這樣的行星可於日出時在東方看到。此處亦指疾病將會較早出現，因此也更糟；若西入或為昏星，疾病通常會較晚出現，因此可先做預防。見薩爾（《論本命》章節6.5, **2**）及西奧菲勒斯（《宇宙始源》第4章 **63**）。

88｜**2-3**見《結果》II.25（修密特，第76頁）。

座。**3** 再來檢視第八個星座的主星（確認為何者）[89]，接下來則是七個行星中的何者注視著第八個星座。

4 若第八個星座的主星為土星，而且土星位於外來的宮位[90]，他們便以此論斷命主將客死異鄉。**5** 若土星在潮溼星座，他們說命主將死於水裡，或成為海中怪物或魚的食物。**6** 若土星位於土象星座，命主將死於山頂。**7** 若太陽與土星會合，命主將從高處跌落而死亡。

8 若第八個星座的主星為火星，命主將遭遇搶劫後被殺害，在戰爭中死於敵人手裡，被火燒，或被陸地上的動物咬死，或被掠食動物吃掉。**9** 若太陽會合火星，命主將招致國王或偉大之人的憤怒而被降罪，因此被殺害或被釘死在木樁上，或被腰斬，或遭獅子、老虎、熊等其它野獸奪去性命。

10 若第八個星座的主星不在自己的宮位上，命主將死於流亡或客死異鄉。**11** 但若第八個星座的主星在自己的宮位上，命主將因女性、毒藥或誤飲藥物而死亡[91]。

12 若水星為第八個星座的主星，命主將死於國王的憤怒。

13 若有凶星自第八個星座注視，該星座主星又受剋且無吉象，亦不在自己的宮位上，命主將死於旅途上。**14** 若第八個星座主星在自己的宮位上，命主將死在自己的土地與家中，且死時有族人在身旁。**15** 此時[92]若第八個星座及其主星為吉星但受剋，命主將如上句所述般死亡——但死得較為安祥。

---

89 | 此處我讀為「何者」，但亦可（更佳的）理解為「無論何者」，即無論第八星座為何。

90 | 原文為「西入的」，但在文法上並不符合邏輯，故採用薩爾《論本命》章節8.1, **3**）的說法。

91 | 此段似乎是比較第八座的主星為凶星時的各種風險：即在國外的危險（**10**）或在家中的危險（**11**）。

92 | 此句有明顯的文法錯誤而令人感到混淆。首先，手抄本C和B的第一個句子有以下差異：手抄本C讀為「第八個星座」為吉星（如我所翻譯），而手抄本B則為累贅的「第八個星座主星及其主星」。不過整體的概念應該是：承**13-14**，但涉及吉星，死時較為安祥。

— 死亡點 —

16 亦有學者認為應計算月亮到第八個星座的距離，再將此距離從土星投射，無論其落點為何處，應檢視該星座及其主星：再論對命主是吉是凶。

— 向下降點降落的行星 —

17 亦有學者認為應檢視向七宮始點降落的行星——並非指行星的行進[93]，而是觀察兩者中誰最先西降[94]，來論斷命主死亡的原因（托靠主）。

— 第七個星座 —

18 學者中亦有人認為應檢視第七個星座及其三分性主星：由它來論斷命主的死亡。

19 若火星降臨在第七個星座且火星為其主星，命主的脖子將會被劍刺穿。**20** 若火星在太陽光束下，命主受痛苦襲擊的地方將為身體另一個部位。

---

93 ｜ في التسيير，這個詞後來被認為是主限向運法，但此處似乎是指行星在黃道上的運動。文中旨在區分黃道運動以及往下降點前進的主限運動。另一個類似使用主限運動的內容見II.17, **6**。

94 ｜ 即主限（周日）運動。最簡單的方法是觀察哪個行星的星體最先抵達七宮的始點。但有關死亡的時間，仍須應用主限向運法，也就是計算行星的斜降（oblique descensions。譯註：與天體一同下降到傾斜球地平線之下的赤道度數或弧度）。這或許是托勒密在《占星四書》第三冊，第10章中所使用的計算壽命的方法（horimaia technique）。

21 若月亮降臨在第七個星座，命主將死於火災[95]。

22 若第七個星座及其主星均受剋，主星及月亮又同時注視命宮，命主將自殺。

23 若[96]火星在第十個星座但不在尖軸宮內，且月亮在第七個尖軸宮受凶星注視，命主將被敵人或強盜所殺害。

24 若有凶星在第七個星座後升起，或從第七宮注視它[97]（若凶星在尖軸宮則更為嚴重），命主將不得好死。

— *天底的三分性主星* —

25 學者中確實也有人認為須檢視第四個尖軸宮及其三分性主星，如前所述[98]。**26** 第一個三分性主星代表死亡，第二個代表慢性疾病。

27 若兩者位於本命盤的凶宮，以正常邏輯判斷，命主將死於非命。**28** 若第一個三分性主星在四宮或七宮，命主在死亡時將無他人在場，亦無人知道他的死亡；一位名叫凱希爾（Kayrsīl）[99]的學者如是說道。

---

95 | 此處並不合邏輯，應再加入其它條件，例如有火星在月亮後下降或四分月亮。見薩爾《論本命》章節6.2, **65** 中另一個版本的說法。

96 | 相比之下，《論數學》VII.23, **13** 的說法更為適當。

97 | 此處似乎是指「以對分相注視七宮」。但也有可能是與第八個星座對分，但為象限宮位的始宮靠近上升點的地方。

98 | 見 IV.2, **17-18**。

99 | 目前身份未知。

── 更多有關第七個星座 ──

29 若象徵慢性疾病的行星在第七個星座，命主將受慢性疾病所苦；若該行星又注視命宮，對命主而言更加不幸。

30 若第七個星座的主星為凶星，在太陽光束下，命主將因奴僕而死亡，或死因不明。**31** 若行星見於東方[100]，命主的死將眾所皆知；若行星為逆行的，命主將因無益的治療而死亡，死前還得受病痛長期的折磨。

32 同時觀察星座的特質：若為人性星座，命主將因人而死；若為水象星座，命主將因水而死；若為四足星座，命主將因四足動物而死，或遭野獸吞食。

33 若月亮與凶星會合，或凶星<佚失>[101]，另一顆從七宮注視月亮，命主將因受傷而死亡。

34 若月亮在離開太陽光束的同時進入新的星座，且<佚失>[102]從四宮或七宮處注視太陽，但未注視月亮，命主將會自殺。

35 若日蝕[103]發生在第七個星座（月亮已離開注視太陽的度數）[104]，命主將死於火災或水災，且有一群人和他一起死亡（須檢視星座的特質）[105]。

---

100 ｜此處可能是指先太陽「東出」但還未停滯。
101 ｜此處可能如《論數學》VII.23, **2**所說，凶星之一與月亮形成四分相。
102 ｜此處可能是指八宮主星。
103 ｜原為「若特質／寶石遮蔽了太陽…」，但讀起來很不尋常。或許是抄寫時誤將稍後的「特質」放到此處。
104 ｜括弧標出的地方是我覺得不合邏輯之處，在薩爾的版本（《論本命》章節8.2, **68-69**）亦是遺漏的。若日蝕發生在第七宮，月亮不可能「注視著」太陽，因為月亮就在太陽所在的度數上。因此我認為可能是 (1) 都勒斯是指月蝕在七宮，這樣月亮才能注視太陽，或 (2) 月亮遮蔽了太陽，但已經越過了與太陽對分的度數。此句正好與 **21** 中月亮獨自在第七個星座代表死於火災呈對比。
105 ｜例如在水象星座，死亡就與水有關（薩爾）。

36 若第七個星座的主星位於凶宮或在第十宮，且凶星與月亮會合，命主將從高處跌落而死亡。

37 若七宮的特殊點[106] 主星與運氣點（Lot of luck）[107] 會合，而凶星向其[108] 投以邪惡的眼光，命主將因朋友而死亡。

38 若金星在第七個星座而月亮位於放逐的位置（譯註：即外來的），且凶星會合月亮，命主的死因將與擁有多個丈夫的女性有關，且她的丈夫都已死亡。**39** 上述若為木星而非金星，命主的死亡將與子女有關，或因為賦予[109] 他的名聲，或受到讚揚，遭他人嫉妒而死亡。**40** 若非金星而是火星，則因手足而死亡。**41** 若為太陽，則因母親或父親而死亡[110]。**42** 若是月亮而非金星，則因母親或父親的女人而死亡。

IV.4：太陽回歸盤中行星的過運

—— *根據本命行星的相位討論過運行星來到不同的星座* ——

戴克的評論：此章的內容有錯置的狀況，因此我做了一些更改，並參考修密特在1995年的翻譯（《論過運》〔Transits〕，第2-3頁）——它翻譯自馬爾西阿努斯（Marcianus）編號為 Gr. 335（現在為 645）的文獻第137頁及其之後的內容，而馬爾西阿努斯的論述與以下提及的《摘錄》相當類似。

---

106 │ 此處可能是指情欲點（Lot of Erōs），日間盤為幸運點到精神點（夜間盤相反）的距離，再將之從上升投射。
107 │ 即幸運點。
108 │ 此處可能是指兩個特殊點所在的「星座」，但也有可能是指月亮。
109 │ 字面上的意思為「相對應的」。
110 │ 應該為因為「父親們」或男性親戚（薩爾《論本命》章節8.2, **80**）而死亡。

　　此章的重點是比較本命的行星注視某星座，與之後該行星的過運來到該星座時的差異[111]。例如**2**中提到某行星的過運來到與其本命對分的星座；**8**則討論某行星的過運來與其本命三分的星座。可惜的是，阿拉伯文版本中（希臘文亦是）對於「三分相」與「三分性」並沒有清楚的劃分，因而造成不少混淆。

　　針對**3**，我亦做出一處重要的改變：並非每個行星的過運回到其本命位置時都是不利的，原文應該是指「*若凶星*」回到其本命位置時。不是只有我做了這個改變，因為《詩集》、馬爾西阿努斯以及《摘錄》都提出同樣的論點。就占星的學理而言這樣才合乎邏輯，尤其鑑於都勒斯在**4-8**一直嘗試解釋吉星與凶星的區別，因此我認為這樣的改變是必要的。另外，在IV.1, **27**中，過運的木星與本命的木星會合確實是有利的徵象。

　　綜合來說，**2**討論的是過運的行星來到與其本命位置對分的星座，**3**為過運的行星會合其本命的位置，**7**為過運的行星與其本命位置四分（尤其被本命位置所支配），**8**則區分了吉星與凶星的過運與本命位置三分時的不同。**6**（希臘文版本）則提到，當凶星的過運來到與其本命位置三分的星座，會比來到與其本命位置四分的星座來得好。

　　4-5的出現在這裡並不適當，但與修密特翻譯（第2-3頁）的某些句子類似；於是我先不做任何更動（因為在《摘錄》XXXI中的確是有出現的，只是形式有所不同）。

---

1 現在[112]我將說明七個行星中的每一個行星轉動[113]至其它行星所在的宮位。

2 當七顆行星中任何一個行星的過運來到其本命位置所注視的第七宮[114]時，都會帶來不幸。

3 若過運的行星[115]來到其本命位置，亦為不吉。**4** 而[116]更加不幸的是，若過運的火星來到本命木星和太陽所在宮位（日間），以及過運的土星來到本命月亮所在宮位（夜間）。**5** *上述中*，若本命的凶星亦在該宮位內將更為嚴峻：命主的身體將會受到傷害，並與父親產生衝突。

6 若[117]過運的土星和火星與其本命所在星座三分，比它們在本命盤中位於過運星座起算的第四或第七宮[118]來得理想。

7 若[119]過運的凶星在右方四分[120]，將無任何好處；但若為吉星，反倒是適合的，可治癒命主的身體。

8 若過運的吉星在其三方處[121]亦為佳，命主將獲得幸運；若過運的凶星在其三方處，對命主亦無傷害。

---

112 | **1-4** 見修密特，1995年，第3-4頁以及《摘錄》XXXI。
113 | 此單字常用來表示「回歸」。要注意到修密特1995並未明確提及回歸的概念，因此可能只是生命中任何時間點行星的過運。
114 | 亦即對分相。本命盤中若木星在金牛座，就會與天蠍座對分：因此過運木星來到天蠍座是不幸的（但我認為凶星將更加不幸）。
115 | 同樣道理，我認為此處應該是指「凶星」而非所有行星。見以上的評論以及IV.1, **27**。
116 | 此句見《摘錄》XXXII, **1**。
117 | 此句見《摘錄》XXXII, **2**。
118 | 同樣，若過運的凶星來到某星座，該星座最好能與其本命位置形成三分相而非四分相。因此若本命火星在牡羊座，將同時四分巨蟹座並三分獅子座：此時過運的火星來到獅子座就比來到巨蟹座好。
119 | 此句見《摘錄》XXXIII，不過其中提到的是吉星協助凶星（而不是吉星本身與本命位置四分時）。
120 | 這似乎是指過運的行星以優勢四分相支配其本命星座：對本命星座而言是右旋的四分相，但對過運的行星而言則為左旋的四分相。因此若火星在牡羊座，當過運的火星來到摩羯座是不利的，因為它支配並傷害了它本命的位置。但若本命的木星位於牡羊座，當過運的木星來到摩羯座是有利的，因它支配並幫助了其本命的位置。
121 | 亦即與本命位置形成三分相（若依循上一句的邏輯）。吉星會自動帶出吉象，凶星（稍後在句中提到）亦不至於為凶。修密特則解讀為，當過運的凶星三分其本命位置時會變得「遲鈍」(blunted)。

── 其它法則 ──

9 由於[122]日間火星的三分相（譯註：原文為「三分性」[triplicity]，參見註122），或夜間土星的三分相，對命主已至為不利[123]，本命盤中若兩者又在凶宮將更為不幸。**10** 但[124]若命主已年過三十，土星所帶來的災難或不幸可望得到化解。

11 若土星和火星在尖軸宮之後上升[125]，命主除了受盡折磨，亦將不斷面臨衝突。

12 此時若本命的土星和火星未[126]在自己的宮位，之後過運的土星和火星亦無益於命主；若太陽回歸盤中過運的吉星在本命盤中位於不利的宮位，將會帶走該年命主應得的好運。

── 過運的月亮 ──

13 若[127]太陽回歸盤的月亮回到本命的宮位（譯註：原文為「來到

---

122 ｜ 這個長句在兩本手抄本中原屬於**8**，但我將它獨立出來。此句由於「三分相」與「三分性」的混淆，實在令人費解。目前為止所討論的皆是行星與其本命位置的相位，而日間的火星及夜間的土星與其本命位置三分確實對命主無益，然而手抄本的**9**卻出現「主星」這個單字，意味著三分性主星，此句因此變成了「因為日間的三分性主星為火星，夜間為土星……」，但並未提到是哪個星座的三分性主星，在此也不合邏輯。因此我將「主星」這個單字刪去，讓整個句子變得較為清楚易懂，雖然一開始讀起來仍像在提供某種解釋而顯得怪異。我認為**8-9**可能是指一般性的法則：(1) 當過運的吉星三分其本命位置時一般來說能抑制凶象；(2) 若凶星為不同區分的行星是不利的，且 (3) 若在凶宮將更為不利。

123 ｜ 至少是指火星和土星的過運來到太陽、月亮和木星的本命位置（修密特，1995年，第3頁）。

124 ｜ 此句見修密特，1995年，第3頁。因為土星的行星小年為30，若命主已經歷土星回歸或年滿三十，土星的傷害就會變小。修密特的翻譯針對火星亦有類似的說法，也就是四十五歲過後。

125 ｜ 修密特，1995年，第3頁翻譯為凶星在尖軸宮時。

126 ｜ 此處的補充（「未」）能讓本句符合占星邏輯外，亦是從修密特，1995年，第3頁的翻譯比對而來。重點在於本命的狀態會影響過運的行星。修密特的翻譯是，(1) 若凶星在本命的狀態不佳，那麼其稍後的過運（尤其是困難相位）將會更加嚴峻；但 (2) 若凶星的本命狀態佳且位於吉宮，其過運所帶來的傷害則會顯得「遲鈍」。還有，(3) 若吉星在本命的凶宮，其過運亦不太有利。修密特所翻譯的希臘文版本與《詩集》最大的不同在於《詩集》遺漏了第二點。

127 ｜ 此章節見修密特，1995年，第5頁。

她自己的宮位」，在此根據《緒論》第八章說明翻譯，指本命盤月亮所在位置。以下皆同），命主的心情將是正面愉快的[128]。**14** 但若太陽回歸盤的月亮來到轉變星座[129]，將在該年奪走命主原來享有的好運[130]。**15** 此時[131]若月亮來到本命月亮、金星或木星所在宮位，命主的心情將會是愉快正面的。

16 若月亮來到本命太陽的宮位，在生日過後命主將事事順利[132]。

17 若[133]月亮來到本命火星的宮位，除非有吉星注視月亮，否則災難將快速降臨到命主身上。**18** 若[134]月亮來到本命火星或太陽的宮位，而本命的太陽和火星位於那個宮位[135]，命主將有血光之災。

19 若[136]月亮來到本命金星所在的宮位且無凶星與月亮會合，命主將在該年因淫亂而敗壞家產，下流無恥，貪得無厭且惡名昭彰。

20 若土星與月亮會合，（戴克補充：此處有三種可能：第一，回歸盤的月亮來到本命的土星，但所在星座恰為月亮或土星［不確定是哪一個］的三方或三分性星座；第二，回歸盤的月亮來到本命土星的星座，而過運的土星亦回到其本命星座［較不太可能］。第三，可能如同第6句，回歸盤的月亮來到本命土星的位置，而過運的土星亦同時三分其本命位置或來到其三分性星座。）命主在該年將受到寒冷的侵襲。**21**

---

128 | 注意到這句與**15**後段有相似之處。在修密特的翻譯中，當月亮回到其本命位置時，命主會有（負面的）想法浮上表面；此說法亦見於他的資料第 23 頁（源於瓦倫斯）。如果這個說法是正確的，此句應該是命主因為想法多變而心情不穩定。

129 | 按修密特，1995年，第5頁所補充。但我認為此處若要與**15**有所區別，應該再加上「注視本命盤的凶星」，或「來到本命凶星所在的宮位」。

130 | 按修密特，這是因為命主的行動會一個接著一個，暗示生活與行動的不穩定。

131 | 此句見《摘錄》XXXIV，**2**。

132 | 但修密特的翻譯為「對結盟是有利的」。

133 | 此句見《摘錄》XXXIV，**1**。

134 | 此句見《摘錄》XXXIV，**3**。

135 | 按修密特，此處基本是指當月亮來到太陽或火星本命所在的位置時，三個行星以會合或相位產生的任何一種結合。

136 | **19**見《摘錄》XXXVI。

若太陽回歸盤的土星回到其本命星座時[137]，命主將獲得幸運。

　　22 若太陽回歸盤的月亮來到水星的宮位，命主將會從事水星特質的事項[138]。

　　23 若月亮來到本命的命宮，將毀壞命主的生命[139]。**24** 且[140]若月亮來到本命第十宮的尖軸，該年命主將會從事公開的活動，但要視吉星或凶星如何注視月亮而定。**25** 若[141]月亮來到本命第七宮的尖軸，命主將在奮戰後戰勝敵人，獲得戰利品。**26** 且[142]若太陽回歸盤的月亮來到第四宮的尖軸，命主將涉入他欲隱藏保密的活動中；此時命主若想建立遺囑，則是適當的時機。

── *過運的土星* ──

　　27 若[143]太陽回歸盤的土星和火星來到本命木星的宮位，它們將破壞木星的益處。

　　28 若[144]太陽回歸盤的土星和火星來到本命金星的宮位和水星的宮位，它們亦將奪走金星和水星的好處。

　　29 若[145]太陽回歸盤的土星來到本命火星的宮位，將傷害[146]命主的心臟而奪走他的性命，他的靈魂也將受到扭曲。

137｜原文的字面說法為「若土星回到他原來的星座，在這個流年……」。修密特的翻譯為，若土星（又或者是月亮？）具三分性力量，命主將因下屬而受益。

138｜也就是說，若水星狀態良好或與吉星會合，則為吉象；反之則相反。

139｜修密特翻譯為「它提升了靈魂」。

140｜此句見《摘錄》XXXVII。

141｜此句見《摘錄》XXXVIII。

142｜此句見《摘錄》XXXVIII。

143｜此句見修密特1995年，第1頁。

144｜此句見修密特，1995年，第1頁與第4頁。

145｜此句見舒密特，1995年，第1頁。

146｜此處依據手抄本B翻譯，手抄本C的原文可能為「破裂」的誤讀。修密特的翻譯（第1頁）為，它將讓命主膽怯懦弱──聽起來的確像是靈魂「破裂」。

— 過運的火星 —

30 若[147]太陽回歸盤的火星來到本命土星的宮位，命主的靈魂將獲得提升與磨煉而戰勝他的敵人。

31 若太陽回歸盤的火星來到本命金星的宮位和木星的宮位，將在該年奪走命主的好運。

32 若[148]太陽回歸盤的火星在太陽光束下，命主在該年將受發燒或熱病所苦，他的理智也會崩壞；若命主的父親仍在世，命主將因父親而哀傷，他在工作中的威嚴[149]也會受到損傷，國王的威嚴亦會受到傷害。

33 若[150]太陽回歸盤的火星來到本命月亮所在宮位，命主的身體將受病痛折磨；之後他會成為有智慧的人而戰勝敵人，但仍須經歷努力與辛苦。

— 過運的木星 —

34 若[151]太陽回歸盤的木星來到本命土星所在的宮位，將在該年化解土星的傷害，命主得以獲得資產與幸運。

35 若[152]太陽回歸盤的木星來到本命火星所在的宮位，對命主是適當的，除了增加他的資產，他在該年亦會戰勝敵人（火星來到土星所在宮位亦然）。

---

147 │ 此章節見修密特，1995年，第4頁。
148 │ 此句見《摘錄》XXXIX, **1**。
149 │ 字面上的說法是「事項」。
150 │ 此句見《摘錄》XXXIX, **2**。
151 │ 此章節見修密特1995年,第2頁。
152 │ 此句見《摘錄》XL。

36 若木星來到與本命火星或土星四分的宮位，對命主同樣是好的，金星對二者的過運亦然[153]。

── 過運的金星 ──

37 若[154]金星來到土星的宮位，命主將一切順利，就如火星來到土星的宮位一般。

38 若太陽回歸盤的金星來到本命木星的宮位，將不利於女性的事項，該年命主亦將經歷哀傷與衝突。

39 若太陽回歸盤的金星來到本命火星的宮位，將能化解命主的憤怒，但命主卻無法戰勝任何人。

40 若太陽回歸盤的金星來到本命水星所在宮位，將能提升[155]命主的工作。

41 若太陽回歸盤的金星來到本命月亮所在宮位，命主在工作上雖然為人正直，卻仍因女人而聲名敗壞。

42 若金星來到本命太陽所在宮位，命主的生命將受到傷害，他亦將因與女人的關係而遭受苦難的折磨。

---

153 ｜從「與本命」開始至此句結束是按修密特的翻譯所補充的，因為此句直接接續上一句。
154 ｜此章節見修密特，1995年，第4頁（並按修密特的翻譯所補充）。
155 ｜或「增加，強化」。

─ 過運的水星 ─

43 若[156]水星來到本命吉星所在宮位，是適當的；若來到凶星的宮位，則不利。**44** 若水星既無吉星亦無凶星注視，命主的工作將無法獲得進展，但能化解靈魂中的哀傷與邪惡。

45 若[157]水星來到木星宮位，對所有的工作是適當的，若命主欲被引薦至國王處將更為有利。

46 若水星來到本命火星所在宮位，命主的心將會受到各種背叛的折磨。**47** 若[158]太陽回歸盤的火星來到本命水星所在宮位，命主將會說謊[159]，或說服自己做出無益的行為，或提防、敵視朋友；其中亦有人將遭到奴僕藐視，災難也將傷害他的資產。

48 若水星來到本命金星所在宮位，命主將事事順利，好運不斷。

49 若水星來到本命月亮所在宮位，命主將身體健康，關節上的疼痛也會消失不見。

─ 發光體、凶星與尖軸宮 ─

50 若[160]太陽、月亮與凶星同宮，對於一切都是不利的。

51 若[161]凶星位於尖軸宮，亦為諸事不利。

156｜此章節（不包括**43-44**）見修密特，1995年，第4頁。注意到修密特將**47**納入以上火星的章節中。
157｜此句見《摘錄》XLI, **1**。
158｜此句見《摘錄》XLI, **2**；但《摘錄》（與修密特及此處不同）讀為土星和水星，而非火星。
159｜又或許是被動式的「被欺騙」，如下一個子句所示。
160｜此章節見修密特，1995年，第4-5頁。
161｜此句見《摘錄》XLIII。

IV.5：尖軸宮

1 現在[162]我將說明尖軸宮的相關事項。**2** 四個尖軸宮中，可以上升（第一宮的尖軸）來評價命主，第十宮的尖軸可論斷子女及工作事項，第七宮則論斷女性及婚姻事項，而第四宮則論斷老年生活及壽命事項。**3** 而身體及資產可從配置法的度數或類似方法[163]來判斷。

4 仔細檢視[164]四尖軸。上升代表青少年時期的事項。太陽由此處從海上冉冉升起，為世人揭開眼前的黑暗[165]，亦照亮了主送給受造物的信差之眼。

5 經過青少年時期後，應檢視第十宮的尖軸及其代表事項，此時命主血氣方剛，陰部長出毛髮，並熱衷男女之事。

6 第七宮的尖軸則代表老年事項，命主對男女之事已無力享受，精力也如太陽下山般一點一滴消失，命主的眼睛也將昏暗無光。

7 從第四宮的尖軸判斷死亡的來臨。

8 若有行星在這四個尖軸閃耀，命主將可獲得好處；若行星是昏暗的，對命主則無益處。

9 讚美並感謝主，都勒斯第四冊的論流年到此完結。**10** 接下來為第五冊，論問題。

---

162 ｜此段見修密特，1995年，第5頁及《摘錄》XLIII。修密特及《摘錄》中，此段皆為上文**51** 的一部份，因其解釋了為何凶星在四尖軸是不利的。

163 ｜或「分類」等等。意味不明，但暗示都勒斯偏好推進四尖軸至各個界以及與其它伴星連結的配置法。

164 ｜**4-7**請見《摘錄》XXIV，**1**。

165 ｜按賓格瑞我讀為「眼睛」，但兩本手抄本的原意為「兩種科學」；但我並不清楚這兩種科學所指為何，而且與上升星座的象徵意義又有何關係。此外，在**6**中，譯為「眼睛」也是最為恰當的。

都勒斯占星學

5

第 冊

論問題[1]

1 | 參見本書《緒論》第九章中針對這個令人混淆的單字所做的討論。

奉至仁至慈的真主之名，我之成功惟仰賴大能真主的助佑

V.1：前言

1 本書為埃及之王都勒斯所著五本書中的一本。**2** 前四本主要談論本命盤的解析，其中包括命主從出生到死亡所遭遇的好事與壞事，事情是困難或是順利。而這本書，也就是第五冊，旨在討論事情的開始，即各種事項開始的條件，是否能賴以行事，其初期、中期到末期發展又是如何，進展是困難還是順利。**3** 書中他亦提及，他依循一些巴比倫與埃及學者實踐的足跡，因他們是首批研究星體的知識與計算、大圈的循環、七顆行星的意涵²以及十二星座的赤經上升之人，而他汲取他們著作的精華集結成此書，並將其作為終生努力成就的目標。**4** 他說他在研讀（星體的知識）之時，將這些學者的理論去蕪存菁，找出一致性的法則錄成本書，並在追隨先賢的道路上以此作為自己的典範，「我已將它寫在此書中，好比蜂蜜尋找最芳香的花果，以採集最甜美的花蜜」。另外他在開篇中加入了完整的介紹，說明七顆行星與十二宮位的力量以及其最適當和最衰弱的狀態。

---

2 │ 或讀為「七行星及星群」。

V.2：扭曲星座與直行星座的判斷[3]

1 他說：每當開始一件事項時，應檢視上升星座為直行或扭曲星座、轉變或雙生星座，並視當時位於上升的行星來判斷結果是好是壞。

2 因此[4]，你應開始了解星座的特質，扭曲及直行星座又分別為哪些星座：以下我將作出解釋。**3** 直行星座有巨蟹座、獅子座、處女座、天秤座、天蠍座及射手座。這是因為以日曆日的小時——白天與黑夜的小時是均等的，每小時對應赤經為15°[5]——計算，這六個星座每一個的上升時間大約為兩個小時或再多一些。**4** 扭曲星座為摩羯座、水瓶座、雙魚座、牡羊座、金牛座和雙子座，因為以日曆日小時計算的這個六個星座的上升時間，是少於兩個小時的。

5 此時檢視事件的開始盤上升星座屬於直行抑或扭曲星座。**6** 若[6]上升為扭曲星座[7]，事情的進展將會是困難、緩慢、辛苦的，充滿波折與壓力。

7 接下來檢視七個行星所在的宮位。若事項開始時的上升為扭曲星座，但有吉星在內，或有吉星注視上升，可化解壓力，在主的應允下獲得成功的助力。

---

3 ｜此標題原本出現在**5**之後，但那會將赤經上升的內容分成兩個篇章。很明顯標題應放在此處，因此我把標題移上來。此章節可參見《結果》III.1,**1**及《摘錄》LIII。

4 ｜**2-9** 參考《片斷》V.1, 5 – V.4, 1, **1-8**。

5 ｜此處是指我們平常所用的時間，即24小時中，白天和夜間的小時長度是相等的（而非占星或魔法學中不均等的行星小時）。由於赤經為360°的天赤道會在24小時內通過中天，故每小時經過15°的赤經（360 / 24 = 15）。這裡的直行與扭曲星座是指在北半球，若為南半球，如圖所示，是相反的。

6 ｜其後為《結果》III.1, 1 中所保留的都勒斯原始的句子。重點在於 (a) 直行星座本身可讓事情快速順利進展，而扭曲星座本身則會讓事情的進展變得困難而緩慢(**6**)。但 (b) 若直行星座受凶星所傷，事情的容易度就會降低(**8**)，若有吉星幫助扭曲星座可降低其困難度(**7**)。亦可參考《摘錄》LIII和LX。

7 ｜原讀為「直行星座」，按《結果》改成「扭曲星座」。

圖50：扭曲與直行星座（戴克補充）

8 若上升為直行星座，但有凶星在內或凶星注視著上升，事情將遭到延遲或過程將充滿辛苦與困難。

9 若同時有凶星及吉星位於上升或注視上升，則事情的進展將介於中間，好壞參半。

V.3：轉變星座的判斷

1 若[8]上升位於轉變星座，事情將在結束前中斷或在其它時間重新開始。

---

8 ｜ 參見《摘錄》LIII。

V.4：孿生星座的判斷

1 若[9]上升位於孿生星座，事情在結束前又會發展出另一項不同的事情，且在後項事情完成後，前項事情才會完成；只要事項開始時上升為孿生星座就會發生此類情事。

V.5：日間星座與夜間星座的判斷[10]

1 接下來依照我的說明檢視日間星座與夜間星座。**2** 日間星座為：牡羊座及其三方星座（獅子座和射手座），以及雙子座及其三方星座（天秤座和水瓶座）。**3** 夜間星座為：金牛座及其三方星座（處女座和摩羯座），以及巨蟹座及其三方星座（天蠍座和雙魚座）。

4 若為日間進行的事項，上升及月亮若在日間星座將最為有力，若為夜間的事項，上升及月亮應位於夜間星座：這樣的配置才是最優秀的，尤其對旅行或登船而言更是如此，這預示事情的開始是容易、幸運且適當的，托靠主（祂超絕萬物！）。

V.6：月亮所受的傷害

1 接下來他提到月亮的狀態以及她所受的傷害——此時應避免開始任何工作或事項，直到月亮及其主星的狀態是適當的。**2** 我將解釋

---

9 ｜參見《摘錄》LIII以及《片斷》V.1, **5** – V.4, 1, **9**。
10 ｜手抄本C將此部份納入上個章節，但參考其它標題，我將其獨立出來。此章節大部份參見《結果》III.1, **2**。

月亮是如何受到傷害的：

3 當[11]發生月蝕時──尤其若月蝕發生的星座亦為本命月亮所在星座，或與本命月亮所在星座形成三分相時。

4 若[12]月亮在太陽光束下，即月亮完全被太陽遮蓋而不復見，則月亮是受傷的，但對欲從事竊盜、背叛、祕密，或任何隱藏的、不想被公開的事項是有利的。**5** 因此若事主希望從事的事項能保持隱密，可在月亮被太陽的光芒遮蔽之時開始，這樣對他是有利的。若事項開始於月亮離開太陽、從太陽的光束下出現時，則該事項將更為隱蔽。（譯註：此句並不符合占星原理，若月亮離開太陽光束下，並不適合進行隱秘之事。但戴克博士表示，由於沒有其它著作可供比對，因此無法確認此句是否正確。）

6 月亮[13]位於火星或土星的十二分部。

7 月亮[14]位於均分線[15]的中間並開始往南方下降。

8 若[16]月亮與太陽對分是不利的，有興訟的可能，而年輕[17]的一方將被征服或遭挫敗。

9 月亮與凶星會合或受凶星注視。

10 月亮在黃經或黃緯上逐漸離開太陽[18]。

11 當月亮行進速度最慢的時候（即月亮運行數據減少，一晝夜的行進距離少於12°時），月亮的行進有如土星的行進：將為此時開始的事項帶來困難與緩慢。

---

11 │ 見《結果》III.1, **3**。
12 │ 此句見《結果》III.1, **3-4**及《摘錄》LXVIII。
13 │ 此句見《結果》III.1, **5**。
14 │ 此句見《結果》III.1, **7**。
15 │ 即黃道，雖然這個詞彙通常是指天赤道。
16 │ 見《結果》III.1, **6**及《摘錄》LIV。
17 │ 或者可理解為「位階較低的」，而不僅是年紀輕。
18 │ 與以上第**5**句相比對。

12 月亮行進至學者所稱的「燃燒途徑」（均分線的中間，位於天秤座和天蠍座）。

13 若[19]月亮在星座度數的最後[20]，即土星或火星的界上；星座最後幾個度數的界比其它的界所帶來的不利影響更為嚴重。

14 若[21]月亮由權威的尖軸（譯註：即第十宮）向第九宮降落且位於雙體宮位（譯註：即果宮，見本書《緒論》第十章），此時開始的事項將會變得無效或無法保持同一狀態，其進展也會充滿變化與動盪。

15 應充分了解月亮受傷的條件，且不可於此時開始任何事項。但若事情無法等到月亮狀態適當時再進行，則應將木星或金星放置在上升或權威之宮[22]。

— ***行星的不佳狀態*** —

16 須檢視行星的狀態與位置，若行星位於太陽光束下或逆行，或位於凶宮，同時又是雙體宮位（由尖軸宮降落）時，行星將無法擁有太多的力量。

17 若行星與凶星同度數會合或遭凶星以三分相、四分相或六分相注視，或位在同一星座，則象徵無法成事。

18 若行星位於學者所稱的「黑暗星座」[23]時，行星與其光芒亦為無力的。

---

19 ｜見《結果》III.1, **7**。
20 ｜或「最後的幾個度數」。
21 ｜見《摘錄》LV, **2**。
22 ｜即十宮或中天。
23 ｜即天秤座和摩羯座。見薩爾：《導論》第1章, **18**。

─ 月亮及其主星 ─

19 另外[24]應遵照哲學家[25]瓦倫斯的方法檢視開始盤，並謹記他的原則：他檢視事項的方法是一致且精確的。**20** 他說道[26]：應檢視每件事項的開始盤中的太陽、月亮、兩個發光體所在星座之主星、上升以及中天。

21 若[27]在事項的開始盤中，月亮位於上升或中天或其它的尖軸宮，且月亮所在星座的主星位於雙體宮位或離開尖軸宮而下降，此時事情的開始雖然順利，但結果則是壞的，並有傷害及意外發生。**22** 因月亮為事情的根本徵象星，而月亮的主星則為結果的徵象星：因此若月亮的主星位於適當的位置，但月亮在凶宮，那麼事情的開始是困難的，結果卻是適當的，托靠主（祂超絕萬物！）而獲得利益。**23** 若月亮的主星位在有力的宮位，月亮卻在雙體宮位，代表事情的開始是困難、緩慢、毫無益處的，結果卻是適當的，並將依他所期望而完成。**24** 若月亮及其主星皆位在有力的宮位，事情的開始及結果皆能如願。**25** 若月亮及其主星皆在雙體宮位，事情不僅開始不順利，而且結果甚至更糟。**26** 若[28]月亮的主星位在接續尖軸的星座（即在尖軸之後升起的星座）[29]，事情的開始將被延遲，要經歷緩慢的過程才會有所結果。

---

24 ｜ 此段參見《片斷》V.5, **16-17**。
25 ｜ 很明顯這裡應該是指都勒斯本人。
26 ｜ 見《結果》III.2, **7**。
27 ｜ 此段見《結果》III.2, **8-9** 及《片斷》V.5, **16-17**。
28 ｜ 此句見《摘錄》LVII。
29 ｜ 原句的阿拉伯文將原古波斯文拼錯了（見《緒論》）。《摘錄》中則加入：「尤其」當它處在朔望周期的最後階段。

── *月亮的離相位與入相位* ──

27 應檢視月亮：上一個離開的行星為何？ **28** 若月亮離開的行星為吉星，對任何開始的事項都是適當的，但這對於欲離開某個權威、離開家鄉或逃離主人而言為例外：這些情況應在月亮離開凶星時才有利，且[不確定][30]對它們不具力量。**29** 同時應檢視九分部[31]的主星以及月亮即將連結的行星：依此方法檢視事項的開始與結果時，須由幸運點主星來判斷開始，並由月亮即將連結的行星來判斷結果，方是正確的。**30** 實際上他亦將在逃逸者與盜竊的章節中討論這個主題[32]。

31 他說道：應檢視月亮及月亮所在星座的主星、月亮即將連結的行星，月亮的位置、她所連結之行星的狀態以及它們相對於尖軸宮的力量是如何的：兩者實為事情進展的徵象星[33]。

── *其它建議* ──

32 若月亮與兩顆凶星會合在同一星座且被它們擠壓在其中[34]，但同時有吉星以四分相注視月亮，將可解救事主免於不幸與危難。

33 若月亮所在宮位的兩個三分性主星為吉星，而且無凶星與月亮對分，但吉星與凶星同時以四分相注視月亮，則事主可從困境中獲得解救，然而從第一個不幸獲得自由後卻又落入另一個不幸──之後

---

30 | 此句有可能是「若月亮對凶星沒有力量則更為適當」。另外也有可能是指行星是在衰弱或下降的宮位將不具力量，但這樣並不符合文法。

31 | 九分部並非希臘化時期的方法（依目前的記載來看），因此應該是後來的波斯學者所加入的。

32 | 見 V.37, **10-14** 的例子。

33 | 此處似是重覆以上 **22-30** 的摘要。

34 | 即「圍攻」。

事主仍將獲得解救，托靠主（祂超絕萬物！）。**34** 若[35]月亮逢吉星以三分相注視的同時又遭凶星以四分相注視，亦可同論。

35 在開始每件事項之前應檢視上升及月亮：若月亮在地平線上，尤其在夜間，月亮是最強的；若為日間且月亮在地平線下，則上升是最強的。

36 以上為此書開篇的內容。至於人們在開始事項之前所應注意的，他將在另一章節討論，其中包括七個行星與十二宮位的力量，以及（七個行星及十二宮位之中）主管相應事項的代表因子，而事主又應在何日何時著手進行事項。

V.7：論建造

1 建造[36]建築物最希望（開始建造之時）月亮運行數據增加且增光，且在帶（即均分線）[37]的中間往北方上升（戴克補充：此處指巨蟹座附近北赤緯的位置並在北黃緯上升。因此相對天赤道及黃道而言都是向上升的，符合建築的意象），並與木星或金星會合，抑或木星或金星從有力的宮位注視月亮。**2** 若土星與月亮會合或從有力的宮位注視月亮，建造的過程將會遭遇困難、中斷或進行緩慢，充滿辛苦與麻煩。**3** 若火星與月亮會合或從有力的宮位注視月亮，建築物將遭大火吞噬或傷害。

---

35 ｜ 見薩爾的《五十個判斷》（*Aphorisms*），**69-70**（#36）。
36 ｜ 此章節見《結果》III.7, **10**。
37 ｜ 即黃道，雖然這個詞彙通常是指天赤道。

V.8：論毀壞建築物

1 此時[38]應在月亮從最高點離開，往最低點[39]的方向前進時開始進行。**2** 同時須檢視吉星和凶星的力量，因為吉星代表容易與成功，凶星代表緩慢、困難與辛苦。

V.9：論租賃[40]

戴克的評論：此章節在何人做何事的討論上令人感到混淆，部份是因為在阿拉文中，「租」（rent，lease）的意義難以分辨是「租入」還是「租出」。如同在英文（拉丁文亦同）中一樣，一個人可以租用自己沒有的東西，或租出自己所擁有的東西——但阿拉文並沒有介詞「出」（out）來輔助文意。此外困難還在於人們有許多方式租賃勞力或工具，以及報酬要如何計算。

一般而言，上升代表之人似乎為擁有金錢或土地的一方並希望完成某件事項，而七宮之人擁有土地或勞力（或工具），為受雇的一方。例如，上升可能是擁有土地的地主，需要雇用奴隸、佃農或一般的自由人來耕作：他可能直接付錢給工人的主人或老闆，或者與佃農協商。然而有關樹木卻又出現不同的情況：上升代表之人可能想要成為農產品的批發商或經銷商（舉例來說），但自己並沒有土地：此時他可能會花錢請他人種植農作物，然後再把農作物轉賣掉。無論在

---

38 | 此章節見《結果》III.7, **11**。
39 | 在《結果》中，此處是指黃緯向南移動。
40 | 此內容更完整的翻譯可參考《判斷九書》（*The Book Of The Nine Judges*）§§4.10-4.12。

哪一種情況下，上升都代表付錢希望完成某事的人，與提供勞力與工具的七宮代表之人締約。這種說法與薩爾的阿拉伯文資料內容一致，七宮代表「所尋求」或「被需要」的事物，英文也稱為「詢問事項」（quaesited）。

另一個令人混淆之處為「數目」（amount）或「固定數目」（fixed amount）的說法。這一計量的詞彙與古代的土地稅有緊密的關係，但究竟如何使用並不明確。塔巴里究竟是指土地本身的數目，或土地稅的責任比例，或僅僅只是議價的數字？不過這也許並不重要，因為這些都可以歸納成人們之間的交易是誠實（吉星）或不誠實（凶星），合約與數目是否公平、有益（十宮）以及最後的結果如何（四宮）。欲知此章節完整的內容，西奧菲勒斯對都勒斯的內容有更好的註解，請參考《軍事行動開始盤研究》（*Labors concerning military inceptions*）第25及26章。

1 若欲租賃某物或以固定數目將其從土地上交出——無論涉及居住，還是樹木或葡萄園、房屋或諸如此類，上升代表為此雇用勞工或以它們作為固定數目的一方，七宮代表擁有土地或作物之一方，十宮為價格或數目，而父親之宮則代表交易的結果。

2 若凶星位在上升，欲雇用勞工、租用上述事物或以它們作為固定數目的一方將毀約且無法有所收穫。**3** 若他欲雇用勞工或參與此類情事，可能會以欺騙或邪惡、不道德的方式進行交易。

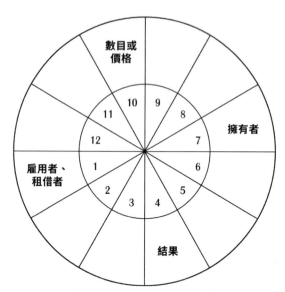

圖51：租賃的四尖軸（《詩集》V.9, **1**）

4 若[41]凶星位在七宮或注視七宮，上述事物的主人將毀約且無法定額交出上述事物，亦無法將其用於出租。**5** 即使可以完成此交易，仍有不道德、卑鄙或背叛的情事發生。

6 若凶星位在十宮或注視十宮，雙方將無法順利進行交易，交易的數目也會發生問題[42]。

7 若凶星位在四宮或注視四宮，則雙方的交易——即使順利——也會產生壞的結果，事主將由此遭遇損失與意外。

8 當然月亮的離相位與入相位以及她的狀態亦代表這些狀況。

---

41 | 若西奧菲勒斯《軍事行動開始盤研究》第25章，**2-3**）引述的是此段的內容，其中應包含《摘錄》LX中，以扭曲或直行星座來判斷七宮之人誠信的內容。

42 | 原阿拉伯文並不確定，大致理解為此意。《判斷九書》則認為有不公平、貶值或罷工等多種含義。很明顯，無論在古波斯文版本抑或都勒斯的希臘文著作中，此篇應該都是用難以閱讀的方式寫成的。

V.10：論買賣

1 欲[43]販售與購買商品，應檢視月亮的位置：月亮入相位之行星代表買家與價格，離相位之行星代表賣家，而月亮本身則代表買賣的商品。

2 之後再檢視月亮以及月亮離相位或入相位之行星。**3** 若凶星與月亮會合或與月亮離相位或入相位的行星會合，或凶星注視於它[44]，則月亮所代表的事物，或月亮離相位或入相位之行星所代表的事物，將遭遇問題與困難。**4** 若上述為吉星而非凶星，托靠主，事主將可愉快地進行月亮或那行星所代表的活動並獲得成功。

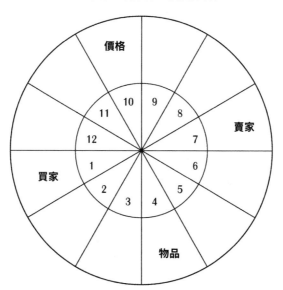

圖52：買賣的四尖軸（《詩集》V.10, **6**）

---

43 ｜ **1-4** 參考《結果》III.16, **3** 以及《片斷》V.9, **1-7**。
44 ｜ 文法上來看此處可能是月亮抑或行星。

5 現在[45]我將詳細說明如何以四尖軸來論這項主題。 **6** 上升代表買方，七宮代表賣方，十宮代表價格，而父親之宮則代表買賣之商品。 **7** 如以上第一個檢視月亮的方法檢視這些宮位：若有凶星或吉星位於或注視尖軸，將對該尖軸宮的事項帶來傷害或利益。

V.11：論購買土地

1 欲[46]購買土地應從父親之宮檢視土地的狀況，並從權威之宮（即第十宮）檢視土地上的樹，第七宮檢視土地上生長的草、大麻或蔬菜，並從上升檢視土地的開墾。

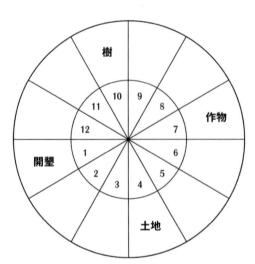

圖53：購買土地與開墾的四尖軸（《詩集》V.11，**1**）

---

45 ｜ 此段見《結果》III.16, **2** 以及《片斷》V.9, **1-7**。
46 ｜ 此章節見《結果》III.16, **9**。

2 若父親之宮在水象星座，土地將靠近河流、大海或在水多的地方；若為雙生星座，則土地的狀態不會只有一種而是有兩種，既有高山也有平原[47]。**3** 此外應以我所解釋的方法檢視其它尖軸宮內吉星或凶星的力量。

V.12：論購買奴隸

1 欲[48]購買奴隸，若月亮在牡羊座，奴隸將不安於室而逃跑並與主人產生衝突。

2 若月亮在金牛座，所購買之奴隸將能適應辛苦的工作，有耐心，身體強壯，個性順從，全心投入且具謙遜的靈魂。

3 若月亮在雙子座最後幾個度數亦是如此[49]。

4 若購買時的月亮在巨蟹座，奴隸將為身體虛弱、懶惰、狡猾、[*不確定*][50]之人。

5 若月亮在獅子座，所購買之奴隸將可受掌控，手藝高超，表現出色[51]，品性良好且出身佳。然而他的脾氣會是暴躁的且食量是大的，舉止是輕浮的，而體內及肚子容易產生毛病。另外他還有偷竊的行為。

6 若月亮在處女座，所購買之奴隸將異於常人[52]，可成為監護者並承擔重任，成為主人的輔佐者。

---

47 │ 此分句是按《結果》III.16, **9**補足缺失的部份。
48 │ 有關黃道十二星座（**1-12**），見《結果》III.16, **4-5**。
49 │《結果》則是指最後的外觀。
50 │《結果》讀為「擅於欺騙的」，但原文也有可能讀為「喜歡訓斥、責怪他人的」。
51 │ 即工作效率比其他人佳；或表現優秀或與眾不同。
52 │ 或「卓越」；《結果》讀為「聰慧」。

7 若月亮在天秤座，所購買之奴隸的表現將備受認可，對工作有獨到見解，為宗教與法律[53]的專家。

8 若月亮在天蠍座，所購買之奴隸會是個盜匪並將逃逸無蹤。

9 若月亮在射手座，將會因為不好的理由購買奴隸，奴隸雖願受控制，但自恃甚高、目中無人。

10 若月亮在摩羯座，購買之奴隸將謊話連篇，個性反覆，逃逸成性。

11 若月亮在水瓶座，購買之奴隸將熱愛工作、為人正直——因水瓶座為人性星座之故。

12 若月亮在雙魚座，購買之奴隸將喜歡造謠生事，心懷鬼胎並誹謗主人。

13 若購買奴隸時的上升位於上述月亮所在的星座，亦有相同情事。**14** 上述為上升或月亮在各個星座，無吉星亦無凶星注視或會合上升及月亮時的狀況。**15** 同時應檢視七顆行星的狀態，其力量將比星座更為重要。

V.13：論購買動物[54]

1 欲購買動物須注意：若動物已受馴養並在使用中，應在上升為牡羊座時進行；若月亮同時在牡羊座更佳。**2** 若上升及月亮皆位於金牛座亦為適合的時機。

---

53 | 或「衝突」。此處可能有些言過了——《結果》的版本（III.16, **5**）是指奴隸公正守法，或為文明之人，換句話說為容易相處、舉止得宜之人，符合金星主管的星座徵象。

54 | 更明確來說，為「騎乘的動物」。此章節參考《結果》III.19。

3 若動物未受馴養且不曾被使用，則應在上升為獅子座的最後幾個度數（月亮亦同），或在射手座最後幾個度數（月亮亦同）時進行[55]。

V.14：論釋放奴隸

1 首先[56]依上述的方式檢視月亮的狀態與她所在宮位：若如本書開篇所提[57]，她清除了所有受剋的情況，則是適當的。**2** 然後觀察月亮的離相位與入相位：若釋放奴隸之時，月亮正離相位於吉星而入相位於凶星，對奴隸而言成為自由身反而不如保持奴隸之身來得佳。**3** 但若與上述相反，結果亦為相反：若月亮離相位於凶星而入相位於吉星，對奴隸而言是好的，他將免於邪惡與麻煩，隨之而來的是幸運與快樂。

4 亦[58]應檢視四尖軸的狀況。**5** 上升代表主人，七宮代表即將被釋放的奴隸，權威之宮代表釋放的原因，而父親之宮代表事情的結果。**6** 並觀察[59]：若月亮在第七宮與凶星會合，奴隸即使恢復自由身，仍將重返奴隸的身份。**7** 再觀察其餘的尖軸宮：以我之前解釋的方式檢視這些宮位的狀態，托靠主（祂超絕萬物！）。

---

55 │《結果》是指射手座的後半部（即射手座馬的部份）。

56 │此段見《結果》III.21, **5**。

57 │見上述 V.6。

58 │ **4-5** 見《結果》III.21, **1**。《結果》對十宮及四宮的解讀有很大的差異：十宮為釋放合約的見證人，四宮則為前主人與奴隸的工作合約。釋放合約有一部份仍約束主人須持續資助，或奴隸繼續提供服務，這種締約的方式在古代很常見到。

59 │此句見《結果》III.21, **8**。

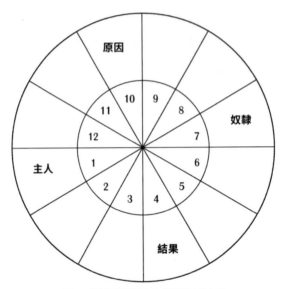

圖54：釋放奴隸的四尖軸（《詩集》V.14, **5**）

V.15：向統治者或他人尋求幫助或饋贈（或其它）

　　1 尋找[60]月亮位於上升或與上升四分（或三分），同時月亮運行數據增加且閃耀自身的光芒之時；或上升的主星為順行而非逆行的，並與月亮位在同一星座，月亮又入相位於上升主星之際。**2** 若月亮位於或注視她主管的宮位，同時水星又與木星會合時更佳[61]。**3** 若欲尋求協助，而水星與土星會合或從有力的宮位注視土星，事主將無法得到好的消息，亦無法獲得所尋求之物。（戴克補充：此處不一定是指水星

---

60 ｜此段參見《結果》III.25（全部）。
61 ｜《結果》中為月亮與水星、木星以及金星形成整星座相位。

壓制土星，很可能只是指水星位於土星的四尖軸，但無論哪一種，水星都代表尋求協助，與凶星的土星連結，所以事情終究不會順利。）**4** 但若尋求協助之時水星會合金星，而且是向女性尋求，或該事項為事主喜歡或娛樂之事，事主將會得到好消息。

　　5 若有事求助於國王、達官貴人或指揮官，但木星逆行或遭土星注視，此時實為不利。

　　6 若有事求助於商人、學者、有知識之人或計算的專家，應在水星有力的時刻進行。

　　7 若有事求助於年紀較大、出身不佳、犯罪之人或奴隸，應在土星有力的時刻進行。

V.16：論寫信或教導他人知識與寫作

　　1 應[62]在水星與月亮會合，且月亮不與凶星會合亦不受凶星注視時進行此事。水星必須東出，不在太陽光束下且不能逆行。而月亮必須如上述般清除了所有的傷害。

---

62 │ 參見《結果》III，附錄C, **3**，不過《結果》還加入月亮須為滿月、它們須在人性星座等條件。

V.17：論婚姻與性[63]

1 從[64]太陽、上升以及月亮離相位的行星來檢視男性的狀況；從金星、七宮及月亮入相位的行星來檢視女性的狀況；權威之宮可描述兩人的相處是喜是憂、是吉是凶；父親之宮則代表事情的結果、男方給予女方的事物、嫁妝或其它。

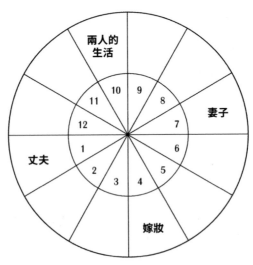

圖55：婚姻的四尖軸（《詩集》V.17, **1**）

2 結婚時若發現太陽受剋但金星與木星會合（或木星注視金星）[65]，對男方而言代表婚姻無法維持太久，男方將遭遇不幸，但女

---

63 │ 原阿拉伯文可以指婚姻，但較多的情況下是指性。這不僅確實與**25**及隨後句子討論的懷孕問題有關，而且當文中提到某相位形態（configuration）對婚姻之外的「其它事項」有利時，也暗指此意。不過在《結果》中並無發現此雙重或模稜兩可的含義（III.9）。這個觀念可能來自伊斯蘭文化（或更早時期）的「暫時的婚姻」，即男女雙方為了性而簽立婚約，但這段婚姻只維持一段時間，當中他們可以盡情享受性關係。

64 │ 第一段見《結果》III.9, **1-4**。

65 │ 第一段《結果》III.9, **1-4**。

方能獲得幸福、快樂與利益。**3** 若火星或土星與金星會合（或注視金星），女方將動輒得咎，飽受痛苦與辛勞，兩人的婚姻很快就會走向分離一途。

4 結婚時若發現月亮受剋，婚姻將會帶來不幸與困難並傷害男女雙方。

5 若吉星與水星會合（或注視水星），代表兩人很快會有子女。

6 若月亮和金星皆在轉變星座，對婚姻並不適合，女方將不守忠貞、有通姦情事、常背著男方與他人上床。**7** 若月亮位在轉變星座，婚姻本身對男女雙方都不適合，兩人無法和諧相處，婚姻亦不會長久。

── *月亮所在的外觀*[66] ──

8 接下來[67]我將清楚解釋月亮在十二星座的狀況。**9** 結婚時若月亮在牡羊座，對婚姻是不利的。

10 若月亮在金牛座且在前幾個度數或最後幾個度數，對婚姻是不利的，這代表女方將會背叛男方；若月亮在金牛座的中間度數，對婚姻是適合的。

11 若月亮在雙子座且在前半部，對婚姻是不適合的；若在後半部則適合。

12 應避免月亮在巨蟹座時結婚。

13 若月亮在獅子座則適合結婚，不過男方與女方都將無法保存對方的資產，甚至還會將其敗壞殆盡；雙方也會對他人的資產造成損失。

---

66 ｜ 但以下部份內容似乎是指十五分部（也就是每個星座的一半）而非外觀。

67 ｜ **8-20** 句見《結果》III.9, **5-15**。

14 若月亮在處女座，對男方娶寡婦[68]而言確實是適合的；但娶的若是處女則不適合。

15 若月亮在天秤座將不利婚姻，但若是訂婚或尋找妻子則是適合的。

16 若月亮在天蠍座的第一個度數[69]是適合的；但若在星座的末尾則不適合，因為兩人的婚姻不會長久。

17 若月亮在射手座，可代表許多事物，對有些事項是適合的，但對於婚姻則會造成延宕，故不適合在此時結婚。

18 若月亮在摩羯座（前面的度數），不適合結婚；但若在中間或後面的度數則是適合的。

19 若月亮在水瓶座是不適合結婚的。

20 若月亮在雙魚座，女方會有很大的問題並會不斷激怒丈夫；但對於進行其它事項而言是適合的。

— *有關金星* —

21 論及[70]婚姻亦須檢視金星的狀態，若金星與凶星會合（或遭凶星注視）則不適合結婚；若金星位於吉星主管的星座且木星注視金星和月亮[71]則為大吉。

22 更佳的結婚時間為木星由上往下注視金星（亦即金星位於左方四分木星）[72]且金星在月亮的第十宮之際：此時木星將對分月亮，

---

68 ｜ 或曾經結過婚的。
69 ｜ 按《結果》III.9, **3**，應該是第一分部（可能是第一個外觀或前半部）。
70 ｜ 此段見《結果》III.9, **16-18**。
71 ｜ 亦即兩種條件要「同時」出現（譯註：既注視金星也注視月亮），但這並非是金星和月亮必須會合在同一星座。
72 ｜ 也就是木星以優勢四分相支配金星或對金星形成十宮壓制。

這代表兩人在婚姻中將喜獲子女，因此適合結婚；對進行其它事項而言亦為適合的。**23** 若月亮、木星和金星以三分相彼此注視，亦適合結婚，尤其三者又落在多產星座的三方處[73]更佳。**24** 若金星與凶星三分，在婚姻中雖然得以享有生兒育女之福，但必須等到回歸盤的吉星來到（或注視）這些凶星的本命位置始可生兒育女。

── *生育的可能性* ──

25 論及[74]婚姻理當檢視男女雙方的本命盤：若雙方的本命盤權威之宮皆有一顆吉星在內，雙方可在發生性關係的同一年生兒育女。**26** 若他們的權威之宮為多產星座，托靠主（祂超絕萬物！），女方將可在第一次發生性關係時懷孕。

── *婚後的關係* ──

27 婚姻的要素在於和諧的情感，因此應檢視星盤中和諧與愛的象徵。**28** 若男方或女方的本命盤中有吉星在同一宮位，代表雙方對彼此深切的愛意。

29 同樣，若兩個男性或兩個女性的本命盤中有吉星在同一星座，代表兩者之間有著如兄弟姊妹般的情份與和諧的感情。

30 若[75]論男女之間的敵意與仇恨以及兩者之中誰位於主導地位、誰聽命於誰，可視其中一人的本命盤中苦難之宮[76]是何星座。**31**

---

73 | 《結果》中除了一般的水象星座外，還加入種子星座──這應該是指所有的土象星座（但處女座更為明確）。
74 | 此段見《結果》III.9, **19-21**（不過其內容更為廣泛）。
75 | 此段見《結果》III.9, **24**。
76 | 即第十二宮。

之後檢視第二個人的本命盤：若第二個人的月亮星座為第一個人的苦難之宮的星座，則第二個人——即月亮的一方將較為強勢而凌駕於伴侶之上，伴侶必須聽命於他，如同奴隸聽命於主人一般。

32 若能在上升位於我所描述的星座（即月亮落入其中有利婚姻的星座）[77]時結婚，且無凶星位於或注視上升，對婚姻是有利的。

33 若[78]金星位於陽性星座且木星位於陰性星座時結婚，婚姻對男方的助益將大於對女方的助益。**34** 反之則相反（即金星在陰性星座且木星在陽性星座時）：婚姻對女方的助益將著實大於男方。

35 而[79]月亮增光且運行數據增加時力量是最強的。

36 若在凶星與月亮會合或位於上升時結婚，男女雙方將常有爭議難以妥協，兩者之間將產生隔閡與嫌隙。

37 若[80]女方本命盤的月亮與伴侶的月亮對分，即一方的月亮在牡羊座，而另一方的月亮在天秤座時[81]，兩者之間將產生隔閡與嫌隙，經常意見不合且難以妥協。

38 若[82]太陽和月亮為對分，代表雙方有敵意。

39 若[83]雙方本命的月亮皆位於地平線上，雙方會在分開後嘗試[84]復合，關係中的良善與愛意將讓雙方相互妥協。

---

77 | 見以上**8-20**。
78 | 此段參考《結果》III.9, **28**。
79 | 此句為以上**31**的延續，並且可能與《結果》III.9, **25**相關。
80 | 此段見《結果》III.9, **26**。
81 | 應該是指任何對分的星座；牡羊和天秤只是其中的一例。
82 | 《摘錄》III 和《結果》III.9, **25** 在此處則讀為滿月，即太陽與月亮對分之意。但《結果》III.9, **26** 亦提及男女雙方本命盤的月亮是對分的，並稱這兩種觀點均源自都勒斯。
83 | 此處根據《結果》III.9, **27**。《結果》似乎認為月亮在地平線上的一方會想要復合或妥協。
84 | 此處應可理解為「他們將會」復合，但原阿拉伯文的文法上有嘗試或努力之意（即便結果是復合）。

V.18：訂婚的女人以及與丈夫爭吵公然離家的女人

1 欲[85]知女方是否會回到丈夫身邊，及男方是否能受益於女方或與女方愉快相處（以及其它事項），應檢視提問[86]當下太陽與金星的位置。**2** 若太陽在地平線上且位於權威之宮或吉星主管的星座，而金星逆行且西入，則女方將會回到丈夫的身邊，並從返回的第一天起永遠順從丈夫而不倦怠，丈夫也將因為女方得到助益、獲得幸福。**3** 若太陽位於前述的位置，但金星從尖軸宮下降、位於雙體宮位，男方須費盡千辛萬苦追求與其有婚約之女性，但之後她將為他帶來助益與幸福。**4** 若太陽和金星在有力的宮位內會合亦同此論。**5** 若金星順行，離家的女方將被迫回到男方身邊並因此產生隔閡與分離，男方又會在兩人分開後後悔；同樣的情形也將發生在已訂婚的女方身上。**6** 若女方離家時金星位於權威之宮或吉星主管的星座上，太陽在地平線下或位於雙體宮位（即下降的宮位），則可說男方較為弱勢而女方較為強勢。

7 若[87]女方離家或爭吵時月亮與太陽對分，須經歷困難與痛苦女方才會回到男方身邊。**8** 若女方離家時月亮已離開與太陽對分的相位並即將經過太陽[88]，女方將忽然返家而回到丈夫的身邊，無須經歷困難與痛苦。

9 若[89]女方離家時金星逆行或在西方停滯，她將帶著善意快速返家，並為離家感到後悔與極度的羞恥。**10** 若女方離家時金星離

---

85 ｜ **1-2** 句見《結果》III.11, **1-2**。
86 ｜ 更恰當的應為她離開的時間（III.11, **2**）。
87 ｜ 此段見《結果》III.11, **3**。
88 ｜ 抑或月亮回到太陽的位置時（《結果》引自都勒斯）。
89 ｜ 此段似是重覆上面 **2-5** 的基礎概念。

開太陽光束下並西入，她亦將如上述情形返家，並為離家不斷地感
到後悔。

    11 所有婚姻的案例均須檢視月亮所在星座[90]。**12** 若雙方皆受
剋，將爭吵不斷，對任何事都難以有共識且無法妥協，最後分手離
婚；同性間的情誼亦可如此判斷[91]。

    13 應檢視這些事項中吉星的力量：若吉星位於強而有力的、適
宜的宮位，所有歧見、爭議與邪惡之事終將遠去，托靠主（祂超絕萬
物！），兩人之間將產生善意、和諧與幸運。

V.19：女人懷孕但已胎死腹中

    1 欲[92]引產應在月亮減光並往南方下降[93]，而且火星和金星分別以
四分相和三分相注視上升及月亮時進行。**2** 若上升和月亮在陰性及直
行星座更佳。

---

90 │ 此處似乎是指「雙方本命的月亮」。
91 │ 見以上 V. 18, **29**。
92 │ 此章節見《結果》III.12（全部）。
93 │ 指黃緯（《結果》）。

V.20：論合作

1 欲與他人在工作上或資產上建立合作關係，或在任何其它須與他人合作的情況下[94]，月亮應位於上述適合婚姻的星座，亦應清除所有的傷害。

2 接下來檢視：若上升及月亮位於牡羊座將不利合作，合作關係將無法持久，雙方將忽然產生隔閡而分離。

3 若上升及月亮位於金牛座，不應與有影響力之人合作，亦不應與低位階之人合作，否則雙方將產生分歧，合作的事項將無法善了。

4 若上升及月亮位於雙子座，有利合作，雙方將互蒙其利，兩人的關係也將保持忠誠與和諧。

5 若上升及月亮位於巨蟹座，雙方將有背叛或令人擔憂之事發生，兩人亦會互相詆毀。

6 若它們位於獅子座，雙方將可互蒙其益並相互稱讚。

7 若它們位於處女座，對合作是適當且有益的，雙方將受理智之人的讚譽，受眾人之喜愛，並將獲得可觀的商業利益，合作關係將帶來愉快與豐盛的收穫。

8 若它們位於天秤座，合作將無任何獲益。

9 若它們位於天蠍座，雙方將產生衝突與歧見，互相欺瞞與詆毀。

10 若它們位於射手座，雖然有利合作，但彼此態度專橫又傲慢。

11 若它們位於摩羯座，合作是開心愉悅的。

12 若它們位於水瓶座，合作將有不幸與傷害。

---

94 | 或為「合作中任何需要他人幫助的事」。

13 若它們位於雙魚座，合作將會有傑出卓越的成果，因此是適合的。

14 若無吉星和凶星會合或注視上升和月亮，上升和月亮將如上述般翔實地顯現合作的特徵。

15 若土星注視或會合上升或月亮，雙方將意見不合，兩人之間的感情將降溫，進展也將停滯，而且爭吵不斷，常有麻煩、分離與動蕩，工作進度遲緩。

16 若火星從有力的宮位注視上升和月亮或與它們會合，亦與上句大致相同，合作將充滿紛爭與異議。

17 此時若木星以三分相注視上升或月亮或與它們會合，合作將有利可圖並受人稱讚及尊敬，但權力較小之一方將在合作中遭到背叛；而他們之中尊貴[95]更高、影響力更大的一方，將在合作結束後獲得三分之二的利益：因為原本就幸運或有影響力之人理應比其他人更容易獲得好處。

18 若案例中有吉星以三分相注視上升或月亮或與它們會合，對合作都是適合、有利的。**19** 但若吉星以四分相、對方相或六分相注視它們，雖然對合作亦是適合的，但所得利益將比三分相來得小。

---

95 | 或「持分」，意味投資較多或較具主導力之一方。

V.21：論債務與償還

1 欲[96]償還債務應如此檢視：上升代表擁有債務權力[97]並希望對方還錢之人，七宮代表欠債之人（債務人），月亮及水星亦為欠債之人的狀況。

2 若月亮與吉星會合或受吉星注視，同時凶星之一又傷害月亮，債務人將返還債務，隨後再次欠債。**3** 若[98]水星與土星會合，償還債務時將有混亂或欺騙之情事。**4** 若水星與火星會合或水星從有力的宮位注視火星，債務人將償還債務，但雙方將因債務而產生爭吵或衝突。

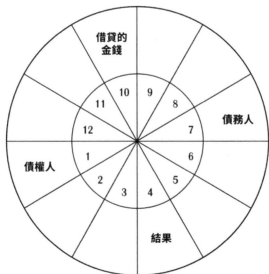

圖56：金錢借貸之四尖軸（《結果》III.28, **1**）

---

96 │ 此段參見《結果》III.28, **1**。但《結果》亦將此主題分配給十宮及四宮，請參考以下圖示。
97 │ 即債權人。這樣的擇時盤主要針對 (1) 債務的發生，上升為借出金錢之人並希望對方未來能償還，也許還包括 (2) 債權人希望對方當下就能還錢。
98 │ 此句見《結果》III.28, **5**。

5 若[99]月亮在太陽光束下，則依我描述過的方式（就月亮的狀態與位置而言）來判斷，同時檢視太陽的狀態、位置以及他是否免於凶星的傷害。

6 若[100]月亮位於燃燒的位置（即月亮位於帶——也就是均分線——的中間並往南方前進時）[101]，或月亮位於獅子座、雙子座或射手座的前面度數，或上升位於這些度數上，此時不適合進行任何借出[102]。**7** 欲進行借貸，應在月亮位於獅子座、雙魚座、水瓶座、天蠍座或射手座而且減光[103]之時，同時木星、金星和水星應注視上升或月亮。**8** 若三者同時[104]注視上升與月亮，則力量更強。

V.22：旅行

1 欲[105]旅行或離開自己的家鄉，可檢視代表旅人的上升，而前往之地則由七宮代表，旅行的目的或所求之事由權威之宮代表，結果則由父親之宮所代表。

2 啟程[106]時應選擇月亮運行數據增加，而水星離開太陽光束且不與凶星會合時。此時月亮亦不應位於自上升起算的十二宮或六宮，而上升主星及月亮的主星不應在太陽光束下，亦不應下降。**3** 若[107]

---

99 ｜ 參見《摘錄》LIX。
100 ｜ 此段見《結果》III.28, **4-6**。
101 ｜ 也就是從位於天秤座的秋分點往天蠍座移動；通常為天秤座15°到天蠍座15°之間，但《結果》理解為黃緯的南緯。
102 ｜ 「借出」是按《結果》所補充的。
103 ｜ 按《結果》引用都勒斯的說法，月亮的速度也應減慢，或運行數據減少。
104 ｜ 字面上的意思為「一起」。
105 ｜ 見《結果》III.30, **1**。
106 ｜ 此句見《結果》III.30, **4-5**。
107 ｜ 此句見《結果》III.30, **7** 和 **9**。

月亮位於自上升起算的六宮或十二宮，旅途上將遭遇眾多困難與勞苦。**4** 若[108]月亮運行數據增加，事主將如願抵達目的地，一路順暢。

5 若[109]吉星位於上升，旅行將轉為順利。**6** 若吉星位在七宮，他將在抵達目的地後受益。

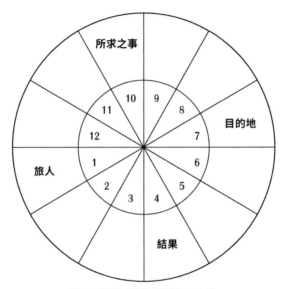

圖57：旅行之四尖軸（《詩集》V.22, **1**）

7 若[110]月亮、土星和火星（或其中之一）[111]一同位於上升或在七宮，他在旅程中將遭遇莫大的痛苦，患上難以治療的疾病，還經歷損失、爭吵與對立。

---

8 若[112]上升主星或月亮的主星處於停滯的狀態,旅行的時間將會延長,事項將被延宕或遭遇困難。

9 若[113]有吉星對分、四分月亮,且月亮與其連結(譯註:即形成入相位),此時啟程是適合的。**10** 若為凶星對分或四分月亮,此時啟程將至為不利。

V.23:回程

1 欲[114]知返回自己的國土、家鄉與家園之行程是否匆促,途中是否遭遇困難或延遲,又應在何時返回,可檢視太陽的對分相與四分相。**2** 若木星和金星位於這些位置,事主可迅速安全地返家。**3** 若是凶星位於這些位置,回程將有所延誤且速度緩慢,他將於凶星離開這些位置,且月亮與啟程時所在的位置對分(或四分)時踏上回程。亦可等到太陽回到啟程時所在的位置或與該位置對分時踏上回程,但必須清除任何對太陽的傷害。

4 若[115]啟程時月亮與凶星四分(或對分)且無吉星注視月亮,或月亮入相位於凶星,或凶星之一對分月亮,則代表事主在回程時將遭遇千辛萬苦,甚至無法返回。

---

112 | 見《結果》III.30, **10** 和 **12**。
113 | 此段見《結果》III.30, **13**。
114 | 此段見《結果》III.30, **68**。
115 | 見《結果》III.30, **13** 和 **68**。雖然阿拉伯文原句意為四分相,但若與西奧菲勒斯的《宇宙始源》相比對,這裡的阿拉伯文(及波斯文)可能是錯誤的。《宇宙始源》並無一樣的句子,但根據他的說法,這裡應指「與月亮對分」。

　　5 若無凶星以對分相或四分相注視月亮，但有吉星注視太陽和月亮（除非月亮與凶星之一連結，這代表事主將因此遭受巨大的不幸與痛苦）──事主將因吉星注視太陽和月亮之故而返回國土與家園。

　　6 若月亮的右方及左方星座有凶星在內[116]，月亮將在中間遭受凶星的壓力，事主會在回程中遭遇巨大的痛苦與傷害；此時若無木星注視，傷害將更為嚴重（若得木星注視月亮，可減輕不幸與災難）。

── *第二宮與目的地* ──

　　7 欲知[117]回程的狀況是快速且從容不迫的還是緩慢且路途遙遠的，必須檢視事主抵達目的地時的星盤。**8** 應檢視抵達時上升宮位的星座及第二宮（資產之宮）：若第二宮的主星逆行，代表事主將匆促返回，而這是不利的──因事主無法因該旅行而受益，亦無法完成工作，達到旅行的目的。**9** 若第二宮的主星停滯，事主回程的速度是緩慢的且將長期滯留。**10** 若第二宮主星曾經停滯但已結束停滯而轉為順行，事主回程的速度為適中的，但能完成其目的與預期的工作。**11** 若第二宮的主星位於上升或權威之宮，事主在回程時將不受疾病侵擾[118]，亦將免於不幸。**12** 若第二宮的主星位於父親之宮，事主恐將在回程時死亡[119]。

---

116 ｜ 亦即月亮左右兩方的星座各有一顆凶星在內，稱為由星座圍攻。
117 ｜ 此段見《結果》III.30, **66-67**。
118 ｜ 或「身體健康」。見**12**句之附註。
119 ｜《結果》的內容還加上，若第二宮主星在第七宮則代表疾病與不愉快。

— *從出發的時刻判斷回程的狀況* —

13 當[120]事主踏上[121]渴望的土地或家鄉，月亮正與土星會合，一般而言這代表緩慢或財產的巨大損失，也可能事主仍在外遊歷或待在異鄉。**14** 若此時月亮與水星會合而火星與兩者對分，則回程中將遭遇打擊、骨頭斷裂、損傷或其它種類的傷害。**15** 若[122]水星和土星以對分相注視月亮，不僅回程時的速度緩慢、路途遙遠，事主也藏有背叛、偷竊與邪惡之心，或成為他人懷疑的目標[123]，因而被逮捕、監禁，財產也將被毀壞。

16 若[124]火星在射手座會合或注視月亮，代表打擊、骨頭斷裂、受傷或其它種類的傷害將發生在異國的旅途上。

17 另外[125]檢視受剋的月亮所在星座的本質。**18** 若所在星座為獸性星座，且傷害月亮的凶星也屬於[126]獸性星座，事主將遭受供騎乘的動物或掠食動物的襲擊。**19** 若為人性星座，傷害將來自人類。

20 若[127]旅行開始於水星會合月亮之際，木星又以三分相或四分相注視兩者，旅行所為事項將會是順利的，結果也將令人滿意，而回程亦非常順利，健康無虞。

---

120 | 此句參考《摘錄》XLVIII, **2**。

121 | 兩本手抄本的內容皆是如此，但全句較像是踏上旅途那一刻的開始盤，而非抵達目的地的事件盤。因此我建議此處應改成「離開」。

122 | 此句參考《摘錄》XLVIII, **2**。

123 | 或指控的目標。

124 | 見《結果》III.30, **71**。

125 | 此段大致見《結果》III.30, **18-19**（但內容仍然有不小的出入）。

126 | 或可讀為「位於」。

127 | 參考《摘錄》XLIX。

V.24：購買與建造船隻

1 欲[128]購買或建造船隻，應在木星或金星位於父親之宮且注視上升及月亮之時進行。**2** 若木星和金星位於父親之宮，其星座的特質最好是潮溼的（屬水象星座）或有海中生物的徵象，或為木星和金星主管的宮位。**3** 以上情況下，上升位於金牛座，且上升內有月亮更佳——或上升為雙子座、巨蟹座、處女座、射手座或摩羯座（在末端）（譯註：摩羯座開端屬土象，末端屬水象），且月亮亦在上升內更佳——若為摩羯座，其開端與末端都是自由的[129]。**4** 若上升為雙魚座且月亮在內亦是適合的。**5** 但最好的星座仍是我所提的金牛座，雙魚座次之，雙子座再次之，摩羯座的末端再次之。

V.25：建造船隻的開始盤

1 此時[130]最好的時間應為：太陽與吉星三分，而月亮增光、運行數據增加，且她所行經的黃緯與黃經度數俱增並在吉星的界上。**2** 應避免在月亮和上升受剋於火星的時間進行：因為這代表事情的結果將因火災、憤怒或不當操作而失敗或變得不幸。

3 若開始時月亮位於水瓶座，且太陽與火星對分或四分月亮，或他[131]與月亮位於同一星座，厄運將發生在海上並傷害船隻，船上的財

---

128 | 此章節見《結果》III.30, **20-22**。
129 | 因手抄本C被撕裂，此處看起來像是只有一個字，但可能是指「免於凶星傷害」。
130 | 此章大致見於《結果》III.30, **16-17**。
131 | 文法上來看可能單指火星，但我認為都勒斯應是指火星和太陽兩者一起。（不過手抄本C為「月亮位於」一個星座但又插入連接詞「和」，暗示有其它行星與月亮同在一個星座。）

物與人員盡毀，船隻將受火災襲擊，可怕的不幸及極大的恐懼將降臨在人們身上，人們將會為了活命[132]而將財物丟入海裡。

4 若月亮未在水瓶座而是在與海有關的星座，而火星與太陽如上述所云（與月亮四分或對分），則船隻及船上的人員（及所有船上的財物）將會被淹沒、毀滅，沉入深海裡。

5 若月亮不在水象星座而是在乾燥的星座，且遭太陽及火星注視（如上所述），船隻將在海岸上破損，或因誤觸岩石或礁石[133]而破損，甲板將在海上破裂，船上的一切也會因為某些原因[134]而毀壞。

6 若月亮未在乾燥的星座，船隻在海上可能遭海盜襲擊，雙方發生激戰，船隻因而沉沒，人財俱毀。

V.26：船隻下水[135]

1 若[136]月亮未注視凶星或吉星，且位在牡羊座的前10°內[137]，並在地平線上[138]，船隻的啟航將會是順利且適當的。

2 若月亮在金牛座，航行中將會遇到大浪；此時若凶星注視位於金牛座的月亮，船隻將因大浪而毀滅。

3 若月亮在雙子座的8°，船隻將能順利抵達目的地並可獲利；但從目的地回程時會有滯留及速度緩慢的情形。

---

132 | 字面上的意思為「逃離」、「返航」。
133 | 字面上的意思為「山」。
134 | 此處應是指船上所有的物品皆遭毀滅。
135 | **1-38句**，見《結果》III.30, **38-65**。
136 | 有關黃道星座的內容（**1-12**），見《結果》III.30, **38-50**。
137 | 見《結果》III.30, **52**，他認為是9°。
138 | 《結果》認為是「地平線下」。

4 若月亮在巨蟹座，海上即使有大浪也不會傷害船隻，船隻將是安全的，人員可因此受益。

5 若月亮在獅子座，船上有部份人員將受厄運侵擾；若月亮受剋，厄運更難以根絕。

6 若月亮在處女座，從目的地返回的速度既不慢也不快。

7 若月亮在天秤座的初度數到10°之間，對陸上或海上旅行而言都是不利的。若是超過10°，則可以進行陸上及海上的旅行。

8 若月亮在天蠍座，船隻可免於海上的災難，但船上的人員將仍會因為與自己靈魂相關的事[139]感到恐懼。

9 若月亮在射手座，災難與不幸將來自海上的大浪破壞船隻。

10 若月亮在摩羯座的9°之後，旅行是適合的；但船上的人員仍將因為與自己靈魂相關的事感到恐懼。

11 若月亮在水瓶座，船隻在回程時將遇到意見不合、速度緩慢與滯留的情形，但結果仍會是好的。

12 若月亮在雙魚座，厄運與災難將會降臨。

13 以上為無吉星亦無凶星注視月亮時的情況。

14 另外[140]還有其它事項須留意。**15** 要注意，月亮在地平線下且受吉星與凶星注視是不利的。**16** 若月亮在地平線下與土星會合且土星停滯，土星與月亮位於同一星座時，船隻在這一刻下水，巨大的痛楚與厄運將會降臨，人們將面臨不尋常的恐懼，海上的大浪將侵襲船

---

139 ｜ 換句話說，人們將會遇到擔心的事而感到恐懼，但與船的狀態無關。
140 ｜ **14-19** 見《結果》III.30, **51-52**（但內容簡要許多）。

隻，船上的人員將被進入船隻的海水溺斃，這是月亮在地平線以下的情形。**17** 若月亮在地平線上而土星停滯，且土星以三分相注視月亮，船員會為了活命必須將船上所有物資丟入海底，在歷經折磨與極大的勞苦後終可得救，即使[141]月亮在地平線下亦是如此。**18** 若月亮在地平線上而土星並未停滯，且以三分相注視月亮，可怕的事件仍會發生，人們將歷經生死邊緣的恐懼——但除了恐懼之外，船隻及人員狀況較好，不至受到嚴重的傷害——此為土星未停滯的狀態。**19** 若土星如此又與水星會合[142]，恐懼與可怕的程度將會增加；若有吉星注視土星，則厄運較為和緩、容易承受，尤其若吉星位於土星的右方注視土星[143]並位於強力的宮位時。**20** 正像[144]我所述土星在這些位置時的情形一樣，若土星位於上升且[145]月亮並未注視土星時亦同此論。**21** 若[146]土星所在星座與事主本命盤的土星星座相同，而該星座又在開始盤的上升，或開始盤的土星與本命盤的土星星座三分、四分或對分，情況將更為嚴重、可怕。

　　22 若[147]為火星處於上述土星的狀態，且火星在地平線下、月亮在地平線上，而火星又傷害月亮，雖然災害來得更猛烈，但情況仍較土星為佳；恐懼與厄運不再如土星般來自海上或海浪，而是來自爭吵與衝突，船上的人員將因意見不合而互生敵意，或敵人來自海上。**23** 此時人員將受到嚴重傷害，例如四肢斷裂、血流不斷等等。**24** 若水星與火星會合，則困難與恐怖的狀況更甚。

---

141 ｜《結果》並無此句。若與**16**對比，應為「此為月亮在*地平線上*的情形」。
142 ｜即會合停滯的水星（《結果》）。
143 ｜亦即支配土星。
144 ｜此句見《結果》III.30, **53**。
145 ｜字面上的意義為「以及若」。
146 ｜此句見《結果》III.30, **53**。
147 ｜此段見《結果》III.30, **54-55**。

25 若[148]土星、火星和水星從同一宮位或不同宮位注視月亮（月亮在地平線上），將招來難以逃避的可怕厄運，且無法從中脫身。**26** 若火星與水星連結亦同。

27 若[149]火星與土星其中之一注視太陽，另一個注視月亮，人們將被巨大的恐懼、可怕的厄運所傷害；若火星或土星以對分相注視，傷害將更為嚴重。

28 若[150]太陽及月亮未呈現凶象，且月亮在地平線上，木星又以四分相[151]注視月亮，這對船隻入水或啟航是適合的，他們的行動將會安全、輕鬆與順利，希望獲得的物品或交易亦會托靠主不受阻礙，人們各取所需。**29** 若木星注視月亮之時，金星剛好與木星會合，或金星從其它星座注視月亮，所進行之事項將得到增進且極為有利。**30** 另外[152]無論水星會合吉星抑或凶星，都將增加真主所裁決的吉象或凶象降臨之力量[153]。

31 若[154]月亮在地平線上且金星獨自注視月亮，海浪與厄運將不會妨礙他們達成目標，且他們將因受到祝福而獲得利益；但這與木星和金星同時注視月亮的情況不完全相同，金星獨自的力量還是較弱的。

32 若[155]月亮和金星會合在同一星座且在地平線下，但金星在光束下，海浪將不會妨礙事項，船隻也將如願地平安抵達目的地。**33**

---

148 ｜ 此段見《結果》III.30, **56**。
149 ｜ 此段見《結果》III.30, **57**。
150 ｜ **28-29**，見《結果》III.30, **58**。
151 ｜ 此處是錯誤的，都勒斯的原意是指木星的另一個稱號「四面宙斯（four-sided Zeus）」，而非四分相。
152 ｜ 此句與《結果》III.30, **52** 和 **55** 相似。
153 ｜ 或者也許是「增加他的力量」。
154 ｜ 見《結果》III.30, **59**。
155 ｜ 此句見《結果》III.30, **60**。

若[156]木星和金星同時注視太陽和月亮,而月亮又與水星會合,可謂下水或啟航的最佳時刻,沒有比此時更適合的了[157]。

34 若[158]凶星位於上升而吉星與月亮會合,或與前述相反(即凶星與月亮會合而吉星位於上升),船隻將遭遇海上的災難,但船上的人員將從恐懼中獲救,托靠主,憑主裁決。

35 若[159]月亮位於尖軸宮且未受吉星或凶星[160]注視,而月亮又位於本冊開篇所提適合的星座上,托靠主,此時可謂吉時。

36 若[161]月亮和上升同時與吉星及凶星不合意,未受吉星與凶星的注視,則可在上升和月亮位於我所提及的星座時進行入水或啟航。

37 若[162]欲將船頭[163]下水,則開始盤的時間為將船隻被鬆開並推入水中之際;人員上船的開始盤則以人員將其中一隻腳放上甲板的時間為準。**38** 若船隻與人員抵達目的地,則應檢視船隻與人員到達的時間,若兩者為相同的[164]。

— *乾燥與潮溼星座* —

39 檢視陸上或海上旅行的開始盤:(1)[165]若為陸上旅行,而月亮位於七宮且不在乾燥星座,但凶星在乾燥星座或注視著它們(譯註:指乾燥星座),以及 (2) 若為海上旅行,月亮不在水象星座或其所在

---

156 | 此句見《結果》III.30, **61**。
157 | 這個多出來的句子暗示可能有另一句話是佚失的,而《結果》並無這一句。
158 | 見《結果》III.30, **62**。
159 | 見《結果》III.30, **63**。
160 | 「或凶星」是按《結果》所加入的。
161 | 見《結果》III.30, **63**。此為前句的重覆,但加入上升的內容。
162 | 此句見《結果》III.30, **65**。
163 | 字面上的意思為「船隻的前面」。
164 | 也許可讀為「所以」兩者是相同的,即抵達的開始盤。不過這裡的意思仍不夠明確。
165 | 編號與斜體部份為戴克所加入的。

星座的本質與水無關，但凶星在水象星座或注視於它，則此時進行陸上或海上旅行是不適當的，可憎之事與勞苦將會降臨。

40 若[166]月亮並未[167]受剋，且吉星位於乾燥或土象星座或注視這些星座，此時旅行是適合的，將不受厄運所傷（即使有所傷害，程度也會比上述輕微）。**41** 若無法判斷旅行之人的生死，亦不知他們的歲數[168]，若在此時啟程，即使遇到困難，其傷害也較上述為輕。

── 陸上與海上旅行 ──

42 最能造成傷害的凶星為：陸上旅行為火星，而水上或海上旅行則為土星；若木星和金星又未注視它們，情況將更為嚴重。**43** 對月亮而言最嚴重的情況為位於凶星的界或外觀，且受凶星以對分相或四分相注視，但木星和金星（或其中之一）未注視月亮之時。

V.27：書籍、報告或信件的抵達

1 當有書籍、報告或信件抵達時，可檢視此人本命盤的水星：若有吉星注視水星或水星（與發光體一起）注視吉星[169]，或水星所在的星座中並無凶星在內[170]，這樣的行星配置（如所描述般）代表書中或信中的內容是好的。

---

166 ｜我認為此句是指陸上旅行。
167 ｜「未」字為戴克所補充。
168 ｜亦即沒有他們的本命盤或太陽回歸盤。
169 ｜此處可能是指信件抵達時的過運行星與本命水星的相位。
170 ｜此處可能是指水星的過運至本命的宮位。

2 當聽到書籍或信件抵達的消息時，可檢視太陽和月亮的狀態：若它們清除了凶星的傷害，且月亮與水星會合於上述清除了凶星傷害的星座，而吉星又與它們同星座或注視著它們，則本命盤的主人收到的書籍、報告及信件內容將會是令人開心愉快的。

3 當書籍、報告或信件抵達時，若月亮位於上述的星座，但與凶星會合，且她既未與吉星會合亦未受吉星注視，此時收到的書籍、報告或信件的內容將會是麻煩、不幸並帶來傷害的。

4 若水星位於吉星主管的宮位（星座）且東出，同時逢吉星及凶星注視，報告的內容會是安全的。

5 確實也有學者持另一種觀點：他們說應檢視木星和金星的過運。**6** 當它們的過運來到（本命盤中）發光體所在星座或與發光體四分的星座，或（過運的）木星與金星來到未受凶星傷害的星座，而水星亦不被凶星所傷，並注視木星和金星：此時命主收到的書籍、報告或信件內容將會是輕鬆愉快、有助益的。**7** 若為土星或火星（或二者同時）的過運來到本命發光體所在之處，或與該位置四分，且與水星會合（或水星注視凶星），此時命主收到的書籍、報告或信件內容將會是不好的；若命主又在此時旅行，傷害將會降臨。

V.28：逮捕與監禁

1 若[171]某人因國王降罪，或奴隸得罪主人而被逮捕，可檢視當下的月亮。**2** 若被捕時月亮在牡羊座，他將很快擺脫監禁獲得自由。

---

171 ｜ 有關十二星座之敍述（**1-12**），見《結果》III.40, **1-12**。西奧菲勒斯（《論各類開始》22a-22b 及其附錄 A 中的摘錄 #4）對本章節有重新整理的版本。

3 若月亮在金牛座，刑期將會被延長，監禁的原因則是被人圖謀財產，他的財產也將會被奪走[172]──他的肉體則在受盡折磨後被解救。

4 若月亮在雙子座且在三天之內無法獲得釋放，刑期就會被延長。

5 若月亮在巨蟹座，刑期會被延長。

6 若月亮在獅子座，監禁的原因將來自有權力與影響力之人，且在被釋放之前刑期會被延長。

7 若月亮在處女座則好壞參半，但多數對他是有益的，他亦能在其中獲得樂趣[173]。

8 若月亮在天秤座，帶著腳鐐之人[174]將獲釋放。

9 若月亮在天蠍座，刑期將被延長，而他將長期患病，但最後仍將獲得釋放。

10 若月亮在射手座，刑期將被延長。

11 若月亮在摩羯座，他將從監禁中被釋放。

12 若月亮在水瓶座或雙魚座，腳鐐將終生掛在他的腳上，他只能無止盡地忍耐，至死方休。

13 當然[175]以上僅為月亮落在這些星座時所顯現的徵象，但凶星的位置以及它們與月亮形成的相位仍會大大改變這些徵象。**14** 若木星與月亮會合或位於上升，或注視月亮和上升，犯人可迅速獲得釋放；金星若在同樣的位置亦然。**15** 若水星和木星會合月亮或注視月亮，他將更有機會獲得解救且更快速地被釋放，托靠主（祂超絕萬物！）。**16** 但若火星會合或注視月亮，他將被毒打而受傷，或在監獄中飽受火燒、折磨與傷害，或被鐵器所傷，痛苦萬分。**17** 若土星

172｜抑或若因財產獲罪，則財產將會被奪走（對都勒斯內容的引用）。
173｜這個詞亦可讀為「舒適」，而對都勒斯的引用中僅提及事主將因此獲得少數利益。
174｜亦即被囚禁之人。
175｜此段見《結果》III.30, **13-17**。

會合或注視月亮，苦難將被延長且糾纏於他，他將飽受折磨與痛苦才能解脫。**18** 若水星、土星和火星同時會合或注視月亮，他將在牢獄中遭受毀滅。

19 在[176]犯人被監禁之時可檢視本命的[177]上升是否有行星在內，又受何行星注視。**20** 因為上升確實對帶著腳鐐之人有著與月亮大致相同的影響：若月亮減光，將對他有利[178]；若月亮增光則對他不利——月亮增光是指月亮被太陽釋放（即月亮在兩者會合於同星座度數後被釋放）。**21** 之後月亮會繼續前進，離太陽越來越遠，直至來到與太陽對分的第七個星座，此時與上述新月的情況相似，帶著腳鐐之人將飽受困難與傷害，但最終仍可獲得釋放[179]。

22 若[180]月亮與水星連結且水星西入，代表他將從監禁中被釋放。**23** 若月亮正離開均分線的中間[181]並與水星和金星[182]一同往南方前進，代表他可迅速獲得解救。

24 若[183]土星和木星同時以三分相注視月亮，腳鐐主人[184]在刑期被延長之前將無法逃脫，但會帶著稱讚與利益被解救。**25** 若月亮與土星和木星位於同一星座[185]且火星同時注視月亮[186]，代表腳鐐的主

---

176 | 此段見《結果》III.40, **18-21**。
177 | 按《結果》III.40, **18** 中對都勒斯的引用所加入。
178 | 根據《結果》III.40, **19** 刪去原文中多餘的「不利的」一詞。
179 | 《占星五經》《結果》III.40, **20-21**）的說法則較為簡單：當月亮離開她的「限制（bond）」（亦即新月或滿月）後，犯人將被釋放，雖然月亮還在太陽光束下，她仍與金星連結。
180 | 此段見《結果》III.40, **22-23**。
181 | 亦即在黃道上（雖然這詞彙通常是指天赤道）。
182 | 亦即從中天來到下降點（對都勒斯的引用）。塔巴里此處的翻譯有點混亂，因為月亮應當位在黃道上（黃緯緯度為零或僅僅幾度內），並在南方象限上，直到來到下降點。
183 | 見《結果》III.40, **24-25**。我認為這句仍然是指月亮位於南方象限，往下降點的方向前進時的情況。
184 | 亦即被囚禁之人。
185 | 這句乃按《結果》所加入。接下來的句子中，塔巴里或他所引用的來源犯了兩個錯誤。第一，他將以下**27**的前半部與這句（**25**）的後半部連接在一起。第二，他遺漏了**27**的部分內容，然後將結尾的部份與**28**的中間連接在一起。我重新組合了這些句子並按《結果》III.40, **25-28**加入部份內容。
186 | 此處可能是指三分相而非四分相，因為以下句子中四分相代表長期被監禁與不公不義。

人[187] 無論是生是死都將迅速脫離監禁。

26 從[188] 中天的尖軸到父親之宮的尖軸之間被稱為「下降的區域」，即行星西降之意；從父親之宮的尖軸到中天的尖軸被稱為「上升的區域」，即行星東升之區域。**27** 因此若月亮位於下降的區域（即月亮正在西降）同時又被火星所傷，犯人將受到不公平的待遇，刑期也將延長；若月亮位於上升的區域（即東升之區域），他將獲得解救。**28** 若月亮在西方的區域且遭火星以三分相注視，但木星同時以四分相注視月亮，腳鐐的主人將從鐐銬與監禁中解脫獲救。**29** 若土星與月亮會合（無論在哪個區域）且木星從第十個宮位[189] 或以其它的四分相注視月亮，代表他可從鐐銬中解脫。**30** 若火星以四分相注視月亮且土星亦以三分相[190] 注視月亮，他將長期受腳鐐所禁錮，獲救的同時也會遭受困難與勞苦。**31** 若火星以三分相注視月亮而土星亦以四分相注視月亮，腳鐐的主人將經歷動蕩與掙扎，而後他將打破腳鐐與枷鎖，以逃跑的方式從中解脫。

32 務必[191] 檢視父親之宮的狀況，它甚至比其它尖軸宮更為重要，因為它能解釋所有結果。

V.29：論事項已經發生及正在或即將發生的狀況

1 檢視月亮的入相位及離相位，以及離相位與入相位的時間。

---

187 ｜ 亦即被囚禁之人。
188 ｜ 此段見《結果》III.40, **26-31**。
189 ｜ 亦即支配月亮。
190 ｜ 按《結果》此處應為對分相。
191 ｜ 見《結果》III.40, **32**。

2 若詢問之後不會發生的狀況[192]與將會發生的狀況，或某人希望之事，或絲毫未開始的事項隨後會發生什麼狀況，都可藉由月亮入相位的行星，以及離相位於哪顆行星的四分相而得知。**3** 若詢問傷害、疾病、監禁或逃離家園與國家（是否能成功逃離），則檢視月亮離相位的行星。**4** 因為入相位確實代表即將發生的事情，而離相位則代表已經發生、過去的事情。

V.30：論關於病人的問題

1 詢問[193]有關病人的問題時，若月亮正離相位於吉星，代表病人即將痊癒。

2 若詢問之時月亮正離相位於火星，疾病將來自難纏的熱症，或身體應該是被鐵器所傷害，或血管受鐵器切開或被放血。**3** 若月亮增光更能確認以上所述，且病情更加嚴重。

4 若月亮離相位於土星，病人將因熱病而顫抖不已，或飲食中藏有致病的因子，對腹部或身體造成傷害；或脾臟腫大，導致嚴重的疾病；或因傷口或嚴重的潰瘍導致四肢難以動彈或脫落；或體內的黑膽汁過剩導致腸子阻塞而嚴重發炎；任何疾病都會傷害病人許久。

192｜此處的描述是奇怪的。都勒斯似乎是說問題「*非關之後的狀況，而是當下與已然發生的狀況*」。例如，V.30，**1** 提到若月亮離相位於吉星，病人將會康復。這是因為離相位代表當事人原來的狀況以及*當時正在承受的現狀*。而稍後下一個入相位的行星則代表未來行動的結果。見以上 II.23, **3**。

193｜本章的全部內容見以下 V.42, **2-5**。

V.31：所有事情的開始盤

1 在開始每件事情時，應檢視眾星中主管該事項的行星。**2** 若事情開始時，雖有吉星注視月亮和上升，但主管該事項的行星位於太陽光束下或受剋，或未注視上升，而且位在凶宮：這件事將難以成功，且無任何益處。

3 若欲購買土地，或為某人執行管理的工作[194]，應檢視土星和木星的力量。**4** 若為取物、贈禮、訴訟、介入某事、合夥、建立緊密的關係、交友、經商或學習等等活動，則檢視水星的力量。**5** 若為婚姻或性[195]、娛樂等金星的事項，則檢視金星的力量。**6** 若為戰爭、武器或類似事項則檢視火星的力量。**7** 若為蘇丹[196]或國王的事項，或向國王謀事，則檢視木星的力量。**8** 若欲彰顯或使人們關注而非隱藏某事（非作奸犯科），除了檢視太陽的力量外，亦應檢視木星：因每件事項中，若有木星注視，可將事情引導至好的方向。**9** 金星亦有幫助，但對事項的助益是有限的，除非木星會合或注視著她。**10** 金星的能力主要作用於兩人之間的事[197]，或食物、香水等類似事項。**11** 要確認木星在每件事項開始時狀態是適當的，因為木星能使事項更為妥當並增加好運，化解或驅散邪惡與厄運。

---

194 ｜ 在此應就土地或居家管理而言。
195 ｜ 這個字可單純指「婚姻」，但含有性的意味；我翻成「性」是為了避免重複前面的「婚姻」。
196 ｜ 或更簡單的說法為「權威」。
197 ｜ 字面上的意思是「兩人之間的感情」。

V.32：病人的情況

1 若[198] 欲知生病之人的狀況，擔憂他的病情及是否會死亡，可在生病時檢視其本命盤，來了解病人的狀況：吉星所在星座為何，凶星所在星座又為何？**2** 若月亮在行進的過程中來到本命凶星所在星座，或本命凶星以四分相注視過運的月亮，但無吉星注視本命月亮以及過運月亮來到的星座，此時開始的疾病將會是可怕、難以擺脫的；與此同時，若時間的配置星（除了[199] 界主星之外）亦來到該星座[200]，對命主的傷害將更能夠確定，且更為嚴重。**3** 若命主的時間配置星來到該星座或其它星座（受本命火星和土星注視的星座），此時開始的疾病將會是可怕、難以擺脫的。**4** 若時間的配置星注視開篇[201] 已詳述的星座（主管著身體不同部位），命主將會遭受嚴重疾病的侵襲，而你會知道疾病的傷害將會發生在身體何處。**5** 若[202] 月亮位於雙體星座（尤其是雙子座及雙魚座），土星和火星亦與月亮會合在同一星座，且月亮被擠壓在二者之中[203]，當時間的配置星來到與土星和火星形成相位的星座時，命主的手腳將受痛風之苦。

---

198 ｜ **1-2** 見《摘錄》XLV
199 ｜ 我認為這裡是指除了配置法的界主星之外，上升的小限也來到該星座。總之此處的說法是模糊不清的。
200 ｜ 此句似乎綜合了配置法（「界主星」）及小限法（「時間主星」）的概念。
201 ｜ 見以上IV.2, **12**。
202 ｜ 見《結果》III.31, **15**。
203 ｜ 亦即被圍攻。

V.33：命主的資產

1 欲[204]知命主的資產何時增加或減少，可檢視上升起算的第二個星座，亦稱為本命盤的「資產宮」。**2** 一生中每當時間的配置[205]來到該星座，而該星座又有凶星在內，則當時間的配置來到凶星所在的度數[206]，或與這些度數形成對分相或四分相時，為命主資產減少之時。**3** 若為吉星在這些度數上或注視這些度數，當時間的配置來到吉星所在的界[207]時，則為命主資產與生活水平提升之時。

4 每段[208]時期皆應檢視月亮：若月亮的過運與行進來到本命盤中凶星所在星座，此時若無吉星注視該星座，且凶星位於它們原本在本命盤中的位置（或與之形成四分相或對分相），或注視著月亮，命主將在那些時刻經歷痛苦、難過、憂慮和困擾。**5** 若過運的月亮來到其本命所在星座，同時又有吉星在內，且過運的月亮來到該星座時未受凶星注視，或受吉星以三分相注視，此時命主將會因為衣服或其它事物而獲得快樂、收益與好運，不會經歷上句所描述的傷害，還會益發愉快幸福。

V.34：爭論與訴訟中針鋒相對的敵手：孰勝孰敗

1 欲[209]知相關事項，應檢視詢問之時的上升：上升代表詢求協

---

204 ｜ 此段見《結果》III.41, **1-2**。
205 ｜ 此處可能是指小限法，但我不確定是上升的小限還是第二宮的小限。
206 ｜《結果》並無提到度數，此處可能是誤植。
207 ｜ 同樣的，《結果》在此並無提及配置法經過界。
208 ｜ 此段見《結果》III.41, **4**。
209 ｜ 此段見《結果》III.38, **10-11** 以及 III.37, **1-2**。

助者與爭論[210]的發起者。**2** 若上升位於穩定的星座，代表詢求真相之人所言不虛，對爭論亦不會輕言放棄。**3** 若上升為雙體星座，代表詢求真相之人三心兩意，在爭論的中途就萌生退意。**4** 若上升為轉變星座，代表爭論將無法完成或沒有結果[211]。

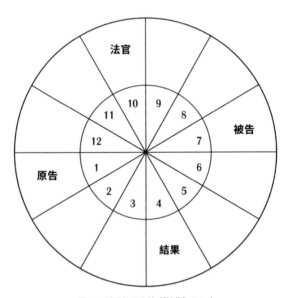

圖58：訴訟的四尖軸（《詩集》V. 34）

　　5 若[212]火星注視或會合上升，詢問人將因爭論而悲傷及蒙羞。**6** 若水星與吉星會合於上升（或注視上升），詢問人將從對手處獲得金錢或貨物，並因此放棄與對方的爭論。**7** 若土星注視上升或會合上升，則詢問人將因爭論的原因及爭論本身而遭受損失[213]。

---

210 ｜亦即訴訟，但塔巴里認為這個詞的意義不限於訴訟。
211 ｜亦見《摘錄》LX。
212 ｜此段見《結果》III.38, **12**。
213 ｜或「傷害」。《結果》在此處是指罰金。

8 若[214]在詢問爭論的時刻，凶星注視著中天，爭論將無法有結果，案件也將由第一位法官轉由第二位法官接手，判決的內容也會因為衝突與恥辱而充滿缺陷與令人不悅的意見，而兩造的證詞也將被法官[215]拒絕並退回。**9** 若土星位於中天的尖軸宮，法官將因自己的不公不義而招致失敗、傷害與憎恨。**10** 若有吉星位於中天，法官將會是正義的，他的判決也會是公平的。

11 從[216]第七個星座可觀察到對手的狀況。**12** 若凶星注視或位於該星座，對手將會遭受損失、困難與傷害。**13** 若水星與凶星會合於（或注視）該星座，對手將製造不公並為達到個人目的而提供虛假的證詞。

14 欲[217]知爭論的結果及後續，可檢視父親的星座（即地底的尖軸宮）。

— 上升主星及七宮主星 —

15 若[218]上升主星、中天主星[219]或七宮主星東出，且與父親之宮[220]的主星位於同一星座，勝利將屬於該行星主管的尖軸之享有者[221]。**16** 若該尖軸宮之主星在太陽光束下，並與父親之宮的主星會合，則該尖軸宮代表者將因如此的配置而被擊敗。

---

214 ｜ 此段見《結果》III.38, **13-14**。
215 ｜ 這個字也可能是指「判決」。
216 ｜ 此段見《結果》III.38, **15-16**。
217 ｜ 見《結果》III.38, **17**。
218 ｜ 此章節見《結果》III.38, **18-21**。
219 ｜《結果》並未提及中天的主星。
220 ｜《結果》在此章節中並未提及四宮之主星，而且我懷疑**15-18** 的例子為後人所加上的。也許早期的編輯或翻譯認為這些句子為第**14**句概念的延續。
221 ｜ 亦即由這些尖軸宮所代表的人。

17 若上升主星以及七宮主星皆東出，同時與父親之宮主星會合，雙方的歧見可望消弭而獲得和平。**18** 若上升主星以及上升對宮的主星皆會合父親之宮的主星，且都在太陽的光束下，則雙方將爭論不休，結果也遲遲難以判定，難以取得共識。

19 吉星代表成功或勝利以及公平的審判。**20** 凶星——若它西入且不在自己主管的宮位上，但位於尖軸宮且運行數據增加——則代表該尖軸宮所象徵之人將失敗；若凶星位在自己主管的宮位，並位於尖軸宮且運行數據增加[222]，則該尖軸宮所代表之人將因不公的審判，或透過賄賂、強迫、偏袒而獲得勝利。

── 支援與同盟 ──

21 另外[223]自第七宮起算的第二宮代表對手獲得的支援。**22** 若中天主星及上升主星會合在同一星座或同在上升，或中天主星注視上升或上升主星，法官為詢問人的同盟者而與他站在同一陣線。**23** 若中天主星及上升對宮的主星如上句上升及其主星一般，法官將支援對手並為對手尋找理由開脫，對手因此得以獲勝。

── 月亮 ──

24 此外[224]有關這些主題（即詢問人及其對手，審判本身，還有爭論、求愛、勝負，以及其餘我曾解釋的主題）亦須檢視月亮。**25** 若月

---

222 │《結果》在此還加入「東出」的條件。
223 │見《結果》III.38, **22-24**。
224 │見《結果》III.38, **25-27**。

亮如本書開篇所形容的受剋，或月亮在進入太陽光束下之前就先與凶星產生連結，且月亮位於尖軸宮之一或隨尖軸宮之後上升的宮位（即接續尖軸宮的星座）時，該尖軸宮或其續宮所代表的人將會失敗，因該爭論而遭受不幸並悔恨不已。

— 債務的訴訟 —

26 當[225]雙方爭論的原因源於債務或資產，並向法官提出訴訟之時，若月亮增光，則月亮代表債權人（即將錢借給對方之人），而太陽代表債務人，即應為此債務負責之人。 **27** 若月亮減光則為相反，因此月亮代表債務人，太陽代表債權人。 **28** 因為如此，應檢視太陽和月亮——何者較強，何者較具優勢和力量，何者又緊密地注視上升。**29** 若借出金錢者的代表因子為其中較強者，勝利將屬於債權人；若貸入金錢者的代表因子較強，則債務人將成為勝利者。

— 幸運點 —

30 另外[226]有關這些事項應檢視幸運點：因為若幸運點位於上升，或在自上升起算的第二宮，勝利將屬於詢問者。**31** 若幸運點位於上升對面的星座，或在自第七宮起算的第二宮，則勝利將屬於被問及者（譯註：即對手）。**32** 若幸運點的主星位於父親的尖軸宮，且注視著上升以及上升的對宮，則雙方將會自願合解。**33** 若幸運點的主

星位於中天，且同時注視上升及上升的對宮，雙方仍會妥協，但妥協須視法官的喜好與命令而定。

—— 更多關於上升主星及七宮主星 ——

34 若[227]上升主星和第七個星座的主星位於同一星座，在它們的外觀[228]上（戴克補充：應是在彼此的外觀上，雖然接近，但彼此叫囂），雙方將會彼此憎恨。

35 若[229]上升主星及上升對宮之主星所在星座為水星所主管，雙方的爭議將會因為子女或類似子女的人物而引發。**36** 若星座為金星所主管，爭議將會因為女性、姊妹、女兒或類似的人物而引發。**37** 若星座為火星所主管，爭議將會因為姊妹或手足的子女而引發。**38** 若為土星和太陽所主管，爭論將因父親、祖父或類似的人物而引發。**39** 若為月亮主管的星座，將因母親或與母親有血緣的親屬而引發。**40** 若為木星主管的星座，將因兄弟或朋友而引發。

V.35：是否離開國土

1 若詢問某人是否會離開家鄉與國土、離家旅行或因統治者的命令（或其它原因）而被驅離，須看開始盤的月亮。**2** 若月亮剛離相位於吉星，而吉星之一位於上升或注視上升，他可望重返家鄉與國土。

---

227 ｜見《結果》III.38, **33**。
228 ｜此處語意不清。可能是指外觀，但由於一個星座只有三個外觀，因此兩個主星同時處於自己的外觀上並不容易。
229 ｜此篇見《結果》III.38, **34**。

3 若月亮正離相位於凶星，且上升及月亮受剋，他將遭受厄運與困難，亦無力返鄉[230]。

V.36：偷竊、失物以及是否能失而復得

— *失而復得的證據* —

1 此時應檢視[231]：當詢問被偷竊或遺失的物品之時，兩個發光體彼此以三分相注視，失物可快速被尋回，不費吹灰之力。**2** 但若太陽以四分相注視月亮，失物將在一段時間之後才能被尋回，且過程困難重重。竊賊會將失物從原本放置的地方轉移到另一個地方。**3** 若月亮和太陽彼此對分，物品仍可被尋回，但將耗費時日，困難重重。

4 若月亮會合某一行星且位於該行星主管的宮位，這對問題是適當的，因為失物將被尋回。**5** 若太陽注視該宮位及該行星，則更加適當，失物應可被尋回。

6 若月亮的十二分部位於上升或中天，或與太陽位於同星座，或與月亮的主星或東出的行星位於同星座，被偷竊或遺失的物品將可被尋回。

7 若月亮在上升對宮的星座下降，或位於自其起算的第十二宮[232]，失物將無法被尋回（戴克補充：這是指開始盤的第六宮，因第六宮對第七宮而言是「下降」的宮位，而且也是自第七宮起算的第

---

230 | 或「他對返鄉與否無主導權」。
231 | **1-19** 參考《結果》III.42, **2-4**, **6-20**。
232 | 按西奧菲勒斯《軍事行動開始盤研究》第14章, **6**，將原句的「界」改為「下降」，而原句的「第二宮」改為「第十二宮」。

十二宮）。**8** 但若開始盤的太陽以三分相注視月亮，失物仍可被尋回，因為主賜予的陽光能去除所有的罩紗，照亮並戰勝所有的黑暗，托靠主。

9 若月亮位於學者（精於天象的大師）所稱的「燃燒途徑」[233]，詢問人對物品將不再有掌控之權，即使最後能取回，過程也將費時費力。

10 若兩個發光體皆位於地平線下，被偷竊或遺失的物品將消失無蹤，他將永遠失去其掌控權。

11 若太陽會合或注視幸運點，他將迅速取回被偷竊或遺失物品的掌控權。**12** 若月亮會合或注視幸運點，但太陽並未注視月亮，或月亮與幸運點會合[234]，他將可取回被偷竊或遺失物品的掌控權，但過程緩慢且困難。**13** 若發光體並未會合幸運點或未[235]注視幸運點，物品的主人將無法取回被偷竊或遺失物品的掌控權，他亦不應去尋找，因這是徒勞無功的。

14 若月亮位於上升，他將迅速取回被偷竊或遺失物品的掌控權——只要發光體在上升，失物皆可被尋回：因為上升能給予優越的能力。

15 若月亮位於太陽光束下且減光，可確定他將無法取回被偷竊或遺失物品的掌控權，若要取回掌控權，須視天意。

16 若兩個發光體與上升對分[236]，他須經歷緩慢、辛苦、衝突、羞辱以及爭吵的過程，才能取回被偷竊或遺失物品的掌控權。

17 若太陽單獨位於上升，他將能取回被偷竊或遺失物品的掌控權，除非上升及太陽一起位於水瓶座、雙子座或天秤座：因為這三個

---

233 ｜《結果》在此處還加入月亮交點。
234 ｜此句是贅句，因為前面已提到月亮與幸運點會合了。
235 ｜「未」為按《結果》所加入的。
236 ｜《結果》III.42, **17** 則讀為四分。

星座為太陽的三方星座之對宮[237]。**18** 若太陽在這三個星座升起[238]，對取回失物是不利且不適當的。

19 若已知失物主人的本命盤，而物品被偷竊或遺失之時，太陽位於上升且月亮正好落在本命的吉星所在星座，他將可取回失物的掌控權。

─ *竊盜的四尖軸* ─

20 古代學者[239]亦由四尖軸觀察竊盜之事：若問及竊賊或失物，上升代表被偷竊或遺失之物品，中天為物品的主人（亦即物品被偷竊而尋找之人），而竊賊之事可檢視上升的對宮，竊賊的藏匿處（亦即藏匿失物之處）則檢視地底的尖軸宮。**21** 若有吉星位於或注視上升，他們說詢問人可望取回被偷竊或遺失物品的掌控權，即物歸原主或原處。

22 若有行星位於中天，且所在星座正為該行星所主管，可判斷尋找失物之人的言語誠實不虛。**23** 若中天的星座並非由位於中天的行星所主管，且該行星在星座內不具任何尊貴力量，則尋找失物之人的言語實為虛假的。

24 若地底的尖軸宮位於雙體星座，他們說取走失物的不會[240]只有一人，而是有其他同黨。**25** 若地底的尖軸宮不在雙體星座，而是在**轉變星座**，取走失物的只有一人，沒有其他的同黨[241]。 **26** 若地底

---

237 | 太陽的三方性星座為火象星座，而三個火象星座與風象星座為對宮的關係。
238 | 《結果》III.42, **18** 所加入。
239 | **21-31** 參考《結果》III.42, **23-31**。
240 | 按《結果》所加入。
241 | 此處並不合邏輯，但《結果》似乎有所混淆。應該是固定星座代表一人所為，轉變星座或啟動星座才代表多人所為。

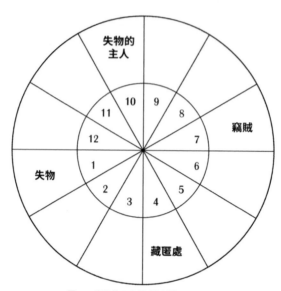

圖59：竊盜的四尖軸（《詩集》V.36, **20**）

的尖軸宮為陽性星座，取走失物的人為男人；若為陰性星座，則為女
人。**27** 若地底的尖軸宮為潮溼星座，失物所在的地方靠近海邊、水
井、泉水、溪流、河流、溝渠或有水的場所。**28** 若父親之宮為四足
星座，失物位於羊所睡的稻桿中、動物的庇護所、動物的圍欄內或任
何動物棲息之所。**29** 若地底的尖軸宮為人性星座且逢木星和金星注
視，失物所在的地方為乾淨且適當的。**30** 但若非木星和金星，而是
火星注視著該尖軸宮，失物位於火場、鐵匠的火爐或類似之處。**31**
但若非火星而是由土星注視該星座，竊賊會將失物交給奴隸，而收取
失物的奴隸則將失物藏在黑暗的屋內，或骯髒空曠之處，或在高的、
潮溼的或骯髒的地方。

— 地底尖軸的宮內行星 —

32 若[242]土星注視著地底尖軸宮的星座[243]且木星位於宮內，奴隸不會收取竊賊所給予的失物，而具社會地位的人將接收它。**33** 若非木星而是火星在內，他們說，從竊賊手中接收失物者類似奴隸，但現今是自由的人。**34** 若非火星而是金星在內，且位於星座的第一度到20°之間[244]，則為具資產及社會地位之女人從竊賊手中接收失物。**35** 若金星位於地底尖軸星座的最後10°內，他們說女僕（或從事類似工作者）從竊賊手中接收失物。**36** 若非金星而是水星位於地底的尖軸宮內，且水星位於星座的前10°內，則從竊賊手中接收失物的為聰明、受人尊敬或稱讚之人，或出身貧窮但今日擁有財富[245]之人。**37** 若水星位於星座最後10°內，從竊賊手中接收失物的將為奴僕或從事奴僕工作的人。

— 尋找失物 —

38 若[246]太陽注視幸運點，他們說詢問人將能迅速取回遺失或被偷竊物品的掌控權。**39** 若為月亮而非太陽注視著幸運點，詢問人可取回遺失或被偷竊物品的掌控權，但過程是緩慢的。**40** 若發光體並未注視幸運點，亦未注視上升，詢問人將經歷千辛萬苦才能取回失物。**41** 而且他們說若月亮與太陽形成四分相或三分相，或與上升形

---

242 ｜ **32-37** 參考《結果》III.42, **32**。
243 ｜《結果》並未提及土星，但這很可能才是正確的。此處可能是由上一段的句尾誤植而來。
244 ｜《結果》在此處讀為尖軸（也就是軸線的度數）的20°內。
245 ｜ 塔巴里對此句的理解是錯誤的：按《結果》，前10°為高貴富有之人，*第二個*10°為自由但貧苦之人。
246 ｜ **38-42** 參考《結果》III.42, **33-37**。

成對分相，則詢問人能抓住當時逃逸的奴僕或偷走、丟失物品的人。
42 若太陽（承上句）與月亮形成三分相、四分相或對分相，且太陽位於上升、中天或會合幸運點，或注視上升、中天、月亮與幸運點時，詢問者確定可取回失物的掌控權。

43 若月亮位於星座最後幾個度數，在第三個形象[247]上，放置遺失或被偷竊物品的地方將會不停地被轉換。

— 從月亮所在的界得知失物的狀態 —

44 欲知[248]遺失或被偷的物品狀態以及失物究竟為何，可透過月亮來觀察。**45** 詢問盜竊之事時若月亮位於土星的界上，而土星位於中天或在其旺宮，失物是有價值的，或為耕種、建築或賺錢的工具。**46** 若土星不在這些位置，而是在地平線下，物品則是骯髒、破舊、廉價的。**47** 若土星位於從尖軸下降的星座（即他位於這些星座內）[249]，或位於牡羊座（即他的弱宮），則物品是被鄙視、骯髒、破損的。**48** 若土星位於從尖軸下降的宮位且注視月亮，失物則是粗糙、不平整的。

49 詢問時若月亮並非在土星而是在木星的界上，失物則為金製或銀製品、閃閃發亮之物、絲綢布料或有價值的東西。詢問人將無法取回失物的掌控權，因失物已落入權貴之手。

50 若月亮並非在木星而是在火星的界上，被偷之物則以火加工而成，或被藏在烤爐或鐵匠的熔爐內等類似的地方。**51** 若火星與水

---

247 ｜也就是外觀。
248 ｜**44-56** 參考《結果》III.43, **1-5**。
249 ｜亦即下降的宮位（也可說是象限宮位制的果宮），與下一句位於就尊貴而言的弱宮呈對比。《結果》則是簡單地讀為「朝向下降的宮位前進」。

星一同注視月亮，上述所提藉由火或烤爐製作之物是專業、適當且精美的。**52** 若月亮位於火星的界上但未受火星注視，而是被金星和水星注視，則上述藉由火或烤爐製作之物會有染料、石頭、護身符或各式寶石裝飾。

53 詢問時若月亮位於金星的界上，失物為金或銀，抑或為寶石、昂貴的石頭、精美的衣服、美麗的布料，抑或是由多樣的閃閃發光的染料所裝飾的物件、香水、女性的裝飾品、具有甜味與潮溼的特質之物，抑或為具光澤並受女性歡迎的物品。**54** 詢問時若月亮位於金星的界上，且金星與月亮會合於陰性星座，則所偷走的為女性用品。**55** 若火星又注視金星，則被偷之物為某種不具光澤但加工精細的物品。

56 詢問時若月亮位於水星的界上，被偷之物為書、厚重的帳本[250]、學者的記錄、男女皆需要的物品、旅行中會使用的貨幣，以及由模具鑄造的東西。

— 由月亮所在星座得知失物的狀態 —

57 以下[251]說明的星座代表特徵須與上述月亮所在的界一起判斷：混合星座與界的知識將能獲得更多資訊；只要仔細觀察就能作出最好的判斷。

58 此時檢視：在詢問被偷或遺失之物時，若月亮位於牡羊座，失物為布料、衣服或戴在頭上、臉上的裝飾品。

59 若月亮在金牛座，失物為金或銀，或戴在脖子上的裝飾品，

---

250 ｜ 此處指的也許不是帳本，而是某種可裝載許多紙類的容器，例如第**60**句所提的容器。
251 ｜ **57-69**參考《結果》III.43, **6-7**。

或作為捐贈、獻給清真寺以及神明的物品。

60 若月亮在雙子座，失物為貨幣或支付時會使用的物品，或裝載書本的容器，或為神明製作的偶像。

61 若月亮在巨蟹座，失物為昂貴的、具水的特質[252]。

62 若月亮在獅子座，失物為金或銀，或為銅製品。

63 若月亮在處女座，則為女性的飾品或貨幣。

64 若月亮在天秤座，失物是由混合的物質所製成，或為身體所製作的物品，或購買時需要天秤稱重的東西，或手部的裝飾品。

65 若月亮在天蠍座，則為金、銀、銅或具光澤的物品。

66 若月亮在射手座，失物的顏色是多樣的，或為某種石頭，或為人們所渴望並競相追求的、位居眾人之上[253]的物品。

67 若月亮在摩羯座，失物則如上述月亮在巨蟹座般或類似的物品。

68 若月亮在水瓶座，失物則如上述月亮在獅子座般或類似的物品。

69 若月亮在雙魚座，失物則如上述月亮在射手座般或類似的物品。

— 由月亮得知失物狀態的其它法則 —

70 若[254]月亮增光且運行數據增加，被偷之物為新的東西；若月亮減光且運行數據減少，被偷之物為老舊不堪的。

71 詢問時若上升位在雙體星座，被偷之物則為兩樣東西，或為將兩種東西關聯在一起的事物；若月亮在雙體星座亦同此論。

72 若欲知被偷之物的數量，可計算月亮所在度數與水星所在度

---

252 | 這可能是指像珍珠般來自水的物品（例如龍涎香）。亦可譯為「（或）昂貴的，（或）潮溼的珠寶」。

253 | 原句也可被理解為「受人」尊敬的物品。

254 | **70-72** 參考《結果》III.43, **8-11**。

數之間的數目為何（有多少星座在兩者中間）：若為偶數，被偷之物的數量則為該數目或不止一個；若月亮和水星之間的星座為奇數，則被偷之物只有一個。

── *竊賊是誰？* ──

73 若[255]問竊賊是誰，先檢視此刻的上升。**74** 若上升逢兩個發光體注視，竊賊為屋裡或家中之人[256]而非外來之人。**75** 若發光體之一注視上升，另一個遠離上升且未注視上升，竊賊則非家鄉之人[257]，但為曾經到訪、為居民所知之人。**76** 若兩個發光體皆未注視上升，竊賊為從外地來的外國人，是居民不曾見過、也未曾到訪過的人。

── *由行星描述竊賊* ──

77 欲[258]知竊賊的穿著及其形象、膚色，可檢視詢問時位於上升對宮的行星。

78 若上升的對宮並無行星在內，則檢視由中天下降的星座（亦即自上升起算的第九宮）：若有行星在內，該行星可描述竊賊的樣貌、膚色以及穿著。

79 若該宮位為空宮，無行星在內，則檢視從上升下降的星座（亦即自上升起算的第十二宮）：若有行星在內，該行星可描述竊賊的樣貌、膚色以及穿著。

---

255 ｜ **73-76**參考《結果》III.44, **1**。
256 ｜ 或「家鄉」，或許「社區」更為適合。
257 ｜ 見以上的附註，第**76**句亦然。
258 ｜ **77-89**參考《結果》III.44，**2** – III.45，**1-7**。

80 若該宮位亦為空宮，則檢視詢問時月亮即將連結的行星：由該行星描述竊賊的樣貌。**81** 若詢問時的月亮並無即將連結的行星，則檢視月亮剛離相位以及即將抵達的行星（戴克補充：這裡可能是指月亮換星座時即將連結的行星，即雖然月亮已經空虛，但只要轉換星座，就會「抵達」某一行星）：由這兩個行星描述竊賊的樣貌。

82 若由木星描述竊賊的樣貌，竊賊的膚色為白色，身材微胖，目光炯炯有神，眼白佔整顆眼睛的比例較少，滿臉捲鬍，神色從容自若。

83 若由土星描述竊賊的樣貌，竊賊的長相醜陋，膚色黝黑，眼光緊盯地面（his gaze directed to the ground），精神渙散，眼睛細小，身材瘦弱，思想扭曲（crooked in sight），有黃色的斑點，四肢毛髮濃厚，眉毛連結在一起，為騙子或病態之人，而他的神色鬼祟、城府深，為深思熟慮之人。[259]

84 若由火星描述竊賊的樣貌，竊賊的膚色偏紅，留著淡紅色的直髮，目光敏銳，臉形圓潤，自由自在[260]，擅長說笑話，異想天開，陰晴不定，眼神銳利，專做傷人或奪人財物之事。

85 若由金星代表竊賊，竊賊的長相迷人，頭髮濃密[261]，有美麗的眼睛（黑色部分比眼白還多），臉頰白嫩，皮膚白裡透紅，身材微胖，形象良好，舉止得宜。

86 若由水星描述竊賊的樣貌，竊賊的身材瘦弱，骨架適中，有

---

259 | 句中「眼光緊盯地面」，在希臘文的《結果》中為「近視的」（short-sighted），亦即視力無法看到遠的地方，所以這可能也是阿拉伯文翻成「眼光緊盯地面的原因」。而隨後的「crooked in sight」雖然看起來似乎仍在講近視，但對照希臘文文獻，這裡是指他的思想是扭曲或是懷有惡意的。而此處的阿拉伯文也可能是指某人的「觀點」，所以也可以翻成他的觀點是扭曲或有惡意的。不過這裡的分別只有懂希臘文的人才能理解。另外，關於「有黃色的斑點」，更直接的說法是有黃疸。

260 | 此處也可理解為「居無定所」，或是「開心、快樂的」。

261 | 原句中該形容詞（英文翻為thick）出現在「頭」的後面，但句子的後面已形容他的身材微胖，故我猜測該形容詞應是形容髮型而非身材。

才能，雖為禿頭，但有美麗的鬍子，膚色偏黃，思想扭曲[262]。

87 若由太陽和月亮代表竊賊，並有行星會合或注視太陽和月亮，則可如上述般由該行星描述竊賊的樣貌。**88** 若太陽和月亮未注視行星，與其它行星不合意，也就是與其它行星之間皆無相位亦無會合在同一星座，此時若由太陽描述竊賊的樣貌，他的身材是微胖的，膚色偏紅，眼睛混有黃色。**89** 若由月亮描述竊賊的樣貌，他的外表是迷人的，膚色白皙，臉形圓潤。

── 由星座描述竊賊 ──

90 同時[263]應檢視星座的特質：若行星與星座徵象互相對應，就能更適當地描述，而愈精確了解星座的特質，則愈能知道如何檢視。**91** 星座的特質與形象可描述竊賊的樣貌與行為，行星亦是如此，因此你可綜合星座以及行星的位置來描述。

92 牡羊座代表竊賊為多才多藝之人，他的四肢毛髮濃密，體格健壯，目光低垂，頭頂光禿，蠻橫霸道[264]，神色愉悅，具幽默感，髒話連篇。

93 金牛座代表竊賊有著尖尖的鼻子、寬闊突出的額頭[265]、紮起的頭髮，形象多變而難以確認，對神祕事務、欺騙、兩面手法很有一套；他還有著大鼻孔，粗脖子，肥大的身軀，黝黑的眼睛，比一般人還短的眉毛，偏矮的身高。

94 雙子座代表竊賊身材高大，肩膀寬闊，形象良好，其中亦有

---

262 | 亦即思想「不正確」、「不正直」。
263 | **90-103**參考《結果》III.45, **8-9**。
264 | 原讀為「記號」。有斑點或胎記 (尤其是紅色的) 是合理的，但不合文法。《結果》在此則讀為「懦弱」的。
265 | 這裡的「額頭」亦可理解為「身體前面」，例如有著寬闊的胸膛。

人擅於書寫，或曾受人信任，或具身份地位，或受人歡迎。

95 巨蟹座代表竊賊的肩膀寬闊、骨架粗壯，他的頭髮是直的，臉色陰沉，皮膚黝黑，牙齒凌亂，身材高大，就比例來說下肢較長。

96 獅子座代表竊賊的頭髮略帶藍色或為紅色，膚色偏紅，頭髮平直，外表英俊，上肢比下肢來得強壯，雙腿較細，個性急躁粗獷，眼神銳利，神情如掠食性動物般敏銳，其中亦有人為摔跤手並因此知名。

97 處女座代表竊賊的身材比例勻稱，不會壯如猛獸，也不會骨瘦如材，他的形象良好，具忠誠度且誠實，其中亦有人擅於書寫，並因其才能而獲利或為他人所需要。

98 天秤座代表竊賊的外表英俊，皮膚白皙，四肢勻稱，彬彬有禮，擅長弦樂器與歌唱，通於音律與詩歌，長相俊俏，工作態度良好，語言精準，但他因受到金星力量的影響，將喜好漁色，對女性有強烈的欲望與熱情。

99 天蠍座代表竊賊有著濃厚的頭髮，頭髮是紮起來的，眼睛並非黑色而是深藍色，臉形圓潤，額頭窄小，[不確定][266]，雙腿修長，雙足強而有力，肩膀寬闊，他的氣質或形象就像會盜用他人錢財之人，既不謙虛亦不謹慎，不經允許就濫用權力，惡名昭彰。

100 射手座代表竊賊有著長的大腿、粗壯的小腿，後面比前面好看，蓄著或短或長的直鬍鬚，膚色偏紅，聰明機警，優雅；他喜歡四處游蕩，擅長射箭與手工藝，賺多少花多少，慷慨，其中亦有喜愛騎乘動物之人，或為禿頭、沒有頭髮者。

101 摩羯座代表竊賊為小腿偏細、[不確定][267]、身材削瘦的男

---

266 ｜原文看似描述額頭或身體的前面。《結果》在此處讀為「突出的喉嚨」。
267 ｜此處似是討論腿部的其它特徵。

性，他的臉看起來像山羊，個性猶豫不決，直鬍，看來精明幹練，但目光低垂，想法不會輕易隨著外境轉變，無論外表或思想都是輕浮的。

102 水瓶座代表竊賊的骨架適中但有力量，貪色又貪財，蓄著瀟灑的鬍鬚，飲食精緻，對食物與個人清潔格外講究，花費較多；他的一條腿會比另一條長且強壯。

103 雙魚座代表竊賊有著寬闊的肩膀，頭髮濃密，頭跟臉部較小，兩頰削瘦，眼睛黑色部分的比例比眼白多，行走時東倒西歪，因欲望過多而觀點扭曲[268]。

— *竊賊的地位與年紀* —

104 欲[269]知竊賊的地位與年紀，可由行星及星座的徵象綜合判斷。**105** 若有吉星注視描述竊賊的行星，竊賊是有社會地位的；若該行星遭凶星注視，則竊賊為奴隸或女僕，或從事服務他人的工作。**106** 若由金星描述竊賊，竊賊為女性，或為了女性偷竊。**107** 若由水星描述竊賊，竊賊為幼童或青少年。**108** 若由火星描述竊賊，竊賊為年輕人。**109** 若由木星描述竊賊，竊賊為成年人。**110** 若由土星描述竊賊，竊賊為年紀大的人。

111 除上述之外，應檢視行星所在的位置，與本書開端的敘述綜合判斷[270]。**112** 若行星為東出的，竊賊是年輕的；若行星為西入的，竊賊的年紀較大。

---

268 │《結果》則形容竊賊的性格多變，搖擺不定；有些以智力行事，有些則以行動取勝。
269 │ **104-18** 參考《結果》III.45, **10-18**。
270 │ 來源不確定，可見《摘錄》LXIV。

113 至於土星、木星及火星[271]，若其行動緩慢（也就是處於第一次停滯期時），竊賊才剛進入初老的年紀；若處於第二次停滯期，亦可依此判斷[272]；若這些行星位於太陽光束下，代表竊賊的年紀是老的。**114** 若行星即將離開太陽光束下，也就是即將轉為西入或東出，則東出代表年輕人，西入代表老人。**115** 若為土星即將離開太陽光束下或轉為東出，可加入行星東出後所在的位置綜合判斷他的年紀：也就是竊賊為成年人，但其歲數既非年輕也不老。**116** 若代表的行星為東出的水星或金星，竊賊為年輕的女性或男性；若為西入的水星或金星，則為成年人[273]。

117 若代表的行星位於自己的旺宮，竊賊為四肢健全之人；若為弱宮，則為四肢不全，或有缺陷[274]之人。**118** 若代表的行星接近自己的旺宮（或弱宮），亦可如上判斷。（戴克補充：此處的接近旺宮有兩種可能。其一是接近其旺宮度數，其二是即將轉換星座而進入自己的旺宮[或弱宮]）；若行星與位於旺宮或弱宮的行星連結亦可同論[275]。

— *竊賊是否為初犯* —

119 若[276]代表竊賊的行星在七天內會進入太陽光束下，竊賊為累犯。**120** 若有火星注視該行星，則竊賊曾入獄受刑，因竊盜而受盡磨難。

121 同時檢視幸運點：若它未受凶星注視，竊賊為初犯。

---

271 ｜ 按《結果》III.45, **13** 所加入。
272 ｜ 也就是年紀會更大。
273 ｜ 以下的圖示取自《結果》，因為其內容比《詩集》來得更善易懂。
274 ｜ 或殘障。換句話說，身體是殘缺的。
275 ｜ 此處應指與其它位於旺宮或弱宮的行星：例如，若代表因子為水星，與天秤座的土星連結。
276 ｜ **119-21** 參考《結果》III.45, **19-20**。

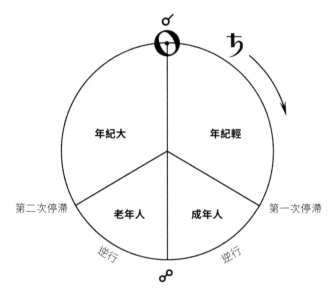

圖60：由外行星代表竊賊的年紀（《結果》III.45, **13**）

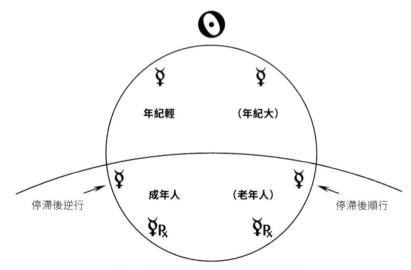

圖61：由內行星代表竊賊的年紀（《結果》III.45, **15**）

— 物品如何被偷竊或丟失？ —

122 若[277]由土星描述竊賊，而土星注視月亮和上升，竊賊是以欺矇詐騙的手段偷走物品的。

123 若由木星描述竊賊，竊賊原本無意偷竊，但因某些原因進入屋內後萌生了竊意[278]，亦即進屋後他發現了機會[279]，萌生行竊的念頭。

124 若由火星描述竊賊，而火星注視上升和月亮，竊賊用外力破壞或挖開物品所在房間的牆壁，或藉由破壞鎖、仿造鑰匙、從天窗進入的方式進入屋內。

125 若為金星，且金星注視上升和月亮，竊賊藉由與屋主的對話或友誼而進入屋內，因屋主的信任而得以行竊。

126 若為水星，且水星注視上升和月亮，竊賊肯定藉由謊言、騙術或耍小聰明進入屋內，且行竊的用意在於為屋主製造麻煩。

V.37：論逃逸

1 若[280]有男性奴隸或女性奴僕逃跑，或有犯人逃亡，欲知其主人是否能將他們找回，可由上升和月亮來論逃逸者，而太陽和中天則為尋找逃逸者之人的狀況，亦即他們的主人。

2 若上升和月亮位於轉變星座（且為日夜等長的星座）（譯註：即

---

277 | **122-26**，參考《結果》III.46。
278 | 或「產生」偷竊的念頭。
279 | 原句字面上的意義是，應該被隱藏或蓋住的物品。
280 | **1-7**參考《結果》III.47, **1-4**。

為牡羊座與天秤座），逃逸者的距離已非常遙遠（在陸上或海上）[281]。**3** 若上升位於雙體星座，逃逸者並非獨自上路，而有另一人同行。**4** 若上升為扭曲星座，逃逸者十分迷茫，並且已從原來的方向遠離或逃入洞穴[282]裡。**5** 若上升為直行星座，逃逸者並未遠離原來的路徑，亦不感到困惑，直到他抵達目的地。

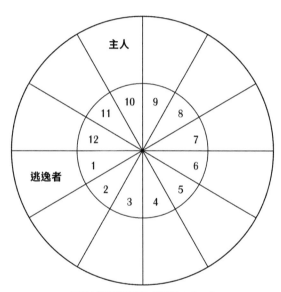

圖62：逃逸的四尖軸（《詩集》V.37, **1**）

6 若月亮並未在均分線[283]上，而是位於雙體星座的第一個度數[284]到15°之間，代表這是逃逸者第一次逃跑，但之後他會成為慣犯。**7**

281｜《結果》中則是指位於所有轉變星座，而且這些星座會阻礙逃逸者。我認為塔巴里的說法較為正確。

282｜也可能是「*被帶進洞穴*」。

283｜《結果》III.47, **4** 並未提及這個法則；而這個詞在天文學上原是指天赤道，但塔巴里經常用來代表黃道。而西奧菲勒斯（《軍事行動開始盤研究》第12章, **7**）亦將其理解為黃道。

284｜或「初度數」、「開始的度數」。

若月亮位於該星座剩餘的15°內，代表逃逸者為累犯。

— 逃逸的方向 —

8 若[285]月亮位於上升，逃逸的方向已轉至東方；若月亮位於中天，逃逸的方向則轉至南方；若月亮位於上升的對宮，為西方；若位於父親的尖軸宮，則為北方。

9 若月亮並未在上述的尖軸宮內，而是位於中天與上升之間的星座上，逃逸的方向已轉至東方；若月亮位於中天與上升對宮之間的星座上，則逃逸的方向已轉至南方；若月亮位於上升對宮與父親尖軸宮之間的星座上，則逃逸的方向已轉至西方；若月亮位於父親尖軸宮與上升之間的星座上，則逃逸的方向已轉至北方。

— 途中的磨難 —

10 若[286]月亮與停滯的火星連結，或停滯的火星注視月亮，逃逸者將會在抵達的國家殺害他人，還因此被逮捕或被以武力制服，並將被送回主人身邊。**11** 若上句並非火星而是土星，逃逸者則會做出可疑和欺騙之事，並因此而被逮捕。**12** 若土星停滯且與月亮連結，逃逸者將上吊自殺。**13**（此時若有吉星注視月亮，逃逸者將一路無事）。**14** 若土星並未停滯且與月亮連結，逃逸者在途中已將偷竊之物破壞且丟棄，而他將被逮捕送回主人身邊，逃逸的途中也將經歷許多磨難或被監禁。

---

285 ｜ **8-9** 參考《結果》III.47, **5-6**。
286 ｜ **10-17** 參考《結果》III.47, **7-12**。

15 若逃逸時吉星位於或注視上升，或吉星與月亮會合，逃逸者將確定能擺脫奴隸的身份。**16** 有關這個主題最幸運的吉星為金星，若金星注視上升或月亮，或金星會合月亮或位於上升：此時逃逸者將被拯救而非逮捕──即使被捕而送回主人身邊，主人對他仍和顏悅色，進而增強其控制權。

17 若月亮增光，追捕者的速度將無法跟上逃逸者，所以他不會被逮捕；若月亮減光，逃逸者將會被迅速逮捕。（戴克補充：根據《結果》，此句是在討論月亮增光與減光的情形，但我並不確定是否如此。也許都勒斯原意並非如此，而是指月亮的速度。）

── 發光體與凶星 ──

18 若[287]太陽位於上升的對宮，且土星位於隨太陽之後西降的星座（即自上升起算的第八宮），主人將在逃逸者被捕之前死亡。**19** 若凶星之一位於中天或與太陽會合，尋找逃逸者之事將無法順利；即便主人逮捕到逃逸者，隨後也會遭遇傷害與困難。

20 若逃逸時月亮位於上升的對宮，而火星位於上對宮之後的星座（即自上升起算的第八宮）且無吉星與月亮形成相位來幫助，逃逸者在途中將會經歷千辛萬苦，並死於這些災難。**21** 若月亮位於上升的對宮，但非火星而是水星位於月亮之後的星座，且火星以三分相注視水星，逃逸者在途中將遭厄運，而最後的結果是死亡。

22 若月亮位於太陽光束下，無法發出自身的光芒，同時火星亦注視月亮，逃逸者在途中將遭遇毀滅，例如遇到火災或被鐵器殺死。

---

287 | **18-27**參考《結果》III.47, **13-19**。

23 當月亮位於太陽光束下，且減少自身的光芒[288]時，檢視她所在星座的特質：因該星座象徵逃逸者死亡的原因。**24** 若所在星座為人性星座，則將被人所傷。**25** 若星座特質為可騎乘的四足動物，則將受野獸所傷。**26** 若月亮減光，應檢視她所在星座的特質。**27** 若位於土象星座，建築物將會倒塌而將逃逸者活活壓死。

— 月亮受剋 —

28 若[289]月亮位於上升的對宮且在太陽光束下，並逢土星由潮溼星座[290]注視，逃逸者將因水災而溺斃。**29** 若土星又與水星會合，逃逸者將會自殺。**30** 若木星和金星會合於上升的對宮或注視月亮，托靠主，可解救逃逸者免於這些傷害——尤其若木星和金星閃耀自身的光芒並具力量。

31 若月亮與火星在黃經上會合[291]（戴克補充：此處應是指月亮與火星連結，但火星必須是順行的），此刻逃逸的人將在途中遭到毒打或禁錮。**32** 若月亮與火星在黃緯[292]上有所連結，而且木星注視火星，則月亮與火星的連結將會讓逃逸者在途中嘗盡毀滅的恐懼——但也因為木星注視月亮而免於被毀滅（戴克補充：此句可能描述三個條件：(1) 火星於第七宮沉落，且 (2) 月亮位於續宮或在火星之後西降，且 (3) 木星注視月亮）。**33** 若月亮與凶星位於任一尖軸宮[293]，此刻逃逸的人之手腳將在途中被砍斷，死於非命。

---

288 │《結果》中月亮減光並非必要條件之一，但這是合乎邏輯的。
289 │ **8-37** 參考《結果》III.47, **20-28**。
290 │《結果》中還加入上升為獅子座。
291 │《結果》中為火星順行，並非黃經的連結。
292 │《結果》中為火星西降且月亮隨之下降。
293 │《結果》中此處並未包含上升。

34 若月亮位於中天，且火星位於月亮右方的另一個星座[294]，而土星位於月亮左方的另一個星座，則月亮將被擠壓在其中，或兩者以相位擠壓月亮[295]，此刻逃逸之人將被絞殺而死。**35** 若火星位於月亮的左邊且土星在月亮的右邊，而月亮被擠壓其中，此刻逃逸之人將在途中被釘在十字架上而死亡。**36** 若月亮位於中天的尖軸宮、上升的對宮或父親的尖軸宮，且太陽位於月亮左方或右方的星座，火星位於相對於太陽的另一方，月亮被兩者擠壓在中間，此刻逃逸之人將被活活燒死。

37 若月亮位於太陽光束下，且太陽所在星座之主星並未注視月亮[296]，主人將在逃逸者被逮捕前死亡。

— 逃逸者返回 —

38 若[297]逃逸時上升及月亮（或[298]月亮星座的主星）位於轉變星座，逃逸者將會返回主人身邊並順從於主人。

39 若月亮同時注視吉星與凶星（無論它們在同一星座或在不同星座），逃逸者將被逮捕，尤其若凶星與月亮形成四分相或對分相時——更確切地說，當月亮來到凶星之處時，逃逸者就會被逮捕。**40** 承上句，若逃逸者那時未被逮捕，每當月亮來到凶星之處時，他都將受到苦難與傷害。

41 若月亮和上升皆受剋，又無吉星注視上升及月亮，此刻逃逸

---

294 ｜更適當的說法是，位於與月亮相鄰的其它星座。.
295 ｜此句清楚地說明了月亮被凶星的星體及相位圍攻。
296 ｜《結果》中則為月亮的主星並未注視月亮（有時月亮在太陽光束下但位於與太陽相鄰的星座，此時太陽的主星未必為月亮的主星）。亦見《摘錄》LIX。
297 ｜**38-50** 見《結果》III.47, **29-37**。
298 ｜但《結果》讀為「且」。

之人將難以返回；即使返回，也將飽受厄運與苦難的折磨。**42** 但若有吉星注視上升及月亮，且該吉星位於固定星座，而上升及月亮與凶星不合意，逃逸者勢必會被解救，而他的主人亦將改變心意不逮捕他。**43** 若注視月亮和上升的吉星不在固定星座，而是位於轉變星座或雙體星座，則逃逸者將返回或被逮捕，但他的主人不會因為其逃逸而對他作惡或感到憤怒，怒氣也會被化解。

44 若太陽注視上升和月亮，此刻逃逸或偷走財物之人將被其主人所逮捕，財物也將物歸原主。**45** 若火星注視上升和月亮，逃逸者將迅速被其主人逮捕。**46** 若土星注視上升和月亮，逃逸者將不會被主人所逮捕，即使被逮捕，其過程也將是緩慢的且困難重重。

47 若逃逸時木星位於上升的對宮，主人的怒氣將可減輕或被化解，亦不會為難或傷害他。**48** 若金星位於上升的對宮，代表逃逸者正位於敬拜神明的地方[299]。

49 若上升的主星位於所在星座的第一個外觀或注視著它[300]，代表逃逸者並不在人們認為的地方，亦不在遠處而在近處。**50** 若有逆行的行星與上升的主星會合，且從其所在之處注視它所主管的宮位，代表逃逸者不在遠處而在近處。

— 月亮和上升的星座 —

51 接下來[301]我將說明，在無行星會合或注視上升及月亮的情況下，上升及月亮所在星座與逃逸事件的關係。**52** 應檢視：若上升為

---

299 ｜ 這也可能是指他找到庇護之所。
300 ｜《結果》中此處為任何位於廟宮的行星注視上升和月亮。
301 ｜ **51-69**參考《結果》III.47, **38-51**。

牡羊座,或月亮位於牡羊座(也就是在這個時刻逃逸),且上升位於牡羊座、雙子座、獅子座、射手座或雙魚座,主人可迅速逮捕逃逸者,甚至逃逸者將自願回歸投降[302]。

53 若逃逸時的月亮位於牡羊座,而上升位於上述以外的星座,即便尋找之人準備充分[303],態度積極[304],亦無法逮捕逃逸者。

54 若逃逸時的月亮或上升位於金牛座,尋找之人將獲得勝利,但過程將令人疲倦不堪,困難重重且進度緩慢。

55 若月亮或上升位於雙子座的15°之前,尋找的人若無法在逃逸後兩天內逮捕逃逸者,逃逸者將順利潛逃至遙遠的地方,永遠不會被逮捕,而他存活的消息將會傳回主人耳裡(戴克補充:須兩天之內逮捕可能是因為雙子座為雙體星座,因此有雙重的性質,即前半部有扭曲星座的性質,故事情進展的速度較快;後半部則有直行星座的性質,故事情進展較為緩慢。換句話說,若要改變事情必須要在幾天內完成,否則將難以改變)。**56** 若上升位於雙子座其餘的15°,逃逸者將迅速被逮捕[305]。

57 若逃逸時的上升及月亮位於巨蟹座,主人將會在敬拜神明之所逮捕逃逸者,但過程將十分緩慢。

58 若逃逸時的上升及月亮位於獅子座的前半部,逃逸之人將會返回;但若是位於獅子座的後半部[306],逃逸者將藏匿於位高權重者之處,而主人將礙於這位掌權者,必須花費大量的時間與精力才能將逃逸者逮捕。

---

302 | 可與下一句相互比對;《結果》內並無此句。
303 | 或「使盡全力」。
304 | 或「全情投入」、「全神貫注」。
305 | 《結果》是說他將不會被發現。
306 | 《結果》III.47, **43** 所加入。

59 若上升和月亮位於處女座，逃逸者的動作迅速敏捷[307]，經常轉換地方，因此尋找之人必須經歷千辛萬苦，才能逮捕逃逸者。

60 若上升或月亮位於天秤座，尋找之人將獲得勝利，但在那之後逃逸者將因畏懼主人的憤怒而再次逃走。

61 若上升和月亮位於天蠍座，尋找之人可迅速地在敬拜神明之所[308]逮捕逃逸者，逃逸者也有可能自願投降而返回。

62 若上升和月亮位於射手座，此時尋找之人若無法在五天內逮捕逃逸者，則尋找之人將死亡，在死之前都無法知道逃逸者的去處，亦無法逮捕逃逸者。

63 若上升和月亮位於摩羯座，逃逸者將不停轉換藏匿之處，尋找之人必須耗費大量的時間並歷經重重的困難才能逮捕逃逸者。

64 若上升或月亮位於水瓶座的前10°[309]內，尋找之人將獲得勝利。**65** 若上升和月亮位於其餘的度數，尋找之人將無法尋得逃逸者，亦無望取得勝利。

66 若上升或月亮位於雙魚座的前面幾個度數[310]，尋找之人將無法逮捕逃逸者。**67** 若上升或月亮位於其餘的度數，尋找之人將可獲得勝利。

68 若月亮位於雙體星座的前半部，逃逸者為初犯；但若月亮位於雙體星座的後半部，逃逸者為累犯，而他也會坦誠不諱。

69（這個主題有其模糊之處，因為人們通常無法知道逃逸的正確時間：只能檢視主人聽到男性或女性奴僕逃逸的消息時所繪製的開始盤。）

---

307 ｜《結果》III.47, **44** 則讀為，由於處女座具有翅膀的形象，要抓到逃逸者非常困難。
308 ｜《結果》稱逃逸者將來到神聖的區域，但並未提及是否會被抓到。
309 ｜《結果》為15°。
310 ｜亦即前15°內《結果》。

— 無法歸類的內容 —

戴克評論：論逃逸的內容可說在第**69**句告一段落，與《結果》亦是對應的（除了以下第**76**句之外）。而**70-79**則來自手抄本**C**的第60b頁（第**20**行）到61a頁（第**7**行），之後就直接跳到第67a頁（第**1**行），重覆**78-79**的內容後又繼續，直到第**84**句。有些句子具明確的主題，但與《結果》的內容並不一致；有些句子則較具有一般性且主題不明。這些句子可分類如下：

- **70-75**：開始盤的一般性建議。
- **76**：論逃逸，其內容很明顯地與《結果》III.47, **97**，即論逃逸的最後一句是一致的。
- **77**：討論什麼樣的開始盤是不利的；可能與**76**相關。
- **78**：討論逃逸者或竊賊，但內容並不明確。
- **79**：討論什麼樣的開始盤是成功的，但沒有前後文。
- **80-81**：論海上旅行。
- **82**：論逃逸。
- **83**：論新月與滿月。
- **84**：論水星會合凶星。

然而，若將第**81**句和第**82**句與《摘錄》LXIX相比，可發現**81-83**可能自成一個章節。

70 同時由月亮的連結檢視這些主題：若開始某一事項時，月亮先與吉星連結後再與凶星連結，事情的開始是順利的，但結果是不佳的。**71** 若與上述相反（亦即月亮先與凶星連結後再與吉星連結），事情的開始是困難的，但結果是好的。**72** 若有行星位於上升星座的前面10°內，此刻開始進行的工作或事項將會是輕鬆的。**73** 若有行星位於上升星座其餘的度數內，此刻開始的事項將會遭遇延遲與困難。**74** 若木星位於上升且月亮與土星或火星有所連結，此刻開始的工作在開始時將會是順利、容易的，結果卻是困難與不佳的。**75** 若行星的配置與上述相反，則情況亦相反。

76 若月亮位於太陽光束下，此刻逃逸的人將不會被其主人逮捕；即使被逮捕，過程也是緩慢的。

77 所有在此刻進行的事項，其開始盤都是不佳的。

78 若月亮與凶星在同一度數會合，且位於上升或其它宮位，尋找之人將無法尋獲逃逸者，亦無法追回被偷或被損壞的物品。

79 任何在此刻進行的事項都會成功。

80 ……或[311]登船開始海上旅行是不利的，代表登船之人將會遭遇困難與恐懼。**81** 若時值新月或滿月，且凶星與兩個發光體形成對分相，而水星又與傷害發光體的凶星會合，則此刻登船航海之人的船隻將會沉沒，船上的人們與物品將全數被毀滅。

82 ……且在此刻逃逸之人將會在途中迅速死亡。

83 因為新月與滿月確實會毀壞任何人與事，尤其若事主又剛好是在新月或滿月出生時。

84 若水星與凶星會合，水星會加強凶星帶來傷害與厄運的力量。

---

311 ｜ 在手抄本第67a頁中，此句以重覆第**79**句中間的部份為開始，但由於第**79**句已完整地呈現在61a頁，因此第**80**句我是從中間開始翻譯的。

V.38：論驅魔

1 欲驅趕[312]佔據房子的惡魔或其它不明靈體，抑或有發現類似徵象[313]（不明的敲門聲或惡魔），而你[314]欲使用藥物或咒語驅逐，抑或以宗教方式、藥物、其它魔法淨化某場所或住所，此時須使上升或月亮位於牡羊座、金牛座或雙子座。

2 開始時應避免上升和月亮位於巨蟹座和獅子座。

3 若上升和月亮在處女座和天秤座是適合的。

4 若兩者位於天蠍座是不利的。

5 若位於射手座和摩羯座是適合的。

6 若位於水瓶座是不利的。

7 若兩者位於雙魚座是適當的。

8 最適合也最有力的時刻為木星和金星與月亮會合或位於上升之時。

V.39：欲恢復健康或飲用瀉下的藥物，或其它關於以嘔吐或瀉下的藥物來恢復健康

1 若[315]因飽食難安而求治療，或欲使用鼻劑或其它藥物，或因頭部疾病而欲減緩疼痛，應在月亮減光且位於牡羊座或金牛座時進行：因為這兩個星座位於上升的區域且確實十分有力（譯註：它們與頭部

---

312 | 此章節見《結果》III.33，但《結果》只提到藥物的治療。
313 | 此處亦可能是「人」被佔據，但如此敲門聲就不合理了。因此究竟是房子還是人被佔據並不清楚。
314 | 原文為「他」。
315 | 此章節見《結果》III.34, **12** 以及《片斷》V.38, 1-2。

有關）；若月亮又逢吉星注視更佳。

2 欲飲用瀉下的或讓胃舒緩的藥物，或注射藥劑[316]，或飲用任何能減輕腸胃負擔的藥物，最適合的時刻為月亮位於天秤座或天蠍座之時，因這兩個星座是隱藏的且被稱為下面的區域；若月亮同時又逢吉星注視更佳。

V.40：欲使用鐵器或解剖刀切開身體或切開靜脈放血

1 欲[317]切開靜脈或刺絡拔罐，或從事類似事項（以鐵器切開身體），應避免上升或月亮位於金牛座、處女座、摩羯座、雙魚座：因為這對該事項是不利的。

2 同時[318]應避免在新月時進行，直到月亮與太陽相距超過13°而離開太陽光束下。**3** 亦應避免月亮從對分太陽之處離開而減光，因為這也是不利的。

4 同時[319]應謹慎避免火星的傷害，不可使他位於上升或與月亮會合或注視上升或月亮。**5** 若在火星與土星同時注視上升或月亮之際以鐵器切開身體，該療程對此人將毫無助益，或者很快他又得再一次接受同樣的治療。

6 接受[320]治療最佳的時刻為，當月亮減光且無凶星位在隨月亮之後上升的宮位（也就是位於月亮之後）[321]。**7** 使月亮與上升會合金

---

316 | 也就是灌腸藥《片斷》V.38, 1-2）。
317 | 見《結果》III.32, **2**。
318 | 此段見《結果》III.32, **3**。
319 | 此段見《結果》III.32, **7**。
320 | 此段見《結果》III.32, **1**。
321 | 換句話說，自月亮起算的續宮或第二個星座。

星，抑或使木星或金星注視上升且月亮位於上升之內，並清除了凶
星的傷害。

8 另外[322]應避免在月亮或上升位於主管身體某部位的星座時，以
鐵器或解剖刀切開該部位。

9 若[323]在月亮位於轉變星座或雙體星座時開始該事項是不利的，
除非有吉星會合或注視月亮。

V.41：若眼部發炎或被遮蔽，或欲以鐵器治療時

1 你[324]應在月亮運行數據增加且增光，而木星或金星會合月亮
或注視月亮時進行。此時火星不能注視月亮（須清除火星對她的傷
害）：因火星對運行數據增加且增光的月亮傷害最甚。

V.42：論疾病，以下引述[325]吉特里納斯・沙德瓦利的法則

1 他說[326]：欲知疾病的發展以及結果，應檢視發病時的上升、月
亮、上升主星、月亮所在星座的主星、月亮所連結的行星（為何）以
及月亮的十二分部。

---

322 ｜見《結果》III.32, **4**。
323 ｜見《結果》III.32, **8**。
324 ｜見《結果》III.32, **5**。
325 ｜但我們從V.30及《片斷》中的三部分內容——(1) V.41, 1-41; (2) V.41, 1-34; (3) V.41, 36-68得知，此處大部內容實源於都勒斯本人。
326 ｜第**1**句見《片斷》V.41, 1-41 (**6**) 及《片斷》V.41, 1-34 (**1**)。

2 若發病時[327]月亮的主星及上升的主星離相位於吉星，而吉星注視上升、月亮以及月亮的十二分部，且月亮又與吉星連結，此刻的開始盤預示病人將會恢復健康，並能迅速治好疾病，托靠主。**3** 但若火星或土星位於上述的位置，代表疾病將會持續很長的時間。**4** 若代表疾病的主星為火星，病人將受熱病的傷害；若為土星則為長時間的疾病，病人將為結核病、寒冷以及身體的腫脹[328]所苦。

5 若[329]土星和火星傷害月亮，但未傷害上升，疾病會傷害他的身體。**6** 若兩者皆傷害上升卻未傷害月亮，則疾病將傷害他的靈魂，擊潰他的理智，使他無法分辨是非，或因其它類似的不幸而傷害他的靈魂。**7** 若土星和火星傷害上升，且兩者皆未逢吉星注視，則病人將被疾病毀滅，而疼痛處則為月亮星座及上升的星座所主管的身體部位。**8** 若凶星位於該星座或與其對分，則痛苦將加劇。

9 欲知[330]病人是否能從疾病中獲救，可由檢視行星的相位得知。

— *關鍵日與度數* —

10 欲[331]知病人的後續，何時變得痛苦或輕鬆，可檢視月亮的狀況。**11** 當月亮來到凶星所在之處或遭凶星注視（即月亮實際的行進或過運），對病人而言為最痛苦的時刻，疼痛將會加劇。**12** 若月亮來到凶星所在之處或與凶星形成相位，且月亮位於凶星的界上，為病人

---

327 │ 此段見以上 V.30。第**2**句見《片斷》V.41, 1-41（**7**）及《片斷》V.41, 1-34（**2**）。

328 │ 具體來說為腫瘤。

329 │ 此段見《片斷》V.41, 1-41（**8-10**）及《片斷》V.41, 1-34（**3-5**）。

330 │ 見《片斷》V.41, 1-41（**11**）。

331 │ 此段見《片斷》V.41, 1-34（**6-7**）

情況最嚴峻的時候。**13** 但若月亮位於上述位置及界時病人倖免一死，則隨後當月亮來到吉星所在之處或有吉星注視月亮之時[332]，他的疼痛與疾病的症狀將會減輕。

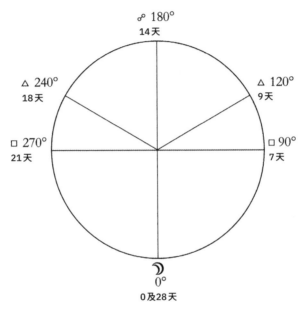

圖63：關鍵日（《詩集》V.42, **14**）

　　14 實際上[333]月亮在7天後將在原位置的左方形成四分相，9天後在左方形成的三分相，14天後形成對分相，18天後在原位置的右方形成三分相，21天後則在右方形成四分相，而第28天後則回到她原來的位置[334]。　**15** 當月亮來到上述的天數相應位置時，可準確判斷

332｜尤其若月亮位於吉星的界上（《片斷》）。
333｜此段見《結果》III.31, **8-9**，《片斷》V.41, 1-41（**12-14**）以及《片斷》V.41, 1-34（**8-11**）。
334｜此處只是大概的時間，因為月亮只需27天多就能回到原來所在的位置。28天只是大概的算法，那時月亮會再次來到太陽的光束下。

病人的情況。**16** 因此每當月亮在這些天來到上述的位置，同時凶星會合或注視月亮時，病人的痛苦將會加劇而難以承受。**17** 但當月亮在這些天來到這些位置時，若有吉星注視或與會合月亮，則病情可減輕。

18 以下[335]我將指出判斷病情時應優先考慮的時刻，即月亮來到與發病時位置相距10°及40°之處時：當過運的月亮來到與原來位置相距10°及40°之日，是判斷病情時應優先考慮的。**19** 若月亮來到這兩個位置的同時，亦有吉星來到或注視該位置，托靠主，病人將可從疾病中獲得拯救而復原。**20** 但若在月亮來到這兩個位置時，凶星亦來到或注視這兩個位置，他的疼痛將會增加，甚至因疾病而毀滅。**21** 若與月亮連結的是火星，且疾病的開始盤為日間盤，病人的疼痛將會加劇而難以承受。**22** 但若開始盤為夜間盤且與月亮連結的是土星，（病情）亦同此論，病情將變得更為嚴重。

23 若[336]疾病開始盤的上升或月亮位於轉變星座，病情並不嚴重——甚至他將可恢復健康——但疾病有可能再次復發。**24** 若疾病開始盤的兩個發光體皆在地平線以下，疾病是可怕的，但不能單憑此就判斷病人會被毀滅和死亡。**25** 此時還須檢視凶星的相位，以及兩個發光體與吉星、凶星是否有所連結，藉此了解病情以及病人未來的發展。

26 此外[337]在這些稱為「判斷日」的日子中，若月亮來到開始盤中

---

335 | 此段見《片斷》V.41, 1-34（**12-15**）。但要注意《片斷》並無10°及40°的說法，而是第7天和第14天（日間盤），以及第10天或20天（夜間盤）。後者的邏輯可能是，第10天月亮才剛與原來的位置形成三分相，而在第20月亮即將第二次與原來的位置形成三分相。另外夜間盤的疾病還必須在關鍵日之前或之後的晚上才能確定病況。另一方面，西奧菲勒斯（《論各類開始》章節6.2, **9**）則建議應觀察月亮在第3天的狀況：若月亮每日行進12°-13°，那麼第3天月亮將會來到與原來位置相距約40°之處。

336 | 此段見《片斷》V.41, 1-34（**16-17**）。

337 | 此段見《片斷》V.41, 1-34（**18-19**）。

土星所在的位置，病情會變得更嚴重，病人將不斷感到寒冷而顫抖，過於虛弱而臥床，神經也會抽動痙攣不已。**27** 若月亮來到火星的位置，病情亦會加重，並突然遭受猛烈的高燒襲擊，疾病將由過度的熱所引發，也許還有流血的症狀；此時不一定要讓血液流出，或去處理血液的問題[338]，因為病人並不會[339]因此而受益。此時病人將大量流汗，直到症狀平息[340]。

28 若[341]疾病的開始盤中，月亮運行數據增加且與太陽或火星位於同一星座，當過運的月亮在原來位置的左方形成四分相或與其對分時，病人恐將遭遇毀滅與死亡。**29** 若月亮四分或對分其原來的位置時遭受到土星的注視，但她的運行數據增加，則病人將托靠主獲得治療並痊癒。**30** 若月亮在會合或注視土星之時運行數據減少，就不能與上句同論，且月亮亦無法因為土星的相位而受益。**31** 若疾病的開始盤中月亮會合太陽，但月亮正離開太陽，那麼當月亮回到原來的位置或與其對分，且有吉星注視或會合月亮時，病人在當天將會痊癒，托靠主（祂超絕萬物！）。**32** 但若月亮在此情況下會合凶星（或凶星注視月亮），則病人無疑將在當天死亡。

── 由四尖軸判斷疾病 ──

33 亦[342]可由四尖軸判斷病情。**34** 上升代表醫生，中天代表病

---

338 ｜此處應是指放血。
339 ｜「並不會」為戴克所補充。
340 ｜此處可能是「流汗」或「被拯救」。因此本文的意思可能是指，我們並不一定得用放血來處理，因為流汗亦可達到同樣效果；或不須放血，或只要些微放血即可，因為病人終究會痊癒。《片斷》及《結果》並無這個句子。
341 ｜此段見結果III.31, **1-3**以及《片斷》V.41, 1-34（**20-22**）。
342 ｜此篇見《結果》III.31, **1-3**以及《片斷》V.41, 1-34（**20-22**）。

人，上升的對宮代表病因（是什麼疾病），而父親的尖軸宮代表治療與療程，托靠主。

35 若發病時凶星位於上升之內，醫生對病人的治療將不會起任何幫助，無論付出多少努力或開什麼藥劑：醫生的任何行為都會帶來傷害。**36** 但若吉星位於上升，醫生將對病人有極大的幫助，他的處方效果也是令人滿意的。

37 若有吉星之一位於中天，托靠主（祂超絕萬物！），病人所接受的治療將是有益的。

38 若有吉星之一位於上升的對宮，則病人無須服用任何藥物或接受其它的治療，他不會患有令人擔憂的疾病，總之治療是輕鬆容易的。

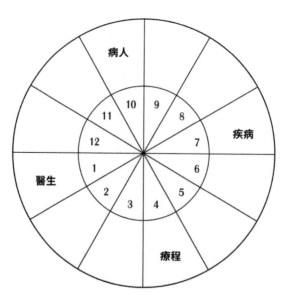

圖64：治療病人的四尖軸（《詩集》V.42, **33**）

39 若見凶星之一位於上升且[343]吉星之一位於上升的對宮，即使治療病人的醫生既親切又專業，病人也無法從他的治療受益，而該醫生的名譽也會被下一位醫生承接。

─ 從本命盤判斷病情是否會加劇及死亡 ─

40 欲知病人的病情或是否會死亡，在得知病人本命盤的情況下，可檢視過運的月亮在行進的過程中來到本命土星所在之處的時刻。

41 此時若發病盤中的土星亦在其[344]過運中會合或注視月亮，病人將受嚴重疾病的威脅。

42 若過運的月亮來到本命火星所在的星座，且火星亦會合或注視月亮，疾病將由強烈的熱所引發，病人將陷入恐懼之中。

43 若過運的月亮來到本命土星或火星所在的星座，且兩者之一會合月亮而另一個注視月亮，病情恐將急轉直下、更加嚴重。**44** 若過運的月亮來到本命凶星所在之處的同時亦觸及一顆吉星，且該吉星的過運亦來到本命月亮所在星座或注視本命的月亮[345]，病情雖會延長且加劇但仍能獲得救助，托靠主。

---

343 ｜ 原讀為「或」。
344 ｜ 此處也可能是指「月亮」的過運，亦即過運的月亮會合過運的土星以及本命的土星。
345 ｜ 原讀為「且在其星座內，來到該星座或注視該星座」。

── *7日或9日計算法以及發光體* ──

45 若[346]已知病人的本命盤，可先判斷其為7個月內出生或9個月內出生。（戴克補充：這是區分病人為7個月內出生或9個月內出生的，雖然我們很難想像沒有現代醫療的幫助，7個月就出生的早產兒將如何存活。）**46** 並從出生當日計算到發病之日有幾日；若病人為7個月生者就除以7，為9個月生者就除以9。**47** 若如上述相除後無任何餘數，代表病人的一生已完成，生命來到了終點即將死亡。**48** 埃及人的一年為365天[347]，若將其除以7則餘數為1：即7個月內出生者，截至生病之日前，每一歲可計為1日；若為9個月內出生者，截至生病之日前，每一歲可計為5日[348]。**49** 以當年的歲數來計算相應的存活日，會比將所有的天數轉換成存活日來得容易[349]。

50 另外[350]可檢視本命的太陽和月亮所在的位置，並計算兩者中間經過多少星座（包括兩者所在之星座），並將此數字謹記在心。**51** 之後將生病之前已經完成的日子除以太陽和月亮相距的星座數字。

---

346 | 此段見《片斷》V.41, 38-68（**6-7**）。然而《片斷》中並無明確提到命主為7個月內出生或9個月內出生：它只是將7天與9天的計算法應用於每一個人。感謝埃杜阿爾多・格拉馬格利亞的提醒，瓦倫斯亦提過類似的方法（《占星選集》III.8）並稱其源自尼切魯斯。不過兩者最大的差異在於：第一，後者認為這個方法並非要確定命主為7個月生或9個月生，而是計算能否被7或9整除來判斷關鍵日（戴克補充：即若生日到生病的日數能被7或9整除，代表病得很嚴重）（它給出了7日的算法，但9日的算法並不完整）；第二，瓦倫斯是利用天狼星借日升之日與該年生日之間的日數（而非出生之日到臥床之日），這個方法明顯只適用於埃及人。之後瓦倫斯還提到，因為有些學者抱怨此法不適用於所有人，所以他才提出可計算天狼星借日升之前的新月與生日之間的天數。

347 | 亦即埃及的曆法為一年365天。

348 | 埃及的曆法為一年365天，若除以7，則得52（364天）餘1。因此若病人為25歲整，他可得到25個「存活日」（1*25=25）。但若將天數除以9，則得40（360天）餘5：那麼他的「存活日」為125天（5 * 25 = 125）。（都勒斯並未提及是否須去掉每4年——也就是閏年時多出的日數。）

349 | 也就是說，以每年的歲數計算存活日，會比歲數乘上365天再除以7或9來得簡單。

350 | 此段見《片斷》V.41, 38-68（**8-9**）。這是另一種計算的方式。假設命主為25歲，其本命的太陽在金牛座，月亮在處女座。包括太陽和月亮所在之星座，兩者之間距離五個星座。若不考慮閏年（實際上應該要考慮），命主已經完成的天數為9125（25 * 365 = 9125）。將此數字除以太陽及月亮之間的5個星座，結果為1825而沒有餘數，因此他能從疾病復原的機會只最小。但若把閏年加入考量，25歲之前會經過6個閏年，代表將全部的天數除以5將會有餘數產生，生存的機會自然就提高了。

52 最後若無數字剩下，代表疾病非常嚴重，命主將無恢復或被解救的希望。

— 其它建議 —

53 若[351]生病時過運的月亮來到本命自上升起算的第六宮（事實上此宮位被稱為疾病之宮），或來到自上升起算的第八宮，或父親之宮，或本命月亮所在的星座，病情並非不嚴重、可被輕忽的，而是嚴重可怕的。**54** 若過運的月亮來到上述的宮位且月亮注視著吉星，疾病可望化解，托靠主，命主得以獲得解救。**55** 但若為凶星注視月亮，命主恐將遭受死亡[352]的威脅。

56 最可怕的是若發病時月亮來到本命的致命行星[353]所在星座：所謂致命行星為本命父親尖軸宮的第一個三分性主星（因為父親之宮的第一個三分性主星代表死亡，第二個主星則代表疾病）。

57 有一些三分性主星被稱為是「邪惡」的：若日間的開始盤中三分性主星為日間行星[354]，而夜間的開始盤中三分性主星為夜間的行星，則這些行星為邪惡的。**58** 因此若父親之宮的三分性主星並非如上述般邪惡，它只會代表疾病或慢性的疾病。**59** 另外最令人害怕的是，若過運的三分性主星或致命行星與月亮會合或注視月亮時。

60 論[355]疾病亦要檢視本命及開始盤中太陽和月亮的位置。**61** 若月亮離開太陽後繼續往前，來到其本命位置的左方形成四分相，或

---

351 ｜ 此句見《片斷》V.41, 38-68（**10-11**）。
352 ｜ 原讀為「疾病」。
353 ｜ 在拉丁文化中，這個行星又被稱為「殺手行星」(planeta/stella interficiens)，希臘文為 anairetēs（「毀滅者」）。
354 ｜ 此句的原文中的行星有時單數有時複數著實讓人迷惑。都勒斯可能主要是想表達，若第一個三分性主星符合開始盤的日夜區分，將不會致命，只會表現出疾病的徵象。
355 ｜ 此段見《片斷》V.41, 38-68（**12-13**）。

她即將來到開始盤中太陽所在之處，疾病可望化解，病人將得以快速恢復[356]。**62** 但若月亮在左方四分其本命位置之前，無法來到開始盤中太陽所在之處，代表疾病會持續一段較長的時間，病人須經歷長時間的辛苦後才能復元。

V.43：論遺囑

1 欲[357]立遺囑，應在[358]上升和月亮位於轉變星座時開始進行，因為這代表遺囑的內容或立遺囑之人的心意將會改變。**2** 他應該在月亮的黃緯度數[359]增加、運行數據減少[360]且增光時立遺囑，同時月亮應自黃道中間往北方前進，並即將與停滯的行星產生連結，但該行星不能在太陽光束下。**3** 若該停滯的行星在太陽光束下，它代表迅速的死亡，但若該行星與太陽並不在同一星座，則它將離開太陽光束下，如此就不會有迅速的死亡。

4 應[361]避免火星會合月亮或位於上升[362]，或與上升四分、對分，或注視月亮或上升時立遺囑：若在此時立下遺囑，即使遺囑的內容不會改變，病人也將死於疾病，且遺囑在病人死後將不會被執行，後人

---

356 │《片斷》的說法更為直接：若疾運盤的月亮四分其原來位置之前，與（本命盤或疾運盤的）太陽之一有所連結，疾病將能減輕。但它並未提及必須是星體上的連結；但我認為應該是指星體的連結，因為月亮在四分其原來位置之前，不太可能不與其它行星產生相位。

357 │ 此段見《結果》III，附錄B，**1-2**（附錄的內容比本章的內容更為完整）。

358 │ 此處並不正確。這裡應理解為「應避免」：《結果》則為應「小心觀察」月亮是否在轉變星座，而不是這樣的星座是*好的*。的確，人們不應該在轉變星座時立遺囑，這代表遺囑很會有所變化。薩爾《擇日書》第8章，第2句的內容則是正確的（譯註：可參見《選擇與開始》第三部，薩爾《擇日書》，§97a）。

359 │ 按《結果》所加入。

360 │ 也就是行進速度減緩。

361 │ 此段見《結果》III，附錄B，**3**。

362 │ 從此處到冒號處為兩本手抄本的第5句所遺漏的內容，而兩本手抄本的原來的第5句實為重覆第4句大部份的內容。補充後的句子大致與《結果》相同。

將反對、改寫或偷走這份遺囑。

5 若[363]上述中為土星而非火星,即土星會合月亮或上升,將會延遲立遺囑的時間,此事將在原訂之日後才會完成,但遺囑的內容在他生前或死後都不會遭到反對[364]。

6 若[365]上述中為金星或木星而非土星,應讓它們與月亮會合或位於上升,這代表遺囑的主人壽命未盡,且他將會再更改遺囑。

V.44:論月相、龍首、龍尾及其與買賣以及價格的關係

1 龍首被稱為往上揚升的而龍尾則被稱為往下墜落的。另外學者所稱「隱藏」的星座是指從獅子座到摩羯座(也就是黃道上下降的區域),而水瓶座到巨蟹座則為上升的區域[366]。

2 因此應檢視[367]:若月亮位於上升的區域[368]且運行數據增加,買家將以超出物品本身的價值的昂貴價購買。**3** 若月亮位於下降的區域且運行數據減少[369],此時買家將會以低於物品本身的價值的便宜價購買。

4 亦[370]應檢視月相。**5** 當月亮離開太陽光束下,來到太陽的左方與其形成四分相時,買賣雙方將可誠實與公平地交易,買方可以等

---

363 │ 見《結果》III,附錄B, **5**。

364 │ 附錄中此句之後還加上,若水星被凶星所傷則代表背叛。亦見於《摘錄》XLVI。

365 │ 見《結果》III,附錄B, **6**。

366 │《結果》引用都勒斯的內容中並未提及赤緯。它只提及黃緯的高低與速度的快慢。因此此處有關月亮交點的內容是正確的,但說它與赤緯相關則是錯誤的(至少就都勒斯原始的內容而言)。

367 │ 2-3見《結果》III.16, **11-13**。

368 │ 同樣,就都勒斯原始詩的內容而言,此處是指黃緯而非赤緯:第**3**句的「下降」亦然。

369 │ 此處都勒斯亦提到月亮減光。

370 │ 此段見《結果》III.16, **14-17**。

同物品價值的價格購買，不多也不少。**6** 若月亮從太陽左方的四分相
來到對分太陽的位置時，對賣方是有利的，對於在此時展開訴訟者
亦然。**7** 若月亮從對分太陽的位置來到太陽的右方與其形成四分相
時，對買方是有利的，而被告亦為誠實可信的。**8** 若月亮從太陽右方
的四分相來到太陽所在的位置時，則誠實且公平交易的一方可從中
獲利[371]。

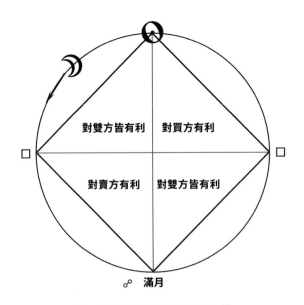

圖65：購買的月相（《詩集》V.44，**48**）[372]

---

371 | 更有可能的是（按都勒斯）：交易的價格是便宜的。
372 | 《結果》III.16引述了都勒斯的所有相關章節，此圖是按《結果》所理解的。

9《都勒斯占星學》第五冊終，全系列亦到此完結。**10** 以真誠之心讚美主，祈主賜福祂所選之祂的崇拜者，以及一切祂的先知與使者。

11 以上字句皆忠於原始的內容，我已竭誠心力確認，因主而有所成。

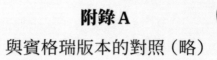

附錄 A
與賓格瑞版本的對照（略）

附錄 B
都勒斯擇時主題對照表

由於都勒斯在第五冊的擇時內容並未清楚地依照主題分類，為了讀者方便，我提供以下簡易的分類表作為參考：

一般性原則與建議	原則：V.2 – V.5 月亮：V.6 結果：V.29 總論：V.31	書信、教學與學習	寫作與教學：V.16 書信與報告：V.27
建造與毀滅	建築：V.7 – V.8 造船：V.24 – V.25	入獄	V.28
合約關係	租賃：V.9 買賣：V.10 購買土地：V.11 購買奴隸：V.12 購買動物：V.13 釋放奴隸：V.14 合夥關係：V.20 債務：V.21 價格：V.44	疾病與驅魔	附身：V.38 復元與原因：V.30 復元：V.32 醫療：V.39 手術：V.40 眼睛：V.41 關鍵日、復元：V.42
請求	請求與禮物：V.15	資產	V.33
婚姻與關係	婚姻與性：V.17 分手：V.18 墮胎／流產：V.19	訴訟與衝突	V.34
旅行	總論：V.22 啟程：V.35 回程：V.23 啟航：V.26 海上與陸上旅行：V.26	竊盜	V.36
		逃逸	V.37
		遺囑	V.43

附錄 C
都勒斯的《摘錄》

翻譯 © 2013 埃杜阿爾多·格拉馬格利亞
編輯 © 2017 班杰明·戴克

戴克的評論：以下69個希臘文作品《摘錄》片段，是由大衛·賓格瑞在梵蒂岡希臘文手稿（*Vaticanus Graecus*）1056號 238-241頁中發現的，並確認出自都勒斯。賓格瑞及伯內特將該內容列在《亞里士多德之書》（1997年）的附錄A中，而我最近則將此書翻譯為英文的《亞里士多德之書》，並收錄於《波斯本命占星》第一冊（*Persian Nativities I*）（2009）當中。這些確定源於都勒斯的句子大多數散見於以下七個來源中：

· 《詩集》（即本書）

· 以希臘文及拉丁文書寫的都勒斯的《片斷》（*Fragments*），列於賓格瑞在1976年出版的《詩集》的最後。

· 《亞里士多德之書》（見上述），為阿拉伯文著作，受到都勒斯及瑞托瑞爾斯的深遠影響。之後在十二世紀由雨果（Hugo of Santalla）翻譯成拉丁文。賓格瑞及伯內特在他們出版的該書拉丁文版本中提出，原著應為馬謝阿拉所寫，但我現在認為其內容應出自安達爾札嘎。他是一名波斯占星家，但我們對他幾乎一無所知[1]。

· 赫菲斯提歐的希臘文著作《結果》（*西元五世紀*）。羅伯特·修密特於1994及1998年分別將其前兩冊翻譯出版，而由格拉馬格利亞翻

---

1 | 請見我在2017年翻譯出版的薩爾的著作，其中對此有較詳盡的討論。

譯、由我編輯的第三冊則於2013年出版。

- 瑞托瑞爾斯的希臘文著作《占星摘要》（西元六至七世紀），由霍登在2009年翻譯成英文。

- 薩爾·賓·畢雪的《論本命》，此書與他的其它著作由我從阿拉伯文翻譯成英文並於2017年出版。

- 威尼斯的馬爾西阿努斯希臘文手稿645號（Venice, Marcianus Gr. 645）（原編號335號），編列於《希臘占星文獻總目》（Catalogus Codicum Astrologorum Graecorum）第二冊，第195-198頁，並由修密特於1995年翻譯出版（第1-6頁）。

《摘錄》的內容除了XVIII, **3**外，幾乎是以散文的方式書寫。正如格拉馬格利亞所提出的，除了XVIII及XIX之外，所有片段皆以*hoti*（that，等同於英文的「他說道」［he said *that*...］）開頭；其文法以及介副詞的使用，例如*gar*（since，「從」），亦清楚說明作者是從其它更為完整的來源所擷取而來的——不過究竟是從原始的希臘詩或其它來源則不得而知了。

I 1 若[2]土星為第二宮的主星，命主將因老年人、奴僕或已獲自由身的奴隸，或聲名狼藉之人而受苦，或因田野、農事、基地或墳墓之事而受到傷害。**2** 若為木星，將因國王的憤怒、傑出之人或國家之事而受苦。**3** 若為火星，將因軍人、戰爭的資源[3]、戰爭、掠奪、暴力、

---

2 | 此段見《詩集》I.29, **5-12**。

3 | *Aphormē*. 這個字通常是指開始或煽動衝突的所有事項，包括行動的基礎。

過錯、火災或搶劫所傷。**4** 若為太陽，將因父親[4]、祖先、皇家之事、借貸或國家之事受苦。**5** 若為金星，則傷害來自女人，或因女人之事受苦。**6** 若為水星，則因管理、會計、文件、家計管理或物品交換[5]而受累。**7** 若為月亮，起因[6]為母親或母親的母親。**8** 同時檢視第二宮星座的性質是雙體星座、野獸星座或人性星座。**9** 若凶星為其主星（亦即第二宮的主星）且位於凶宮，則傷害更甚。

II 1 若[7]月亮與金星會合，或彼此以四分相或對分相注視，女人之間將會產生嫉妒，因此總體而言她們將帶來混亂。

2 換句話說[8]，月亮和金星皆可代表妻子。

3 進一步來說[9]，若月亮和金星與土星會合，或位於土星主管的宮位且注視土星，將帶來失敗的婚姻，命主將鰥寡孤獨或被奴役，或與奴僕、年紀大者結婚，或有不名譽的婚約；有時亦可能帶來令人恥辱的婚姻或孤兒之間的婚姻。

III 1 此外[10]，若太陽與月亮對分，婚姻將充滿矛盾。

IV 1 若[11]代表財富的行星在太陽光束下，但即將在七日內升起，將可帶來祕密的財富，不為人所知。

4｜*Patrōos*. 或家園、遺產、傳統等等。
5｜*Dosolēpsia*. 通常是指任何形式的交換或施與受的活動。
6｜*Aphormē*，見第**3**句中的註解。
7｜見《詩集》II.4, **17** 及《亞里士多德之書》III.7.7, **2**。
8｜參見《詩集》V.17, **1**。
9｜見《詩集》II.4, **13**。
10｜參見《詩集》V.17, **38** 以及《結果》III.9, **25**。
11｜見《詩集》I.29, **22**。

V 1 若行星東出[12]，可讓事情顯現；若西入，則將掩蓋、隱藏。
2 若行星東出且受太陽注視，則關注[13]與披露[14]將更為明確，因為
太陽為事物顯現的原因，也代表任何公開的事物，他將一切帶到在
陽光下。

VI 1 行星[15]可主管特定人士[16]、事物以及特殊點。若行星位於下
降或地底的位置，代表迅速的改變以及提早死亡，尤其又有凶星注視
行星時。

VII 1 若賦予行動的行星位於太陽光束下，可讓下屬以及那些接
收命令的、領取工資的無名低下之人聽命行事。

VIII 1 若行星位於自己主管的宮位，界或擁有三分性，代表能
自我管理[17]，具自己的力量[18]以及顯著的事項。**2** 若行星位於自己的旺
宮，代表傑出、卓越與非同凡響。**3** 具旺宮力量的行星代表國王或權
威人士：因此，若賦予行動的行星亦在自己的旺宮，將受托從事王室
的工作，與國王同處，並因此享有利益。

IX 1 從上升到中天的象限可類比一個人的國家；從中天到下降
的象限則類比其它國家。

---

12 | *Anatolikos...dutikos.* 這個形容詞特別是指「關於」升起或沉落。此段可能僅僅是指在或不在太陽光束下。
13 | *Elegchos (elenchos).*
14 | *Phanerōsis.* 格拉馬格利亞：這個字通常是指行星的出現，但作者在此是用來代表其效果 (*effects*)。
15 | 亦見以下《摘錄》XV。
16 | *Prosōpōn.* 格拉馬格利亞：但此處也可能是指「外觀」。
17 | 格拉馬格利亞：因此是「自由的」(*autodespota*)。
18 | *Autexousia.*

X 1 當[19]火星、金星和水星與中天或上升不合意時，所有行動將遭遇挫敗與厄運。

XI 1 若[20]行星位於另一個行星主管的宮位，其作用[21]是混合的。

XII 1 木星[22]可理解為好名聲與顯耀；土星則為污穢、虐待、疲倦及困境。

XIII 1 第三宮及第九宮代表海外生活。**2** 吉星位於這兩個宮位將富有成效並帶來豐厚的利益；凶星則帶來傷害、損失並永居海外。

XIV 1 第三宮[23]代表手足或與命主親近之人[24]。**2** 若凶星在內則傷害將來自這些人與敵人。

XV 1 吉星[25]在西方降落處或地底，行動是虛弱的，即使是好事也不明顯，除非它們所在之處為其喜樂的宮位（此時可預示極端的好運或榮耀地死去）；若為凶星在這些宮位則代表疾病、流放[26]、傷害與苦難。

---

19 | 見《占星摘要》第82章（霍登，第134頁）。
20 | 見《占星摘要》第82章（霍登，第135頁）。
21 | *Energeia*, 亦即行星的行動或讓事情發生的能力。
22 | 見《占星摘要》第82章（霍登，第135頁）。
23 | 參見《詩集》I.23, **8**。
24 | *Philōn*.
25 | 亦見以上《摘錄》VI。
26 | *Sinos*, 或「損失」。

XVI 1 當行星的星相（phase）與所在宮位均屬於良好狀態時，命主應與其代表的人們成為好友。**2** 若為木星位於良好位置，與土星和火星並無形成四分相或對分相，可與國王或富人成為好友。

3 若為金星，則可與優秀的女性成為朋友，若金星位於雙魚座更是如此（因為她位於自己的旺宮）；若金星位於土星主管的宮位，命主將對年紀較大的女性較為關心；若位於水星的宮位，則將與女性暗通款曲，並暗地裡隨意與她們同床共枕[27]。

4 若水星位於良好位置，且未被土星和火星傷害，但與木星和金星形成證據，命主可與博學多聞之人、學者、商人、銀行家及學習赫密斯藝術者——例如運動員、摔跤手、教授法律之人——成為朋友；若水星位於土星主管的宮位，則這些人將較為年長；若位於火星的宮位，則為年輕人、軍人或國家領袖。

5 若凶星位於良好位置，在自己主管的宮位且注視吉星時，有時亦可產生友誼，然而這樣的友誼並不穩定，亦不安全。

6 同時[28]應檢視友誼點（Lot of friendship）（即月亮到水星的距離，再將此距離從上升點投射）與情欲點（Lot of Erōs）（日間為幸運點到精神點之距離，再將此距離從上升點投射；夜間的公式相反）；這兩者的主星將代表與什麼樣的人成為朋友。

XVII 1 若火星[29]支配水星，朋友將對命主造成干擾、傷害或對命主無禮，且大多數的時候對命主是有敵意的。**2** 相反，若水星支配火

---

27 | *Lathraios, euodos hupnos*（字面上的意思是「隱藏地、輕易地同寢」）。格拉馬格利亞：此處《結果》是將 *lathraios*（隱藏的、背叛的）與 *Lathria*——即阿芙羅狄蒂（她常與祕密的戀情或姦情有關）連結。因此，「暗地裡……同床共枕」等同於「未被發現的/祕密的戀情」。
28 | 參見都勒斯的《片斷》II.E, **3**。
29 | 所有《摘錄》中有關該主題的內容可參見都勒斯的《片斷》II.E, **12** 以及《結果》II.23（修密特，第73頁）。

星，命主將會以消耗或毀壞朋友所屬之物來傷害朋友，且對朋友欠下債務或以虛假的承諾來對待朋友所托之事[30]。

3 *以下是擁有良好友誼的星盤[31]，*

……當月亮位在同一星座，且有一顆吉星位於另一人的月亮上或以三分相注視著她；此外當雙方的幸運點位於同一星座，或其中一人的幸運點位於另一人的月亮上，或以三分相注視另一人的幸運點或月亮；同樣，若兩人的太陽位在同一星座，或其中一人的太陽位於另一人的月亮上，或以三分相注視月亮；另外，若其中一人的中天位於另一人的月亮之上，反之亦然；若雙方的月亮位於彼此的第十二宮或第六宮；或其中一人的月亮位於另一人的六宮，而另一人的月亮位於第一個人的十二宮；或雙方的發光體（譯註：指同區分的發光體）彼此注視（若位於聽見的星座更佳）。

XVIII 1 看見星座[32]是指相對於每一條回歸線而言距離相同的星座；聽見星座則是相對於二分點軸線而言距離相同的星座。**2** 若有凶星位於上述的星座將會帶來恨意與感情的匱乏。

3 此外，位於同一條帶上[33]的行星是和睦的，赤經上升時間相同的星座亦然[34]。

4 光照[35]的時間從牡羊座到處女座是增加的，從天秤座到雙魚座

---

30 | *Empisteuomena*. 或他們所相信之事（也許為他們委託命主之事）。
31 | 這只是都勒斯原始詩文中單獨的一句話。
32 | 參見都勒斯的《片斷》II.E, **13-14**。
33 | *Homozôna*. 亦即由同一行星主管的星座；因此牡羊座和天蠍座是和睦的。
34 | 這些星座與以上**1**所提的聽見星座相同。
35 | 參見都勒斯的《片斷》II.E, **15, 17**。

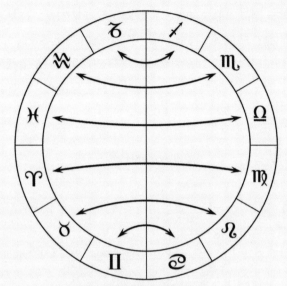

圖66：看見星座（《摘錄》XVIII, **1**）

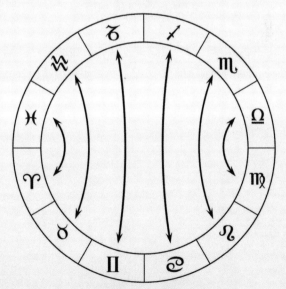

圖67：聽見星座（《摘錄》XVIII, **1**）

則是減少的（譯註：原文如此，但實際上這裡指的是：從牡羊座到處女座白天比黑夜時間長，從天秤座到雙魚座白天比黑夜時間短）。**5** 若月亮位於光照時間增加的星座，對友誼是有利的。**6** 這樣的星座即為下達命令的一方，而月亮位於光照時間減少星座之人，則為接受命令的一方。

論友誼的開始[36]：

XIX 1 欲[37]開始一段友誼，兩個發光體須彼此形成適當的連結，同時只應與吉星呈相位。

2 同時[38]應找出締結友誼的對象的對應行星。**3** 若開始友誼的對象為軍人，則應關注火星（火星的星相、位置與證據應是適當的）；若對象為人民的領導，應關注太陽；若為國王，則為木星；若為農夫，則為土星。

4 當[39]上升的年度循環[40]來到對方月亮所在的星座，即該年的上升星座與對方的月亮星座相同（或在不同星座，但剛好互為聽見星座或看見星座）[41]，可望在該年收穫最偉大的[42]友誼。

---

36 ｜此標題出現在第239頁的背面。

37 ｜都勒斯的《片斷》II.F, **5**。

38 ｜此句及下句見都勒斯的《片斷》II.F, **7**。

39 ｜見都勒斯的《片斷》II.F, **3-4**。

40 ｜此處應為上升小限在詢問那一年來到的星座。

41 ｜見《摘錄》XVIII, **1**。

42 ｜*Megistēn philian.* 格拉馬格利亞：此句的含義可能是「與有力人士交往」。但也可能是最好或最偉大的友誼形式。

論海外旅行[43]

XX 1 第三天[44]的月亮代表海外生活。**2** 若[45]月亮在第三天與火星會合，或與火星形成四分相或對分相[46]，或月亮落在火星主管的宮位，且月亮與火星形成星座相位，這些都可成為帶來海外生活的原因，若火星位於尖軸宮則可能性更大。**3** 若火星剛好位於自己主管的宮位且東出，並與東出的木星形成相位，海外生活是能帶來利益且有幫助的；但若在下降的宮位且在陌生的（alien，譯註：即外來的）星座，海外生活將會遭遇危險，而危險的來源則視星座的特質而定。**4** 若受土星注視，將會在國外待上很長的時間。**5** 另外，回歸星座（tropical signs，譯註：即巨蟹座與摩羯座）亦會帶來國外的生活，因此若發光體和凶星位於回歸線時，亦代表海外生活。

XXI 1 此外，若火星所在宮位的主星[47]位於陌生的星座，也會帶來海外的生活。**2** 若該主星遠離光束下，位於吉宮以及人性星座且受吉星注視，或本身即為吉星，海外生活是有幫助且幸運的；否則將會在國外受苦受難。

3 欲知海外生活將會如何，亦須檢視九宮主星的性質；包括九宮主星所在宮位、星座以及與其有所連結之行星。**4** 若[48]第九宮位於獸性星座或四足星座，而且其主星在下降的宮位並受到傷害，命主最

---

43 | 此標題出現在第239頁的背面。
44 | **1-2**句參見《詩集》I.12，**1** 和 **8**，亦見《結果》II.24（修密特，第75頁）。
45 | 從此處到此段的結尾見《亞里士多德之書》III.9.2，**1-5**。
46 | 格拉馬格利亞：另一個手抄本有「向他們」（to them）的字眼。
47 | *Ho tou Areôs topou kurios.*
48 | 參見《亞里士多德之書》III.9.2，**9**。

後將會移居海外。**5** 若[49]月亮剛好就在九宮但與凶星會合，或與凶星形成四分相或對分相，海外的生活將會是危險的。**6** 若命主的壽命短暫，他將死於國外，而他的遺體在死後會被送往其它國家；若命主是長壽的，他將在凶星的影響期結束後[50]返回本國。

XXII 1 古人[51]亦有從月亮論身體，從上升、金星和水星論靈魂的說法。**2** 若為詢問疾病的開始盤，並在其中發現上升、金星和水星受到傷害，可判斷病人將受腦部發炎之苦[52]。

XXIII 1 若凶星位於接續月亮的位置，同時位於中天及第八宮[53]「的中間」[54]，則代表跌落與毀滅，至於以何種方式則視星座的特質而定。

XXIV 1 東方[55]的宮位[56]代表年輕時期，是忙碌、有生產力的；南方為中年時期；西方為中年之後的時期；北方則為老年時期。

---

49 | 見《亞里士多德之書》III.9.2, **12**。

50 | 此處含有時間主星概念，可能與星座的赤經上升時間或行星的小年有關。

51 | 參見《詩集》IV.2, **11**。

52 | *Phrenitis.* 在古代醫學中這個說法普遍應用在許多種類的思想失調：譫妄、發狂等等。

53 | 我並不確定此處所謂何意。一開始我以為是指第九宮，即第八宮與第十宮的中間——但若是如此為何不直接說明為「第九宮」。原文的 *Metaxu* 常用來表示空間（介於）或時間（同時，之後）的副詞，因此也可能有另一種含義：月亮在中天或第八宮，而火星位於稍後的度數，但仍與月亮同星座，因此並不是指火星在續宮或「在月亮之後升起」的宮位。

54 | *En metaxu topō.* 見以上附註。

55 | 此句見《詩集》IV.5, **4-7**。

56 | *Aphēliōtikoi.* 亦即基本方位或東方象限（或以東風稱呼）。

2 若行星位於陌生的宮位且未注視自己的主管星座，它們的效用[57]會在國外完成[58]；但若位於或注視自己主管的宮位，則在自己的國家完成。

論藥物[59]

XXV 1 可在金星受剋時製作毒藥[60]、女性的魔法[61]以及建造喝酒的場所；水星則與書寫[62]，錯誤的指控以及奴僕有關。

XXVI 1 地底的尖軸宮與消失有關：若在此發現帶來終點[63]的行星，將代表默默地死亡。

XXVII 1 太陽光束下的星相將讓命主遭遇陷阱、背叛與隱藏；相反，在太陽光束之外的星相將帶來能見度，無一事能逃過覺察。

XXVIII 1 逆行的行星可將事物帶回[64]。

XXIX 1 蝕相所發生的宮位[65]將為所有的人帶來災害[66]。

---

57 | *Apotelousin.*
58 | 注意到這裡有*兩個*條件：行星是外來的*且*與自己主管的宮位不合意。
59 | 此標題出現在第239頁的背面或第240頁的前面。*Pharmakeia* 可代表一般的藥物，也可以特別指毒藥或巫術。
60 | *Pharmakeia.*
61 | *Gunaikomageia.*
62 | 從上下文來看，此處可能是指符咒，也可能是雕刻或繪製的護身符。
63 | *Tēn teleutēn.* 較直接的說法為「完成的事項」，但也「暗喻」死亡。
64 | *Palindromia.* 見《結果》III.47, **53**，但赫菲斯提歐認為這說法來自普羅達哥拉斯（Protagoras）。
65 | *Ekleiptikoi.* 也就是蝕相發生時所在黃道的位置；見《詩集》I.1, **9**。
66 | 參見修密特，1995年，第3頁。

XXX 1 固定盤[67]中行星的位置[68]是靜止不動的，但它們藉由過運——即入座（ingress）[69]——與初始[70]的行星位置形成相位形態：例如三分相、四分相以及對分相。

XXXI 1 當[71]行星的過運與其本命位置對分時是困難的時刻。**2** 若回到本命的位置亦為凶。**3** 若[72]土星或火星的過運與本命太陽或木星對分時更甚，將招致許多可怕的事：若土星與固定盤的月亮[73]對分時亦然。**4** 當日間盤[74]中的太陽或木星過運回到本命的位置，或與本命的位置對分，同時又遭本命或過運之火星傷害時，對命主是不利的；若為夜間盤，則土星傷害月亮時亦然。

XXXII 1 不僅[75]過運火星的星體進入[76]固定盤的太陽和木星[77]，或與太陽和木星對分會造成傷害，反之亦然：即過運太陽和木星的星體進入固定盤的火星位置，或與火星對分，命主亦將遭到危害，若上述過運的行星為停滯的，則更加凶險。**2** 不過[78]，在以上所謂的「進入」[79]之中，若凶星自初始盤[80]之外——即藉由進入——與產生災害

---

67 | *Pêxis*. 格拉馬格利亞：也就是本命盤。
68 | *Epochê*.
69 | *Epembasis*.
70 | 格拉馬格利亞：亦即本命的位置。
71 | 此段參見《詩集》IV.4, **2** 及之後的句子。
72 | 《詩集》裡的描述較為合理。亦即，過運的火星對於日間的本命木星或太陽會造成傷害，而過運的土星則對夜間的本命月亮造成傷害。
73 | 亦即本命的月亮。
74 | *Thema*.
75 | 此句參見《詩集》IV.4, **4** 及之後的句子。
76 | 這個動詞（*epembain*）在此篇為入座（*epembasi*）的意思，因此有可能是指過運的行星進入行星所在星座，而非只是其星體來到行星所在的度數而已。
77 | 見《摘錄》XXXI 以及在《詩集》IV.4, **4** 與其對應的句子，明確指出這是日生人的太陽／木星。
78 | 參見《詩集》IV.4, **6**。
79 | 在此同樣為「入座」的意思。
80 | 本命盤。

的星座形成三分相，凶險可望減輕。**3** 若過運與本命之間是不合諧的，將會造成極端的困難。

XXXIII 1 凶星[81]的右旋相位[82]已證明能讓傷害更為嚴重；但若有吉星前來幫助，這樣的相位形態能帶來富裕、榮耀與美德。

XXXIV 1 當[83]過運的月亮來到固定盤的火星位置將帶來難以預期的危險，尤其若木星和金星皆未注視她時。**2** 當過運的月亮進入[84]木星和金星且未逢凶星的注視時，可提振心情、帶來喜悅。**3** 若[85]過運的月亮進入火星或太陽的位置，而此刻的太陽或火星亦位在固定盤的月亮位置時，身體將因鐵器或其它傷害而濺血。

XXXV 1 若固定盤的吉星或其過運位於不具優勢的宮位，將會是虛弱的。

XXXVI 1 當[86]過運的月亮來到固定盤的金星位置時，若過運的火星亦與月亮（戴克補充：可能是與本命的月亮）會合，將引動基希拉女神[87]（Kytherean）的能量；但若為過運的土星則無法引動。

---

81 | 見《詩集》IV.4, **7**。
82 | 也就是本命的凶星在過運行星的右方形成四分相來支配過運的行星。
83 | 見《詩集》IV.4, **17**。
84 | 見《詩集》IV.4, **15**。
85 | 見《詩集》IV.4, **18**。
86 | 參見《詩集》IV.4, **19**。
87 | 阿芙羅狄蒂的另一別名，亦代表金星的特質。

XXXVII 1 當[88]月亮來到中天時可讓事物變得顯著。**2** 亦可從開始盤的月亮觀察竊賊[89]或逃逸者的下落。

XXXVIII 1 當[90]月亮來到西方降落的宮位時將引發來自敵人的傷害；若進入地底的宮位時將籌劃某種陰謀，或暗中處理應保密或隱藏的事項。

XXXIX 1 若[91]火星進入[92]與太陽之間的相位時，意味著火災或燃燒；也為父親帶來壓力。**2** 若火星進入月亮時，將為母親帶來傷害，也代表身體的傷害與損失。

XL 1 當[93]過運的木星進入本命火星時可傷害敵人，增加商業的交易[94]並獲得利益。

XLI 1 當[95]過運的水星進入本命的木星時，有利於會見統治者或領導。**2** 另一方面，當[96]土星的過運進入本命的水星時，將帶來背叛、陰謀、來自朋友與敵人的爭鬥；常見的還有家中的奴僕在行竊後逃逸，尤其會減少收入，增加行動上的阻礙。

---

88 ｜見《詩集》IV.4, **24**。
89 ｜ *Klopē.*
90 ｜見《詩集》IV.4, **25-26**。
91 ｜此段見《詩集》IV.4, **32-33**。
92 ｜也就是火星星體的過運，甚至包括進入太陽所在星座 (*epembasis*) 時；下一句亦然。
93 ｜見《詩集》IV.4, **35**。
94 ｜ *Praxis,* 或「工作、活動」等等。
95 ｜見《詩集》IV.4, **45**。
96 ｜參見《詩集》IV.4, **47** 及修密特，1995 年 (第4頁)，其中是指火星而非土星。

XLII 1 若過運的太陽進入金星將引發有關性[97]的事項。

XLIII 1 當[98]凶星來到四尖軸時是最為可怕的，因為上升代表生命，中天代表行動、生兒育女以及榮譽；下降代表老年及婚姻，而地底代表基礎、田地及所有祕密[99]事項。

XLIV 1 首先[100]，應觀察那顆分配[101]時間的行星的進入，無論是普遍性的還是特定性的[102]：因為行星的進入與此段時期的結果[103]有很大關係，無論是行星來到它們在固定盤中所主管的位置[104]，或來到巡行法（circumambulation）中其所主管的期間[105]。**2** 偉大的托勒密亦在其著作的第二冊、第三冊及第四冊談論此內容。

XLV 1 當[106]月亮在病人躺下的時刻[107]來到凶星的星座，而該星座在固定盤中剛好有吉星在內，則可稱病人雖病得很嚴重，但最終仍能脫離險境。**2** 而若月亮在躺下的時刻剛好來到第六、第十二、第八或第四宮，或月亮原本就在這些星座（固定盤中）[108]，且這些宮位又被凶

---

97 | Aphrodisiaka. 這個字一般是指娛樂，也就是金星的事項（特別是性的歡愉）。
98 | 見《詩集》IV.4, **51** 及 IV.5, **2**。
99 | Mystika. 其中亦可包括我們認知的「神祕」事項。
100 | 此段參見修密特，1995年，第6頁。
101 | Merizontos.
102 | 此處有幾種可能。前面的句子似乎是指時間主星（普遍性）及其次運期（特定性），但下一句卻似乎與界行配置法（可能是普遍性的）及過運（可能是特定性的）有關。
103 | Apotelesmata.
104 | 此處似乎是指行星的過運來到它們所主管的星座。
105 | 阿布·馬謝所描述的波斯系統中，這是指某段配置期的時間主星，其實際的過運來到該配置期所在的界上。例如，假設上升的配置來到射手座的木星界上（0° 到 12°）：當木星的過運在那幾年來到這個界時，會帶來更大的影響與事件。但另一方面，巡行法亦可能為小限法的同義詞，其中都勒斯是指（小限的）年主星進入該年小限的星座。
106 | 參見《詩集》V.32, **1-2**。
107 | Kataklisis. 在拉丁及英文的占星文獻中，這是指疾運盤（decumbiture）（來自拉丁文 decumb，「躺下」）。
108 | 亦即本命盤。

星所傷,病人將無藥可救。

XLVI 1 若水星為土星所傷將招致欺騙與背叛。**2** 此外,亦須注意借入資產的人,因為水星亦代表國內交易、安全、合夥與商業。

XLVII 1 月亮的四分相與對分相——即使包含吉星,亦為不利的。**2** 但若月亮來到與其四分或對分的位置,將帶來好的活動,因為它們都代表著有利的開始時間。

XLVIII 1 當[109]月亮與土星連結時,不僅代表緩慢與阻礙,亦代表傷害與損失;若與此同時無吉星注視月亮,其所代表之人將不會歸來。**2** 若[110]為土星及水星傷害月亮,則將有奸巧詭詐之事情發生,且它們將造成入獄或疾病。

XLIX 1 當[111]月亮與水星會合,逢木星以三分相或四分相注視,將可帶來福利、快速、優惠及禮物。

L 1 接續月亮的星座被稱為是危險與流血的。**2** 準確來說,應注意月亮與該星座——及與該星座四分及對分之星座——的連結,才能評論未來之事。

LI 1 當月亮來到本命木星或金星的位置,或與木星和金星形成

---

109 | 見《詩集》V.23, **13**。
110 | 見《詩集》V.23, **15**。
111 | 見《詩集》V.23, **20**。

三分相或四分相的同時，只有本命及過運的吉星注視月亮[112]，將為命主帶來禮物或善行；若月亮進入自己主管的宮位或吉星主管的宮位更佳。

LII 1 當行星與上升或月亮呈四分相，或進入上升或月亮的位置時，常帶來幸運或不幸的結果[113]：吉星帶來幸運，凶星則代表不幸；有時行星的過運來到或四分所問之事的代表行星時亦同此論。

LIII 1 回歸星座[114]是不穩定的；直行星座可讓事情及早完成[115]，是幸運[116]且穩定的[117]；扭曲星座則為祕密的、暴力的，但也是持續的、困難的；雙體星座則預示所問事項的結果將是一分為二的。

LIV 1 當[118]月亮來到與太陽對分的位置時將導致失和、爭議與戰爭。

LV 1 月亮在各類活動中都佔有一席之地，若論行動，除了中天之外，亦可從她得知一二。**2** 月亮[119]切莫與中天不合意，否則事件將提早結束，無法圓滿，尤其若兩顆吉星都不在尖軸宮時。**3** 以上的觀察由來已久。

---

112 ｜我的理解是月亮與本命及過運的凶星不合意。
113 ｜ *Apotelesmata.*
114 ｜見《詩集》V.2-V.4。
115 ｜ *Tachutelestos.*
116 ｜ *Eubolos*, 字面上的意思是「幸運地擲中靶心」。
117 ｜ *Aplanēs*, 字面上的意思是「不遊蕩」。
118 ｜見《詩集》V.6, **8**。
119 ｜參見《詩集》V.6, **14**。

LVI 1 月亮[120]可代表開始盤中首先發生的事；月亮的主星為最後發生的事。

LVII 1 在所有的情況下[121]，月亮的主星若位於上升之後的宮位，將使事情進展緩慢，尤其若月亮位於與太陽形成的最後的月相時。

LVIII 1 若[122]月亮離相位於凶星，入相位於吉星，僅對逃逸的奴隸有利。

LIX 1 若[123]月亮的主星注視月亮，無論是逃逸者或失竊之物皆可尋回；債權人亦將收回所借出的債務。

LX 1 直行星座代表法律的爭議[124]是簡單而誠實的；扭曲星座則為欺騙與邪惡的。**2** 亦須檢視行星的證據：是否受吉星或凶星所注視。

LXI 1 中天[125]永遠代表所問事項的行動[126]。**2** 因此[127]，應檢視中天及其主星與行星的連結，這將顯示採取什麼樣的行動。

---

120 | 見《詩集》V.6, **22**，及《結果》III.2, **8**。原來的詩句位於《片斷》V.5, **16-17**（《結果》III 的附錄E）。
121 | 見《詩集》V.6, **26**。
122 | 見《詩集》V.6, **28**。
123 | 見《詩集》V.37, **37** 及 V.21, **5**。
124 | *Prosionta.* 此處也有可能是指原告，或提出告訴者。
125 | 參見《結果》III, 2, **8**。
126 | *Praxis.*
127 | 參見《結果》III, 2, **8**。

論販售與購買

LXII 1 月亮[128]已經[129]離相位的行星為賣家；即將入相位的行星為買家；月亮本身代表販售的物品。**2** 從[130]另一觀點來看，上升為買家，下降為賣家，中天為價格，而天底為物品。

LXIII 1 當[131]過運的月亮行經星座的最後幾度時，代表交易的地方或事情將有所變化。

LXIV 1 若行星位於自己的旺宮或中天的位置，其所代表的事物或人將為誠實且評價高的，尤其是木星和金星；土星亦是誠實的，但同時也是骯髒或老舊的。**2** 若在壓抑或下降的位置，事物將會被貶損[132]。

LXV 1 若行星位於壓抑的宮位（譯註：即弱宮），其壽命是短暫的；但若於旺宮，生命將充滿活力[133]。

LXVI 1 逆行的行星與回歸星座對於旅行的歸程而言是適當的。

LXVII 1 在[134]開始盤中，與月亮聚集的行星顯示事情的開始或結

---

128 | 此句見《詩集》V.10, **1**。
129 | *Epechō*, 原字面上的意思為「保留」。
130 | 此句見《詩集》V.10, **6**。
131 | 參見《詩集》V.6, **13**。
132 | *Eutelizō*. 這個動詞特別源於便宜的意思，也就是讓事物變得廉價 (*euteleia*)。
133 | *Empsychos*，字面上的意思為「充滿了靈魂」。
134 | 此句參見《詩集》V.6, **27-29**。

果是否會較好：若月亮先與吉星聚集後再與凶星聚集，事情的開始是令人滿意的，但後續的發展將令人失望。

2 另一方面，若月亮位於上升且在上升星座的前15度內，代表事項可快速完成；但若於第二個15度內，完成的速度較為緩慢。

LXVIII 1 若[135]月亮位於太陽光束下，它的隱蔽對竊賊與逃逸者是有益的。

LXIX 1 當[136]月亮與太陽聚集或為滿月時，凶星所代表的人將更具破壞性，在其影響下，逃逸者雖然不會被發現，但將不得善終。

---

135 | 見《詩集》V.6, **4** 及 V.37, **76**。
136 | 見《詩集》V.37, **81-82**。

詞彙表

以下詞彙表匯集了目前為止我所翻譯的文獻中，古典占星各支派所使用的專有術語。有些術語還提供了希臘文或拉丁文的來源。定義中粗體字的部份代表該術語亦收錄在本詞彙表之中。

- 自……遠離（Absent from）：詳見**不合意**（aversion）。
- 意外事件（Accident）（拉丁文 *accidens*）。「降臨到」或「發生到」某人身上的事件，但是不必然是壞事。
- 進程增加（Adding in course）：詳見**進程**（Course）。
- 前進的（Advancing, advancement）（拉丁文 accedens）：行星落在**始宮**（Angle）和**續宮**（Succeedent）（但究竟是適用於**整星座宮位制**[Whole sign]還是**象限宮位制**[Quadrant division]則並不明確）且最好是以周日運動（Diurnal motion）的順時針方向往四個尖軸或**標樁**（**Stakes**）之一前進。反義詞為**退縮的**（**retreating**）和**撤離的**（**withdrawing**）。詳見《古典占星介紹》III.3及《緒論》（Introduction）§6。
- 吉宮（Advantageous places）：兩種**宮位**（houses）系統中的一種，它顯示出某些特定宮位中的行星或宮位所主管事項在星盤中更忙碌或更有益（III.4）。第一種是七吉宮系統，它以《蒂邁歐篇》（*Timaeus*）為基礎並記載於《占星詩集》中。它僅僅包括那些與**上升星座**（Ascendant）形成**整星座**（whole-sign）**相位**（aspect）的星座，並認為這些位置對**當事人**有益，因為它們注視上升星座。而第二種是八吉宮系統，它來源於尼切普索（III.4），包括所有的**始宮**（angular）和**續宮**（succeedent），指出了對於**行星本身**而言活躍並且有益的位置。
- 生命時期（Ages of man）：托勒密將標準的人的一生劃分為數段生命歷程時期，每段時期由不同的**時間主星**（time lords）主管。詳見VII.3。
- 友誼星座（Agreeing signs）：將星座分成幾組，每組內的星座相互之間

具有某種和諧的性質。詳見Ⅰ.9.5-6。

- **壽命主**（Alcochoden）：拉丁文對Kadukhudhāh的直譯，亦稱為**居所之主**（House-master）。

- **異鄉人**（Alien）：拉丁文alienus。詳見**外來的**（Peregrine）。

- **最強主星**（Almuten）：從拉丁文mubtazz翻譯而來，詳見**勝利星**（Victor）。

- **始宮**（Angels）、**續宮**（succeedents）、**果宮**（cadents）：將宮位分為三種類別，以此判斷行星在這些類別中呈現的力量與直接表現的能力。始宮為第一宮、第十宮、第七宮和第四宮，續宮為第二宮、第十一宮、第八宮和第五宮，果宮為第十二宮、第九宮、第六宮和第三宮（詳見下文**果宮**[cadent]）。但是在卜卦中，確切的宮位位置取決於判斷時使用**整個星座宮位制**（whole sign）還是**象限宮位制**（quardrant house），以及如何使用它們，尤其當古典文獻提到始宮或尖軸（pivot，希臘文kentron，阿拉伯文watad）的時候指的是（1）整個星座宮位制的**上升星座**（Ascendant）以及其他尖軸星座，或是（2）ASC-MC兩軸線所在度數，或是（3）以尖軸度數所計算的象限宮位制的始宮位置。詳見Ⅰ.12-13、Ⅲ.3-4及《緒論》§6。

- **映點**（Antiscia，單數形式為antiscion）：意思為「陰影投射」，就是指以摩羯座0°至巨蟹座0°為軸線，所產生的反射度數位置，例如巨蟹座10°的映點反射位置為雙子座20°。詳見Ⅰ.9.2。

- **（偏心／均輪）遠地點**（Apogee [of eccentric /deferent]）：意指行星在其**均輪**（deferent circle）的軌道上與地球相距最遠的位置；從地球上來看，則為這個位置投射在黃道上的度數。詳見Ⅱ.0-1。

- **拱點、拱點線**（Apsides, apsidal line）：意指地心天文學中，從行星**均輪**（deferent）軌道上的**遠地點**（apogee）連結至**近地點**（perigee），並

通過地球中心的一條直線。

- 入相位（Applying，application）：意指行星處於**連結**（Connection）的狀態下，並持續的運行以確實完成連結。當行星**聚集**（Assembled）在同一星座或是以整個星座形成**相位**(aspect)，卻未形成緊密度數的相位連結關係時，僅是「想要」去連結。
- 上升（Arisings）：詳見**赤經上升**（Ascensions）。
- 上升位置（Ascendant）：通常是指整個上升星座，但也經常會特別指上升位置的度數，在**象限宮位制**（quadrant house）中，也指從上升度數至第二宮始點的區域。
- 赤經上升（Ascensions）：係指天赤道上的度數，用來衡量一個星座或是一個**界**（bound）（或其他黃道度數間距）通過地平線時，在子午線上會經過多少度數。這經常會使用在以赤經上升時間作預測的技巧上，以計算**向運**（directions）的近似值。詳見附錄E。
- 相位（Aspect）：若作為動詞，詳見**注視**（look at）。若作為名詞，意指兩個事物之間的**相位形態**（configuration）（例如兩個行星之間或行星與星座之間）：詳見**六分相**（sextile）、**四分相**（square）、**三分相**（trine）、**對分相**（opposition）。亦參見**連結**（Connection）和**聚集**（Assembly）。
- 聚集（Assembly）：係指兩顆以上的行星落在同一星座中，並且若相距在15度以內則更為強烈（在阿拉伯文獻中偶爾亦可指新月時太陽與月亮的合相，不過這種情況下另一個術語**相會**[Meeting]更常被使用）。詳見III.5。
- 不合意（Aversion）：係指從某個星座位置起算的第二、第六、第八、第十二個星座位置。例如，由巨蟹座起算時，行星落在雙子座為巨蟹座起算的第十二個星座，因此為不合意於巨蟹座的位置。這些位置之所以不合意，是因為它們無法與之形成古典相位關聯。詳見III.6.1。
- 黃道起始點（Ayanamsha）：係指恆星黃道占星學中，黃道上的某個點或

度數作為黃道的起始點。**二分點**（equinoctial point）則為回歸黃道的兩個黃道起始點。

- Azamene：同「**慢性疾病度數**「（Chronic illness）。

- 凶星（Bad ones）：見**吉/凶星**（Benefic/malefic）。

- 禁止（Barring）：見**阻礙**（Blocking）。

- 舉止（Bearing）：拉丁文 habitude。源於兩果的術語，係指任何可能的行星狀態與相互關係。這些內容可以在III與IV中找到。

- 吉/凶星（Benefic/malefic）：係指將行星分成幾個群組，代表一般所認知的「好事」的行星（木星、金星，通常還有太陽與月亮）與「壞事」的行星（火星、土星），水星的性質則視狀況而定。詳見V.9。

- 善意的（Benevolents）：詳見**吉星/凶星**（Benefic/malefic）。

- 圍攻（Besieging）：同**包圍**（Enclosure）。

- 雙體星座（Bicorporeal signs）：同「雙元」星座（common signs）。詳見**四正星座**（Quadruplicity）。

- 阻礙（Blocking，有時稱「禁止」[prohibition]）：行星以自己的星體或光線阻礙另一顆行星完成某一連結（connection）。詳見III.14。

- 護衛星（Bodyguarding）：詳見**儀隊**（Spearbearing）。

- 界（Bounds）：係指在每個星座上分成不均等的五個區塊，每個界分別由五個**非發光體**（non-luminaries）行星所主管。有時候也稱為「terms」。界也是五種必然尊貴（Dignities）之一。詳見VII.4。

- 光亮度數、煙霧度數、空白度數、暗黑度數（Bright，somky，empty，dark degrees）：在黃道上的特定度數會使行星或上升位置的代表事項變得顯著或不明顯。詳見VII.7。

- 燃燒（Burned up）：有時也稱為「**焦傷**」（Combust）。一般而言係指行星位於距離太陽1°-7.5°的位置。詳見II.9-10與**在核心**（In the heart）。

- 燃燒途徑（Burnt path）：拉丁為via combusta。係指當行星（特別指月亮）落在天秤座至天蠍座的一段區域，會傷害其代表事項或無法發揮能力。有些占星家定義這個區域係從天秤座15°至天蠍座15°；另一些占星家則認為位於太陽的**弱宮**（Fall）度數——即天秤座19°，至月亮的弱宮度數——即天蠍座3°之間。詳見IV.3。

- 半日時（Bust）：係指從新月開始計算的特定小時，在擇時或採取行動時，一些時間被視為有利的，而另一些時間則是不利的。

- 忙碌的宮位（Busy places）：同**吉宮**（Advantageous places）。

- 果宮（Cadent）：拉丁文cadens，即「下降的」。通常有兩種含義：1) 一顆行星或一個宮位位於相對**尖軸**的果宮（即位於第三宮、第六宮、第九宮或第十二宮），或2) 相對於**上升位置**（Ascendant）的果宮（即不合意於上升位置，落在第十二宮、第八宮、第六宮或第二宮）。詳見 I .12、III.4及III.6。

- 基本星座（Cardinal）：同「啟動」星座（movable signs）。詳見**四正星座**（Quadruplicity）。

- 核心內（Cazimi）：詳見**在核心**（In the heart）。

- 天赤道（Celestial equator）：係指地球赤道投射至天空的一個大圈，為天球三種主要的坐標系統之一。

- 月相點（Centers of the Moon）：亦稱為「駐點」或「基點」。係指陰曆月中月亮與太陽形成角度時所在的點，代表天氣變化或下雨可能的時間。詳見《世界占星學》第一冊。

- 膽汁質（Choleric）：詳見**體液**（Humor）。

- 慢性疾病度數（Chronic illness [degree of]）：某些特定度數因為與特定的恆星有關，會顯示慢性疾病的徵象。詳見VII.10。

- 清除（Cleansed）：拉丁文 mundus。理想的狀態下是指行星與凶星

（malefics）**不合意**（aversion）之時（但有的占星師亦接受與凶星形成**六分相**[sextile]或**三分相**[trine]？）。

- 披覆（Clothed）：等同於一顆行星與其他行星**聚集**（Assembly）或形成**相位**（Aspect/regard），從而分享了（或「披覆」上）另一顆行星的特質。

- 光線集中（Collection）：係指兩顆行星已形成整個星座相位關係，卻無法形成入相位的**連結**（connection），而有第三顆行星與兩者均形成入相位關係。詳見Ⅲ.12。

- 焦傷（Combust）：詳見**燃燒**（Burned up）。

- 命令/服從（Commanding/obeying）：係指一種星座的分類方式，分為命令或服從星座。（有時會應用在配對盤[synastry]上），詳見Ⅰ.9。

- 雙元（共有）星座（Common signs）：詳見**四正星座**（Quadruplicity）

- 混合（Complexion）：主要指元素及其特質經混合之後產生某種效應。其次指遵循自然主義理論，由於行星的元素特質具有因果效力，因此行星相結合彼此會產生互動。

- 授予（Confer）：詳見**交付**（Handing Over）。

- 相位形態（Configuration）：星座之間彼此**注視**（look at）或**連結**（connect）而形成某種幾何關係。

- 星座相位（Configured）：形成整個星座**相位**（Aspect）的關係，而不必要形成以度數計算的相位關係。

- 行星會合（Conjunction [of planets]）：詳見**聚集**（Assembly）與**連結**（Connection）。

- 會合/妨礙（Conjunction /prevention）：係指在**本命盤**（Nativity）或其他星盤中，最接近出生時刻或星盤時刻的新月（會合）或滿月（妨礙）時月亮所在位置。以妨礙為例，有些占星家會使用月亮的度數，而另一些占星家則使用妨礙發生時落在地平線上的發光體所在度數。詳見Ⅷ.1.2。

- 連結（Connection）：當行星入相位至另一顆行星（在同一星座以星體靠近，或是以光線形成**整星座的相位**[configured]關係），從相距特定的度數開始直到形成精準相位。詳見Ⅲ.7。

- 征服者（Conquer）：拉丁文 *vinco*。一般而言等同於**勝利星**（victor），兩者源自相同的拉丁文字根。

- 轉變星座（Convertible）：同「啟動星座」。詳見**四正星座**（Quadruplicity）。但有時行星（特別是水星）被稱為可轉變的，因為它們的**性別**（Gender）會受到它們在星盤中所落位置的影響。

- 傳遞（Convey）：詳見**交付**（Handing over）。

- 敗壞（Corruption）：通常指行星受剋（詳見Ⅳ.3-4），例如與**凶星**（malefic）形成**四分相**（square）。但有時等同於**陷**（Detriment）。

- 建議（Counsel）：拉丁文consilium。詳見**管理**（Management）。

- 進程增加/減少（Course，increasing/decreasing in）：在應用時，這係指一顆行星的運行比平均速度更快。但在幾何天文學中，這與行星**本輪**（epicycle）的中心位於**均輪**（deferent）上的哪個**扇形區**（sector或nitaq）有關。（行星位於本輪上的四個扇形區中的哪一個也會影響它的視速度[apparent speed]。）在緊鄰行星**近地點**（perigee）的兩個扇形區中，行星看上去以更快的速度移動；而在緊鄰**遠地點**（apogee）的兩個扇形區中，行星會看上去以較慢的速度移動。詳見Ⅱ.0-1。

- 扭曲星座/直行星座（Crooked/straight）：係為一種星座分類方式，有些星座升起較快速，較為平行於地平線（扭曲的）；另一些星座上升較為慢速，且接近於地平線的垂直位置（直行的或筆直的）。在北半球，從摩羯座到雙子座為扭曲星座（但在南半球，它們是直行星座）；從巨蟹座到射手座為直行星座（但在南半球，它們是扭曲星座）。

- 跨越（Cross over）：當行星從精準**連結**（Connection）的位置，開始變

成**離相位**（Separate）。詳見Ⅲ.7-8。

- 光線切斷（Cutting of light）：係指三種狀況妨礙了行星產生**連結**（Connection），分別為由後面星座出現的**妨礙**（Obstruction）、在同一星座的**逃逸**（Escape）、**禁止**（Barring）。詳見Ⅲ.23。

- *Darījān*：係指一種由印度人提出的不同的**外觀**（Face）系統。詳見Ⅶ.6。

- 外表（Decan）：同「**外觀**」（Face）。

- 十宮壓制（Decimation）：**支配**（overcoming）的另一種說法，尤其指「**優勢四分相**」（Superior square）（亦即自某宮位或星座的第十宮注視的四分相）。

- 赤緯（Declination）：等同於地球上的緯度相對於**天赤道**（Equator）的位置。位於北赤緯的星座（自牡羊座至處女座）在黃道上向北延伸，而位於南赤緯的星座（自天秤座至雙魚座）向南延伸。

- 降落（Decline, declining）：希臘文 *apoklima*。等同於整個星座宮位制的**果宮**（cadence），但或許在有些阿拉伯文獻中是指**象限宮位制**（quadrant house）的果宮。

- 運行數字減少（Decreasing in number）：詳見**運行數字增加/減少**（Increasing/decreasing in number）。

- 均輪（Deferent）：係行星自身的**本輪**（epicycle）運行的軌道。詳見Ⅱ.0-1。

- 下降（Descension）：同「**弱**」（fall）。

- 陷（Detriment）：拉丁文 *detrimentum*，阿拉伯文意為「敗壞」（corruption）、「不良的」（unhealthiness）或「對立的」（opposite）。係指行星**廟宮**（Domicile）對面的星座。天秤座為火星入陷的星座。詳見Ⅰ.6與Ⅰ.8。

- 右旋（Dexter，「右方」[Right]）：詳見**左旋/右旋**（Right/left）。

- 直徑（Diameter）：同「**對分相**」（Opposition）。

- 尊貴（Dignity）：拉丁文為「有價值」（worthiness）。阿拉伯文 Hazz，代表「好運、分配（allotment）」。指行星（有時也包含**南北交點** [Node]）所分配主管與負責的五個黃道區域位置，通常會以以下順序排列：**廟**（Domicile）、**旺**（Exaltation）、**三分性**（Triplicity）、**界**（Bound）、**外觀**（Face/decan）。每項尊貴都有它自己的意義、作用及應用方式，並且其中兩種尊貴擁有對立面：與廟相對的是陷（Detriment），與旺相對的是弱（Fall）。其配置狀況詳見 I .3、 I .4、 I .6-7、Ⅶ.4；類比徵象的描繪詳見 I .8；應用廟與界作推運預測的方法詳見Ⅷ.2.1、Ⅷ.2.2f。

- 向運法（Directions）：係為一種預測推運的方法，托勒密定義此方法係依照半弧的比例推算，較使用**赤經上升**（Ascensions）（譯註：為希臘時期一種較為粗糙的向運法）更為精準。但此方法在推進的方式上仍有些紊亂，原因在於推進的天文計算方式與占星師對星盤的觀察之間存在差異：就天文角度來說，在星盤上的一個點（徵象星 [the significator]）被認為是靜止的，而其他行星（允星 [promittors]）及它們以度數計算的相位（或者是界 [Bound]）會被放出，就好像是天體以**主限運動**（Primary motion）持續運轉一樣，直至它們抵達徵象星的位置。而徵象星與允星之間相距的度數則會被轉換為生命的年歲；但從星盤觀察時，看起來像是徵象星沿著黃道的逆時針順序被**釋放**（Released）了，因此它可以經過不同的界的配置（Distributes），或與允星星體會合或形成相位關係。以**赤經上升**（Ascensions）推進採用的即為後一種觀點，儘管結果是一樣的。後世有些占星師認為，在古典的「順行」（direct）推進之外，也可以使用逆行（converse）推進來計算徵象星 / 釋放星到允星間的距離。詳見Ⅷ.2.2、附錄E與甘斯登（Gansten）的著作。

- 忽視（Disregard）：同「**離相位**」（Separation）。

- 配置法（Distribution）：係指**釋放星**（Releaser，經常就是指**上升位置** [Ascendant]的度數）**推進**（direction）經過不同的**界**（Bound）。配置的界**主星**（Lord）稱為「配置星」（distributor），而釋放星遇到哪顆行星的光線，那顆行星就是「搭檔星」（Partner）。詳見Ⅷ.2.2f與《波斯本命占星》第三冊。

- 配置星（Distributor）：係指由**釋放星**（Releaser）**推進**（directed）所至位置的**界主星**（Bound Lord）。詳見**配置法**（Distribution）。

- 日間（Diurnal）：詳見**區分**（Sect）。

- 區間（Division）：就**宮位制**（house）的理論而言，係指任何將每一象限（quarters）再分割成三個宮位的**象限宮位**（quadrant house）系統。亦與以**等式**(equation)來分割宮位的系統同義，而與**數字**（number）宮位系統為對立的概念。

- 場域（Domain）：係指建立在**區分**（Sect）與**陰陽**（Gender）基礎上的行星狀態。詳見Ⅲ.2。

- 廟（Domicile）：係指五種**尊貴**（Dignity）之一。黃道上的每個星座皆有其主管的行星，例如牡羊座由火星主管，因此火星就是牡羊座的廟**主星**（Lord）。詳見Ⅰ.6。

- 衛星（Doryphory）：希臘文 doruphoria，同**護衛星**（Bodyguarding）。

- 雙體星座（Double-bodied）：同「雙元星座」。詳見**四正星座**（Quadruplicity）。

- 龍首尾（Dragon）：詳見**南北交點**（Node）。

- 後退的（Drawn back）：拉丁文 *reductus*。等同於落在相對尖軸的**果宮**（Cadent）之中。

- Dodecametorion：同「十二分部」（Twelfth-part）。

- 十二體分（Duodecima）：同「十二分部」（Twelfth-part）。

- ***Dastūriyyah***：同**儀隊**（Spearbearing）。
- 東方（East）：拉丁文*oriens*。係指上升。一般而言是指上升星座，但有時則指上升度數。
- 東方/西方（就象限而言）（Eastern/western [by quardrant]）：係指行星位於四尖軸度數所劃分的**象限**（quadrants）方位。東方象限為**上升**（Ascendant）及**中天**（Midheaven）的度數之間以及**下降**（Descendant）和**天底**（Imum Caeli）的度數之間。西方象限則為中天和下降的度數之間以及天底和上升的度數之間。
- 東方/西方（就太陽而言）（Eastern/western [of the Sun]）：係指相對於太陽的位置，通常稱為「東出」（oriental）與「西入」（occidental）。它主要有兩種含義：（1）行星位於太陽之前的度數從而先於太陽升起（東出），或行星位於太陽之後的度數從而晚於太陽降落（西入）。但在古代的語言當中，這些詞彙也指「升起」（arising）或「沉落」（setting/sinking），以類比太陽升起和沉落：因此有時它們指的是（2）一顆行星脫離**太陽光束**（Sun's rays）而出現，或是隱沒沉入太陽光束之中，無論它位於相對太陽的哪一側（在我的一些譯著當中將此稱為「與升起有關的」[pertaining to arising]或「與沉落有關的」[pertaining to sinking]）。占星作者們並不總是對它的含義加以澄清，而且對於東西方的確切位置，不同的天文學家和占星家也有不同的定義。詳見Ⅱ.10。
- 偏心（Eccentric）：作為形容詞可形容「偏離」地球的中心；同時也是**均輪**（deferent circle）的同義詞，即行星運行模型中大圈（它亦有偏心的現象）。
- 黃道（Ecliptic）：係指由太陽沿著黃道帶運行的軌道，此軌道也被定義為黃緯0°的位置。在回歸黃道占星學中，黃道（以及黃道帶星座）的開端位於黃道與天赤道交會處。

- 擇時（Election）：字面含義為「選擇」（choice）。為採取某個行動或避免某些事情，而刻意選擇一個適當的起始時間。但占星師通常指的就是所選擇的時間的星盤。

- 元素（Element）：一組四種基本性質（火、風、水、土）。用來描繪物質與能量的運作方式，也用來描繪行星與星座的徵象與運作形態。它們通常由另一組四種基本性質（熱、冷、濕、乾）中的兩種來描繪。例如牡羊座是火象星座，性質是熱與乾的；水星通常被視為擁有冷與乾的（土象的）性質。詳見Ⅰ.3、Ⅰ.7和第五冊。

- 空虛（Emptiness of the course）：中世紀的定義是，當行星無法在它當下的星座內完成**連結**（Connection）。希臘占星的定義是，當行星無法在接下來的30°內完成連結。詳見Ⅲ.9。

- 包圍（Enclosure）：係指行星兩側的星座內或度數都有**凶星**（Malefic）（或相反，皆有**吉星**[Benefics]）的星體或光線落入。詳見Ⅳ.4.2。

- 本輪（Epicycle）：係指行星在均輪（Deferent）上所運行的圓形軌跡。詳見Ⅱ.0-1。

- 偏心勻速點（Equant）：托勒密天文學中，在外層空間進行測量的數學點。在偏心勻速點觀察，行星以恆定不變的速度運行。詳見Ⅱ.0-1。

- 偏差值/等式（Equation）：(1) 就天文學的理論，係指將行星的**平均運行/位置**（mean motion/position）加上該數值後即可轉換成**真實運行/位置**（true motion/position）。每個行星的偏差值都已經過計算並可在行星偏差值列表中找到。(2) 就宮位制的理論，它是指以精確計算與等式來劃分宮位區間的**象限宮位制**（quadrant house）體系；同義詞還有**區間**（Divison），而與其相對的則為以**數字**（number）來分宮的**整星座宮位制**（whole-sign houses）。

- 中心差（就行星而言）（Equation of the center［planetary theory]）：係指從行星的**偏心勻速點**（equant）上所觀察到的**本輪**（epicycle）的中心點（亦即行星**平均的位置**［mean position]），與從地球上觀測到的**真實的位置**（true position）所形成的角距。

- 中心差（就太陽而言）（Equation of the center［solar theory]）：係指**平均的太陽**（mean Sun）（我們認為太陽應該在的位置）與**真實的太陽**（true Sun）（我們實際測量到的位置）所形成的角距。

- 天赤道（Equator [celestial]）：地球赤道投射到天空中的大圓圈。緯度的投影稱為**赤緯**（Declination），經度的投影稱為**赤經**（right ascension）（自天赤道與**黃道**[Ecliptic]的交會點——牡羊座的開始起算）。

- 逃逸（Escape）：當一顆行星想要與第二顆行星**連結**（Connect），但是在連結未完成時，第二顆行星已經移行至下一個星座，所以第一顆行星便轉而與另一顆不相關的行星**連結**。詳見Ⅲ.22。

- 本質（Essence）：拉丁文 *substantia*。此乃延伸自亞里士多德的哲學論，係指行星或星座的基本特質，而這些特質能引發特定的效應（例如火星的本質代表火、鐵器、戰爭等等）。而這一術語常被翻譯成相對較不精確的「實質」（substance）一詞。

- 必然(尊貴)/ 偶然(尊貴)（Essential/accidental）：一種常見的區分行星狀態的方式，通常依據**必然**(尊貴)（Essential，詳見Ⅰ.2）高低與其他狀態，例如相位（aspect）（偶然尊貴）。多種偶然尊貴狀態詳見Ⅳ.1-5。

- 旺（Exaltation）：五種**尊貴**（Dignity）之一。行星（或者也包含**南北交點**[Node]）在此星座位置時，其所象徵的事物將會特別具有權威並得到提升，入旺有時專指落在此星座的某個特定度數。詳見Ⅰ.6。

- 極佳的宮位（Excellent place）：經常是指上升、中天和第十一宮這樣的**吉宮**（advantageous places）（也有可能就是特別指這三個宮位）。

- 外觀（Face）：五種**尊貴**（Dignity）之一，係從牡羊座為起點，以10°為一個單位，將黃道分為36個區間。詳見 I .5。
- 照面（Facing）：係指行星與**發光體**（Luminary）之間的一種關係，當它們各自所在的星座之間的距離與它們的**主管星座**（Domiciles）之間的距離相等時，例如獅子座（太陽所主管的星座）在天秤座（金星所主管的星座）**右側**（Right），當金星在**西方**（Western）且相距太陽兩個星座的位置時，則稱金星與太陽照面。詳見 II .11。
- 弱（Fall）：係指在行星入**旺**（Exaltation）星座對面的星座。詳見 I .6。
- 衰弱（Falling）：拉丁文 *cadens*。即**果宮**（cadent）之意，但究竟是就**象限宮位制**（quadrant division）的活躍度而言還是**整星座宮位制**（整宮制中亦稱為**降落**[declining]），則並不明確。
- 從……遠離（Falling away from）：等同於**不合意**（aversion）。
- 熟悉的（Familiar）：拉丁文 familiaris。這是一個很難定義的術語，它指的是一種歸屬感與緊密的關係。（1）有時它與**外來的**（peregrine）相反，一顆熟悉的行星即為某個度數或宮位的**主星**（Lord）（換句話說，它在那個位置擁有尊貴[dignity]）：因為尊貴代表歸屬。（2）有時它指一種熟悉的**相位**（Aspect）（或許特別是**六分相**[Sextile]或**三分相**[Trine]）：在星盤中，所有家庭成員的宮位都與**上升位置**（Ascendant）形成整星座相位。
- 法達（*Fardār*）：詳見**法達運程法**（*Firdāriyyah*）。
- 陰性（Feminine）：詳見**性別**（Gender）。
- 野生的（Feral）：同「**野性的**」（Wildness）。
- 圖形（Figure）：由一個**相位**（Aspect）所暗示的多邊形。例如，一顆落在牡羊座的行星與一顆落在摩羯座的行星雖然沒有真正形成**正方形**（Square），但它們暗示了一個正方形，因為牡羊座、摩羯座與天秤座、巨蟹座一起形成了一個正方形。詳見 III .8。

- 法達運程法（Firdārīyyah，複數形式為 firdārīyyāt）：為一種**時間主星**（Time lord）法，以每個行星主管不同的人生時期，每段時期再細分為幾個次要時期。
- 穩固的（Firm）：當指星座時，即**固定**（Fixed）星座，詳見**四正星座**（Quadruplicity）。當指宮位時，同「**始宮**」（Angles）。
- 固定星座（Fixed）：詳見**四正星座**（Quadruplicity）。
- 固定盤（Fixing）：希臘文 *pēxis*。詳見**根本盤**（Root）。
- 外國的（Foreign）：拉丁文 extrameus。通常等同於「**外來的**」（Peregrine）。
- 吉象（Fortunate）：通常係指一顆行星的狀態通過第四冊中所述的某一種**舉止**（Bearing）而變得更好。
- 吉星（Fortunes）：詳見**吉星/凶星**（Benefic/malefic）。
- 擺脫（Free）：有時指**清除**（Cleansed）**凶星**（Malefics）；也有時指脫離**太陽光束**（Sun's rays）。
- 性別（Gender）：係指將星座、度數、行星與小時分為陽性和陰性兩個類別。詳見 I .3、V .10、V .14、VII.8。
- 慷慨與利益（Generosity and benefits）：係指星座與行星之間的好關係，詳見III.26中的定義。
- 吉星（Good ones）：詳見**吉星/凶星**（Benefic/malefic）。
- 有利的宮位（Good places）：同「**吉宮**」（Advantageous places）。
- 管轄星（Governor）：係指針對某些主題或徵象有顯著影響或主導權的行星（例如蝕相的管轄星）；一般而言亦視為某種**勝利星**（victor）。
- 大年、中年、小年（Greater, middle, lesser years）：詳見**行星年**（Planetary years）。
- Halb：可能是**區分**（Sect）的波斯文，但是通常是指喜樂的狀態

（rejoicing condition）。對於**日間**（diurnal）行星而言，須與太陽同（上或下）半球；對於**夜間**（nocturnal）行星而言則位於太陽對面的半球。例如日間的土星在地平線上（因為此時太陽在地平線上）。詳見Ⅲ.2。

- 交付（Handing over）：係指一顆行星以入相位去**連結**（Connection）另一顆**接收**（Receiving）它的行星。詳見Ⅲ.15-18。

- Hayyiz：**場域**（Domain）的阿拉伯文，通常是加上性別區分狀態的Halb。詳見Ⅲ.2。

- 六邊形（Hexagon）：同「**六分相**」（Sextile）。

- Hīlāj：「釋放星」的波斯文，同「**釋放星**」（Releaser）。

- 盤踞（Hold onto）：雨果使用這個詞形容一顆行星落在一個**星座**（Sign）或在一個星座內**過運**（Transit）。

- 卜卦占星（Horary astrology）：即**詢問**（Questions）在較晚的歷史時期的名稱。

- 行星時（Hours [planetary]）：係指將白天與夜晚的小時分配給行星主管。白天（夜晚也是一樣）被劃分為12個小時，每一個白天或夜晚都由當天的日主星主管第一個小時，然後再以行星次序讓行星依次主管隨後的每個小時。例如，星期天由太陽主管日出後的第一個行星時，再來依次為金星、水星、月亮、土星等等。詳見Ⅴ.13。

- 宮位（House）：將星盤劃分為十二個區塊，其中每一個宮位象徵一個或多個人生領域。有兩種基本的宮位體系：（1）**整星座宮位制**（Whole-sign），即每一個星座為一個宮位；（2）**象限宮位制**（Quadrant house）。但在涉及尊貴和主管關係時，「宮位」等同於「**廟**」（Domicile）。

- 居所之主（House-master）：在拉丁文文獻中通常稱為**壽命主**（alcochoden），來源於波斯文kadukhudhāh。即壽命**釋放星**

（releaser）的主星之一，最好是**界主星**（Bound Lord）。詳見Ⅷ.1.3。但這個詞的希臘文同義詞（oikodespotēs）在希臘占星文獻中有多種應用，有時指**廟**（Domicile）**主星**（Lord），有時指上面提到的壽命行星，也有時指整張**本命盤**（Nativity）的**勝利星**（Victor）。

- **體液**（Humor）：係指身體內的四種體液（來自古代醫學之定義），依據體液的平衡決定身體健康與否以及**氣質**（Temperament）（包含外觀與能量水平）。膽汁質（choler）或黃膽汁質（yellow bile）與火象星座及易怒氣質（choleric temperament）有關；血液質（blood）與風象星座及樂觀氣質（sanguine temperament）有關；黏液質（phlegm）則與水象星座及遲鈍氣質（phlegmatic temperament）有關；黑膽汁（black bile）與土象星座及憂鬱氣質（melancholic temperament）有關。詳見Ⅰ.3。

- **壽主星**（*Hyleg*）：詳見**釋放星**（*Hīlāj*）。

- **天底**（IC）：詳見**下中天**（*Imum Caeli*）。

- **下中天**（*Imum Caeli*）：拉丁文係指天空最低的部份。即子午圈下半部投射在黃道的度數；在**象限宮位制**（quadrant house）中為第四宮的始點。

- **在核心**（In the heart）：通常在英文文獻稱為cazimi，行星位於太陽核心內，即當行星與太陽同度數（根據薩爾·賓·畢雪和瑞托瑞爾斯的說法），或行星與太陽在黃經上相距16分以內。見Ⅱ.9。

- **運行數據增加/減少**（Increasing/decreasing in calculation）：當行星在黃道上**真實的運行/位置**（true motion/position）比其平均位置更靠前時，就必須將其**平均運行/位置**（mean motion/position）的數據加上偏差值（equation），即運行數據增加。而當減去偏差值時，即運行數據減少。詳見《占星匯選》IV.3, 6。

- **運行數字增加/減少**（Increasing/decreasing in number）：係指行星

每日運行的速度（或至少是指行星的**本輪**[epicycle]中心的運行速度）看起來是加快（或減慢）的。當行星從**近地點**（perigee）向**遠地點**（apogee）前進時，由於離開地球愈來愈遠，其運行速度看起來是減慢的；若行星從遠地點向近地點前進，則因距離地球愈來愈近，其運行速度看起來是加快的。

- 指示者（Indicator）：當出生時間不確定時，某個度數可用來指出本命**上升位置**（Ascendant）的近似位置。詳見VIII.1.2。

- 內行星（Inferior）：係指在地球至太陽軌道間的行星：金星、水星、月亮。

- 凶星（Infortunes）：詳見**吉星/凶星**（Benefic/malefic）。

- *Ittisāl*：同「**連結**」（Connection）。

- 喜樂（Joys）：係指行星落在「歡喜」（rejoice）的地方，可以有所表現或是表現它們的自然象徵意義。喜樂宮位詳見 I .16，喜樂星座詳見 I .10.7。

- *Jārbakhtār*：係源於「時間的配置者」（distributor of time）的波斯文，同**配置星**（Distributor）。詳見**配置**（Distribution）。

- *Kadukhudhāh*：係源於「**居所之主**」（house-master）的波斯文，在拉丁文中通常譯為 alcochoden。

- *Kardaja*：係源於梵文 *kramajyā*。係指類似《天文學大成》（*Almagest*）的天文表中每一行之間的間隔。每一行起始於一個數值（稱為「變量」[argument]），而人們可從中找尋對應的數值來調校行星的位置。每一個變量之間的數字差或間隔就是一個 *kardaja*。單一的天文表中可能會根據不同的理論或準確度等等使用不同的數字差。有些文獻中的天文表則依照正弦函數來定義間隔的數字差。按哈希米（al-Hāshimī，1981年，第143頁）的說法，當行星來到本輪的最低**扇形區**（Sectors）時（靠近地球

而開始逆行時），其 *kardajas* 為「快」的。但這亦可能是指當行星在均輪上來到最低扇形區、靠近**近日點**（perigee）時。

- *Kasmīmī*：詳見「**在核心**」（In the heart）。
- 王國（Kingdom）：同「**旺**」（Exaltation）。
- 賞賜與償還（Largesse and recompense）：係指行星間的交互關係，當行星在其入**弱**（Fall）或在**井**（Well）中的位置而被另一顆行星解救，隨後當後者入弱或在井中時，前者回報以恩惠。詳見Ⅲ.24。
- 帶 領 主 星（Leader）：拉 丁 文 dux，等 同 於 某 個 主 題 的 **徵 象 星**（Significator）。阿拉伯文的「徵象星」的意義是，以指出通向某事物的道路來指示某事物：因此某一主題或事項的徵象星「帶領」占星師去找出答案。該詞彙為比較小眾的拉丁譯者所使用（例如雨果和赫曼）。
- 逗留（Linger in）：拉丁文 commoror。雨果使用這個詞形容一顆行星落在一個**星座**（Sign）或在一個星座內**過運**（Transit）。
- 寄宿之處（Lodging-place）：拉丁文 hospitium。雨果使用它作為宮位的同義詞，特別指佔據宮位的**星座**（Sign）。
- 注 視（Look at）：拉 丁 文 *aspicio*。係 指 行 星 或 宮 位 形 成 **六 分 相**（sextile）、**四分相**（square）、**三分相**（trine）或**對分相**（opposition）的**星座相位**（configured）或**相位**（aspect），詳見Ⅲ.6與整星座宮位制（Whole signs）。而**連結**（Connection）係指以較為緊密度數或容許度所形成的相位。而行星、宮位無法看見或注視到彼此的情形則稱為**不合意**（aversion）。
- 往下注視（Look down upon）：為**支配**（overcoming）的同義詞，尤其是指**十宮壓制**（decimation）。
- 年主星（Lord of the Year）：係指**小限**（Profection）的**廟主星**（Domicile Lord）。依據波斯的學說，太陽與月亮不會成為主要的年主星。詳見

VIII.2.1、VIII.3.2及附錄F。

- 主星（Lord）：係指定一顆行星主管某種**尊貴**（Dignity），但有時直接用這個詞代表**廟主星**（Domicile Lord）。例如，火星是牡羊座的主星。

- 詢問主星（Lord of the question）：在卜卦盤中，**詢問事項**（Quaesited）的**宮位**（House）之主星。但有時它指的是客戶或提出問題的**詢問者**（Querent）。

- 特殊點（Lot）：有時會稱為「特殊部位」（Parts）。係以星盤中三個組成部分的位置計算出的比例所對應的位置（通常以整個星座去看待這一位置）。一般來說，會按照黃道順序計算其中兩個組成部分位置的間距，然後再以第三個組成部分的位置（通常是ASC）為起始點，將這個間距向前投射，即得到所計算的特殊點的位置。特殊點既可以用在星盤的解讀中，也可以用在預測中。詳見第六冊。

- 幸運的／不幸的（Lucky/unlucky）：詳見**吉星／凶星**（Benefic/malefic）。

- 發光體（Luminary）：係指太陽與月亮。

- 凶星（Malefic）：詳見**吉星／凶星**（Benefic/malefic）。

- 惡意的（Malevolents）：詳見**吉星／凶星**（Benefic/malefic）。

- 管理權（Management）：這一通用術語係指一顆行星如何藉由代表某一主題來「管理」這個主題。最典型且最簡單的方式為行星在彼此之間藉由**入相位**（applying）來「交付」和「接收」管理權。詳見III.18。

- 陽性（Masculine）：詳見**性別**（Gender）。

- 最大中心差（Maximum equation）（就太陽而言）：係指**中心差**（equation of the center）的最大值，在**平均的太陽**（mean Sun）與**拱點線**（apsidal line）垂直時產生。

- 平均的運行／位置（Mean motion/position）：係指假設行星以勻速運行

時，在**偏心勻速點**（equant）所測量的運行或位置。與之相對的概念為**真實的運行/位置**（True motion/position）。

- 平均的太陽（Mean Sun）：為一整年中環繞著地球運行、平行於**真實的太陽**（true Sun）的一個虛構的點。平均的太陽代表我們期望太陽以完美的圓形軌道繞行地球時的所在位置。它將與真實的太陽在**遠地點**（apogee）與**近地點**（perigee）交會。

- 相會（Meeting）：新月時太陽與月亮的合相，亦即在星體上產生**連結**（connection）。

- 憂鬱質（Melancholic）：詳見**體液**（Humor）。

- 中天（Midheaven）：係指由**上升星座**（Ascendant）起算的第十個星座，也指天球子午線（celestial meridian）所在的黃道度數。

- 首長星（Minister）：為**管轄星**（Governor）的同義詞。

- 啟動星座（Movable signs）：詳見**四正星座**（Quadruplicity）。

- *Mubtazz*：詳見**勝利星**（Victor）。

- 變動星座（Mutable signs）：同「雙元/共有」星座（common signs）。詳見**四正星座**（Quadruplicity）。

- *Namūdār*：同「**指示者**」（Indicator）。

- 命主（Native）：係指出生星盤的所有者。

- 本命盤（Nativity）：確切的詞義就是出生，但占星師用來稱呼以出生時刻繪製的星盤。

- 九分部（Ninth-parts）：係指將每個星座分為九等份，每個等份為3°20′，每個等份由一顆行星主管。有些占星師會在**週期盤**（Revolution）判斷中加入此方法做預測。詳見VII.5。

- 貴族（Nobility）：同「**旺**」（Exaltation）。

- 夜間（Nocturnal）：詳見**區分**（Sect）。

- 南北交點（Node）：係指行星向北黃緯運行時與黃道的交會點（稱為北交點[North Node]或龍首[Head of the Dragon]），以及向南黃緯運行時與黃道的交會點（稱為南交點[South Node]或龍尾[Tail of the Dragon]）。通常只考慮月亮的南北交點。詳見Ⅱ.5與Ⅴ.8。

- 北方/南方（Northern/southern）：係指行星位於黃道帶的南北緯上（相對於黃道位置），或是指行星位於南北赤緯（相對於天赤道）。詳見Ⅰ.10.1。

- 不容納（Not-reception）：係指一顆行星落在它所**入相位**（Applying）之行星入**弱**（Fall）之處。

- 數字（Number）：就宮位制而言，係指整星座宮位制（亦即每個宮位都配有一個數字）；這與**象限宮位制**（quadrant houses）（以**區間**[division]或**等式**[equation]來分割宮位）為對立的概念。這個術語亦使用在計算行星位置時，詳見**運行數字增加/減少**（Increasing/decreasing in number）。

- 斜升（Oblique ascensions）：通常用於**赤經上升**（Ascensions）時間或主限**向運法**（Directions）的預測推算上。

- 妨礙（Obstruction）：係指當一顆行星前移至第二顆行星（想要與其完成**連結**[Connection]），但落在較後面度數的第三顆行星卻**逆行**（Retrograde）先與第二顆行星完成連結，再與第一顆行星完成連結。詳見Ⅷ.3.4。

- 西入（Occidental）：詳見**東方/西方**（Eastern/Western）。

- 門戶洞開（Opening of the portals/doors）：係指天氣變化或下雨的時間，可由特定的**過運**（Transit）來判斷。詳見Ⅷ.3.4。

- 對分相（Opposition）：係指**整星座宮位制**（Whole Sign）或以度數計算的一種**相位**（Aspect），形成此相位的兩顆行星彼此落在相距180°的星座

上：例如，落在牡羊座的行星與落在天秤座的行星形成對分相。

- 最優宮位（Optimal place）：詳見**極佳的宮位**（Excellent place）。

- 容許度/星體（Orbs/bodies）：拉丁文稱「容許度」（orb），阿拉伯占星師稱「星體」（body）。係指每個行星在星體或其位置兩側產生能量或影響力的範圍，以此決定不同行星間交互影響的強度。詳見Ⅱ.6。

- 東出（Oriental）：詳見**東方/西方**（Eastern/Western）。

- 支配（Overcoming）：係指一顆行星落在自另一顆行星起算的第十一、第十、第九個星座（也就是在優勢的**六分相**[Sextile]、**四分相**[Square]或**三分相**[Trine]的位置），然而落在第十個星座被視為更具支配力或更具優勢的位置。詳見Ⅳ.4.1及《波斯本命占星》第三冊之《緒論》§15。

- 擁有光（Own light）：係指（1）一顆行星為與星盤同**區分**（Sect）的（見Ⅴ.9），或者（2）一顆行星脫離**太陽光束**（Sun's rays）並且尚未與其他行星產生**連結**（Connection），因此它閃耀著自己的光芒，沒有受到其他行星的**披覆**（Clothed）影響。

- 特殊部位（Part）：詳見**特殊點**（Lot）。

- 搭檔星（Partner）：係當**推進的釋放星**（directed releaser）**配置**（distributed）經過不同的**界**（Bound）時，其星體或光線遇到的行星。但在某些源於阿拉伯文的譯作中，指某位置的任何一顆**主星**（Lords）。

- 外來的（Peregrine）：係指行星在所落位置上五種**尊貴**（Dignity）全部都不具有。詳見Ⅰ.9。

- 近地點（Perigee）：行星**均輪**（Deferent）上最接近地球的位置；從地球上觀察，它位於黃道上的某個度數；它與**遠地點**（Apogee）相對。詳見Ⅱ.0-1。

- 不當的（Perverse）：拉丁文perversus。雨果偶爾使用這一詞彙指代（1）凶星以及在**整星座宮位制**（Whole-sign）下**不合意**（Aversion）於**上升位**

置（Ascendant）的**宮位**（Places）：確切地說是第十二宮和第六宮，或許還有第八宮，也可能還有第二宮。

- 黏液質（Phlegmatic）：詳見**體液**（Humor）。
- 缺陷度數（Pitted degrees）：同「**井度數**」（Welled degrees）。
- 尖軸（Pivot）：同「**始宮**」（Angle）。
- 宮位（Places）：同「**宮位**」（House），且更為常見（也更為古老）的說法是指**整個星座制**（Whole-sign）宮位，即**星座**（sign）。
- 行星年（Planetary years）：在不同的條件下，行星象徵著不同的年數。詳見Ⅶ.2。
- 部份（Portion）：拉丁文 *pars, portio*。一般而言等同於度數，但有時也指度數所在的**界**（bound）。
- 佔有（Possess）：雨果使用這個詞形容一顆行星落在一個**星座**（Sign）或在一個星座內**過運**（Transit）。
- 駐紮點（Post）：**標樁**（stake）或**始宮**（angle）。有時亦翻譯成**點**（centers），例如**月相點**（centers of the Moon）。
- 月駐點（Posts of the Moon）：詳見**月相點**（Centers of the Moon）。
- 妨礙（Prevention）：詳見**會合/妨礙**（Conjunction/prevention）。
- 主限向運法（Primary directions）：詳見**向運法**（Directions）。
- 主限運動（Primary motion）：係指天空以順時針方向自東向西運動。
- 小限法（Profection）：拉丁文 *profectio*，即「前進」（advancement）、出發（set out）。為流年預測的一種方法，以星盤的某個位置（通常是上升位置[Ascendant]）為始點，每前進一個星座或30°，即代表人生的一年。詳見Ⅷ.2.1、Ⅷ.3.2及附錄F。
- 禁止（Prohibition）：同「**阻礙**」（Blocking）。
- 允星（Promittor）：字面含義是某事物被「向前發射出去」。係指

推進（Directed）至**徵象星**（Significator）的某個點，或徵象星**釋放**（Released）或推進所到達的某個點（取決於觀察推進的角度）。

- 推進（Pushing）：詳見**交付**（Handing over）。
- Qasim/qismah：見**配置星**（Distributor）與**配置法**（Distribution）。
- 象限（Quadrant）：係指天空被地平線及子午圈──亦即**上升－下降**（Ascendant-Descendant）以及**中天－天底**（Midheaven-IC）的兩個軸線所切分的四個部份。
- 象限宮位制（Quadrant houses）：係指將天宮圖劃分為十二個區間，它們與十二星座交疊，並被賦予不同的人生主題，也以此衡量力量（例如普菲力制[Porphyry]、阿拉恰比提爾斯的半弧制[Alchabitius Semi-Arcs]或雷格蒙坦納斯制[Regiomontanus]）。舉例來說，如果中天（MC）落在第十一個星座，從中天至上升位置的空間便被分隔為幾個區間，這些區間會與星座有重疊的部分，但兩者的起止位置卻不相同。詳見Ⅰ.12與《緒論》§6。
- 四正星座（Quadruplicity）：係指一種星座的分類方式，以四個（fourfold）具有共同行為模式的星座作為一組。啟動（movable，或基本[cardinal]，或轉變[convertible]）星座的共同特質為快速形成新的狀態（包括季節），這些星座為牡羊座、巨蟹座、天秤座、摩羯座。固定（fixed，有時也稱堅定[firm]）星座的共同特質是事物會穩定且持續，這些星座為金牛座、獅子座、天蠍座、水瓶座。雙元（common，或變動[mutable]，或雙體[bicorporeal]）星座的共同特質就是轉變，且同時具備快速變化及固定的特質，這些星座為雙子座、處女座、射手座、雙魚座。詳見Ⅰ.10.5。
- 詢問事項（Quaesited/quesited）：係指**卜卦占星**（Horary）中，所詢問的事項。

- 詢問者（Querent）：係指在**卜卦占星**（Horary）中，提出問題的人（或代表提問者的那個人）。

- 詢問/卜卦（Questions）：占星學的一個分支，針對所詢問的單獨的事項起星盤作答。

- 容納（Reception）：當A行星向B行星**交付**（hand over）或**入相位**（Applying）於B行星時，尤其是當它們之間有**尊貴力量**（Dignity）的關聯，或是來自不同形態的**友誼星座**（Agreeing sign）形成**三分相**（Trine）或**六分相**（Sextile）時，B行星的行為即為容納。例如，如果月亮入相位於火星，火星就會接收或容納她的入相位。詳見Ⅲ.15-18及Ⅲ.25。

- 反射（Reflection）：當兩顆行星彼此為**不合意**（Aversion）的關係時，有第三顆行星可**集中**（Collect）或**傳遞**（Transfer）它們的光線。如果它將光線集中，那麼它就會向別處反射光線。詳見Ⅲ.13。

- 逆轉（Refrenation）：詳見**撤回**（Revoking）。

- 關注（Regard）：詳見**相位**（Aspect）。

- 釋放星（Releaser）：係為**向運法**（Direction）的關鍵點，通常為兩個發光體、上升位置、幸運點、出生前的新月或滿月五者之一。在判斷壽命時，釋放星通常為上述五者之中的**勝利星**（victor）。

- 遠離的（Remote）：拉丁文為remotus。同「**果宮**」（Cadent）。詳見**始宮**（Angle）。但另見《判斷九書》§7.73，烏瑪·塔巴里（或是雨果）在此闡述了「在果宮」與「遠離的」兩者之區別，可能譯自阿拉伯文的撤離（withdrawing）與衰弱（falling）。

- 提交（Render）：係指一顆行星向另一顆行星或位置**交付**（hand over）。

- 退縮的（Retreating）：係指行星落在果宮的位置。詳見Ⅲ.4、《緒論》§6及**始宮**（Angle）。

- 逆行（Retrograde）：係指相對星座與恆星而言，行星看起來是後退或是

順時針方向移動的。詳見Ⅱ.8及Ⅱ.10。

- 太陽回歸盤/月亮回歸盤（Return，Solar/Lunar）：同「**週期盤**」（Revolution）。

- 返還（Returning）：被**燃燒**（Burned up）或**逆行**（Retrograde）的行星得到另一顆行星交付（hand over）。詳見Ⅲ.19。

- 撤回（Revoking）：當行星欲入相位**連結**（Connection）時，卻停滯或即將轉為**逆行**（Retrograde），因此無法完成連結。詳見Ⅲ.20。

- 週期盤（Revolution）：有時稱為一年的「迴圈」（Cycle）或「轉移」（Transfer）或「改變」（Change-over）。以定義來說，係為太陽回歸黃道的特定位置之時刻的上升位置與其他行星**過運**（Transit）所至的位置：以本命盤為例，即為他準確地回到本命盤中的位置的時刻；以世運占星為例，通常指太陽回到牡羊座0°的位置。但通常判斷週期盤需合併其他預測方法，例如**配置法**（Distribution）、**小限法**（Profections）以及**法達運程**（Firdārīyyah）。詳見《波斯本命占星》第三冊。

- 赤經（Right ascensions）：指**天赤道**（celestial equator）上的度數（如同地理經度），特別是以此計算子午線所經過的度數去推算**赤經上升**（Ascensions）與**向運法**（Direction）之弧角。

- 右方/左方（Right/left）：右方（或稱「右旋」[dexter]）指就一顆行星或一個星座而言，較靠前的黃道度數或**相位**（Aspect），到**對分相**（opposition）為止。左方（或稱「左旋」[sinister]）就是位於黃道上靠後的度數或相位。舉例來說，如果行星落在摩羯座，它的右方相位會在天蠍座、天秤座和處女座，它的左方相位會在雙魚座、牡羊座和金牛座。詳見Ⅲ.6。

- 根本盤（Root）：指一張星盤是另一張星盤的基礎；根本盤特別描述了事物所具有的某些獨特之處。例如，**本命盤**（Nativity）為**擇時盤**

（Election）的根本盤，因此在確定擇時盤時，一定要讓它與本命盤調和。

- 安全的（Safe）：指一顆行星未受到傷害，尤其是沒有與**凶星**（Malefics）形成**聚集**（Assembly）、**四分相**（Square）及**對分相**（Opposition）。詳見清除（Cleansed）。

- 年主星（Sālkhudhāy/sālkhudāh）：來自波斯文。同「**年主星**」（Lord of the year）。

- 血液質（Sanguine）：詳見**體液**（Humor）。

- 灼傷（Scorched）：詳見**燃燒**（Burned up）。

- 次限運動（Secondary motion）：係指行星順著黃道的逆時針方向運動。

- 區分（Sect）：希臘文 *hairēsis*。係指一種將星盤、行星及星座區分為「日間」（diurnal/day）與「夜間」（nocturnal/night）的方式。若太陽在地平線上即為日間盤，反之則為夜間盤。行星的區分方法詳見 V .11。陽性星座（例如牡羊座、雙子座等）為日間區分，陰性星座（例如金牛座、巨蟹座等）為夜間區分。

- 扇形區（Sector）：將**均輪**（Deferent）或**本輪**（Epicycle）劃分為四部分，用於確定行星的位置、速度、可見度及其他特徵。詳見 II .0-1。

- 看見（See）：請見**注視**（look at）。

- 看見、聽見、聽從星座（Seeing，hearing，listening signs）：這些星座相似於**命令/服從星座**（Commanding/obeying）。詳見 I .9.6 所附的兩張圖，它們是亞歷山大的保羅的版本。

- 離相位（Separation）：係指當兩顆行星已經以**相位**（Aspect）或是**聚集**（Assembly）完成**連結**（Connection）之後逐漸分開。詳見 III .8。

- 六分相（Sextile）：係指以**整星座制**（Whole Sign）或以容許度計算的一種相位（Aspect），形成相位的兩顆行星彼此落在相距 60° 的星座——例如牡羊座與雙子座。

- 分配（Share）：通常等同於**尊貴力量**（dignity），有時亦指**區分**（sect）。
- 輪值/轉移（Shift）：（1）等同於阿拉伯文nawbah，即「**區分**」（Sect），不僅指日間和夜間的交替，也指夜間或日間時間段本身。太陽是日間時段或日間區分的主星，而月亮是夜間時段或夜間區分的主星。（2）在世運占星學中則為轉移（阿拉伯文的intiqāl），指木土大會合每約200年（回歸黃道）或220年（恆星黃道）就從一組三方星座轉移到另一組三方星座。
- 星座（Sign）：將黃道劃分為十二個30°區間，以它們曾經大致重合的天文星座命名。在回歸黃道占星學中，十二星座以黃道與天赤道的交會點（即太陽位於二分點的位置）為起始點。在恆星黃道占星學中，星座的起始點依據其他法則確定。
- 徵象星/代表因子（Significator）：係指（1）星盤中的某個行星或位置代表某個主題的事物（無論是透過它的自然特徵，或是宮位位置，或是主管關係等），或是（2）在**主限向運法**（Primary Direction）中所**釋放**(Released)的點。
- 國王徵象星/代表因子（Significator of the king）：在世運的始入盤中，代表國王或政府的**勝利星**（victor）。
- 左旋（Sinister）：即「**左方**」（Left）。詳見**右方/左方**（Right/left）。
- 奴役（Slavery）：同「**弱**」（Fall）。
- 君權（Sovereignty）：拉丁文*regnum*。同「**旺**」（Exaltation）。
- 儀隊（Spearbearing）：係指行星的相互關係，某些行星能保護其他行星，應用在決定社會地位與顯耀度上。詳見III.28。
- 四分相（Square）：係指以**整星座制**（Whole Sign）或以容許度計算的一種**相位**（Aspect），形成相位的兩顆行星彼此落在相距90°的星座──例如牡羊座與巨蟹座。
- 標樁（Stake）：同「**始宮**」（Angle）。

- 月下世界（Sublunar world）：以古典宇宙觀來看，此為在月球下的四大**元素**（Element）的領域。
- 續宮（Succeedent）：詳見**始宮**（Angle）。
- 太陽光束（Sun's rays，Sun's beam）：在較早期的占星學中，等同於相距太陽15°距離，因此一顆在太陽光束下的行星在黎明或黃昏都無法被看到。但後來將其區分為燃燒（Burned up）（距離太陽大約1°至7.5°）以及僅僅在光束下（距離太陽大約7.5°至15°）。
- 外行星（Superior）：係指比太陽更遠的行星，包括土星、木星和火星。
- 至高地位（Supremacy）：拉丁文regnum。雨果以此指「**旺**」（Exaltation），戴克在翻譯中有時使用它代替更確切的「**君權**」（Sovereignty）一詞。
- 配對盤（Synastry）：係比較兩個或兩個以上的星盤，以此判讀適合度，經常應用在情感關係或朋友關係上。詳見《亞里士多德之書》Ⅲ.7.11、Ⅲ.12.7。
- Tasyīr：阿拉伯文的「派遣」（dispatching）、「發送」（sending out）。同「**主限向運法**」（Primary directions）。
- 氣質（Temperament）：係指**元素**（Element）或**體液**（Humor）的綜合（有時也稱為「氣色」[complexion]），由此可判斷一個人或一顆行星的典型行為模式、外觀和能量水準。
- 證據（Testimony）：自阿拉伯占星學開始，這便是一個定義不太明確的術語，可以指（1）一顆行星在某個宮位或度數擁有**尊貴力量**（Dignity），也可以指（2）行星在它所落位置（或在其他行星所落位置）擁有尊貴的數量，或者指（3）行星與某個位置**聚集**（Assembly）或形成**相位**（Aspect），或者（4）泛指行星以任何一種形式與當下的卜卦盤相關聯。例如一顆行星為**上升位置**（Ascendant）的**旺**（exalted）主星，同時又注

視（look at）上升位置，或許可以說有兩個證據表明它與卜卦盤的上升位置是相關聯的。

- 四角形（Tetragon）：同「**四分相**」（Square）。

- 意念推測（Thought-interpretation）：在解答具體的**卜卦盤**（Question）之前，用來辨別**詢問者**（Querent）心中所想的事項主題的方法，通常使用**勝利星**（Victor）判斷。詳見《心之所向》。

- 時間主星（Time Lord）：依據一種古典預測技法，一顆行星會主管某些時間段。例如，**年主星**（Lord of the Year）就是**小限法**（Profection）的時間主星。

- 傳遞（Transfer）：係指一顆行星**離相位**（Separate）於另一顆行星，並與其他行星**連結**（Connect）。詳見Ⅲ.11。

- 過運（Transit）：一顆行星（以星體或以精準度數的**相位**[Aspect]）經過另一顆行星或敏感點，或經過某個星座（即使是與某些相關的點形成**整星座**[Whole sign]相位的關係）。在古典占星中，並非每個過運都會產生顯著徵象。例如，**時間主星**（Time Lord）的過運或落在**小限**（Profection）星座的**整星座尖軸**（whole-sign angles）的行星之過運，比其他行星的過運更重要。詳見Ⅷ.2.4及《波斯本命占星》第三冊。

- 轉換（Translation）：同「**傳遞**」（Transfer）。

- 穿越（Traverse）：拉丁文 *discurro*。雨果用這個詞形容一顆行星位於或正在以**過運**（transiting）經過一個**星座**（Sign）。

- 三角形（Trigon）：同「**三分相**」（Trine）。

- 三分相（Trine）：係指以**整星座制**（Whole Sign）或以容許度計算的一種**相位**（Aspect），形成相位的兩顆行星彼此落在相距120°的星座——例如牡羊座與獅子座。

- 真實的運行/位置（True motion/position）：係指將**行星平均運行/位置**

（mean motion/position）加上各種**偏差值**（equations），計算得到的從地球測量的行星運行或位置。

- 真實的太陽（True Sun）：係指從地球上觀測太陽位於黃道的位置。

- 輪替（Turn）：係為運程預測術語，指不同的行星輪流成為**時間主星**（Time Lord）。詳見VIII.2.3中提到的一種輪替的用法，以及《世界占星學》第二冊中關於世運輪替的闡述。不過它偶爾也泛指在一張星盤中行星們如何扮演某一特定角色：例如如果上升主星為土星，代表X；如果為木星，代表Y；如果為火星，代表Z；等等。該詞也可能是指行星週期相關的方法，它們在其中扮演**時間主星**的角色。

- 迴避（Turned away）：同「**不合意**」（Aversion）。

- 轉變星座（Turning signs）：就雨果的用法而言，這等同於啟動星座：詳見**四正星座**（Quadruplicity）。但也進一步特指回歸黃道系統中的巨蟹座和摩羯座兩個黃道星座，因為這是太陽從它的赤緯極值掉轉方向的位置。

- 十二分部（Twelfth-parts）：係指將一個星座以2.5°的間隔再細分，每一個間隔與一個星座對應。例如雙子座4°的十二分部即巨蟹座。詳見IV.6。

- 兩部分星座（Two-parted signs）：同「**雙體星座**」（Double-bodied signs）或「**雙元星座**」（Common signs）。詳見**四正星座**（Quadruplicity）。

- 在光束下（Under the rays）：係指行星與太陽相距大約7.5°至15°之間，無論是在太陽升起之前升起或是在太陽沉落之後沉落，它都無法被看到。有些占星家為不同的行星細分了不同的間距（更具有天文學的精確性）。詳見II.10。

- 凶象（Unfortunate）：通常係指一顆行星的狀態通過IV中所述的某一種**舉止**（Bearing）而變得更糟。

- 不幸的（Unlucky）：詳見**吉星/凶星**（Benefic/malefic）。
- 直立的（Upright）：形容中天—天底的軸線落在第十宮與第四宮，而非第十一宮與第五宮，亦非第九宮與第三宮。
- 燃燒（Via combusta）：詳見**燃燒途徑**（Burnt path）。
- 勝利星（Victor）：係指在某個主題或**宮位**（House）（Ⅰ.18）上或是以整個星盤而言（Ⅷ.1.4），最具權威代表性的行星。另見《心之所向》，戴克在其中分辨了找出主管一個或更多個位置的最權威行星（「主管」位置的勝利星）的步驟，以及找出滿足特定條件的候選者清單之成員（諸多位置「之中」的勝利星）的步驟
- 空虛（Void in course）：同「**空虛**」（Emptiness of the course）。
- 井度數（Well）：係指行星落於某個度數會使它的作用變得模糊不明。詳見Ⅶ.9。
- 西方（Western）：詳見**東方/西方**（Eastern/western）。
- 整個星座宮位制（Whole sign）：係指最古老的分配人生主題的宮位系統，以及相位（Aspect）關係。以落於地平線的整個星座（即**上升星座**[Ascendant]）作為第一宮，第二個星座為第二宮，以此類推。同樣，也是以整個星座的關係去判斷相位關係：例如落在牡羊座的行星會與落在雙子座的行星形成整星座相位，如果兩者之間形成緊密度數的相位影響會更強烈。詳見Ⅰ.12、Ⅲ.6及《緒論》§6。
- 野性行星（Wildness）：係指一顆行星於所在星座與任何其他行星都未形成**相位**（Aspect）關聯。詳見Ⅲ.10。
- 撤離（Withdrawal）：同「**離相位**」（Separation）。
- 天文表（*Zij*）：源自波斯文的阿拉伯文，係指藉以計算天體位置或其他數據的表格。托勒密的《天文學大成》（*Almagest*）可被認為是一種天文表。

參考文獻

Al-Bīrūnī, Muhammad bin Ahmad, *The Book of Instruction in the Elements of the Art of Astrology*, trans. R. Ramsay Wright (London: Luzac & Co., 1934)

Al-Nadīm, Muhammad b. Ishaq, trans. and ed. Bayard Dodge, *The Fihrist of al-Nadīm: A Tenth-Century Survey of Muslim Culture* (New York and London: Columbia University Press, 1970)

Brennan, Chris, *Hellenistic Astrology: The Study of Fate and Fortune* (Denver: Amor Fati Publications, 2017)

Burnett, Charles, and David Pingree eds., *The Liber Aristotilis of Hugo of Santalla* (London: The Warburg Institute, 1997)

Catalogus Codicum Astrologorum Graecorum [CCAG], Vols. I-XII (Brussels: Henri Lamertin 1898-1936)

Dorotheus of Sidon, *Carmen Astrologicum*, trans. David Pingree (Abingdon, MD: The Astrology Center of America, 2005)

Dykes, Benjamin trans. and ed., *Introductions to Traditional Astrology: Abū Ma'shar & al-Qabisi* (Minneapolis, MN: The Cazimi Press, 2010)

Dykes, Benjamin trans. and ed., *Persian Nativities* vols. I-III (Minneapolis, MN: The Cazimi Press, 2009-10).

Dykes, Benjamin trans. and ed., *The Book of the Nine Judges* (Minneapolis, MN: The Cazimi Press, 2011)

Dykes, Benjamin, trans. and ed., *Astrology of the World I: The Ptolemaic Inheritance* (Minneapolis, MN: The Cazimi Press, 2013)

Dykes, Benjamin, trans. and ed., *The Astrology of Sahl b. Bishr* Vol. 1 (Minneapolis, MN: The Cazimi Press, 2017)

Hephaistio of Thebes, *Apotelesmatics* vols. I-II, trans. and ed. Robert H.

Schmidt (Cumberland, MD: The Golden Hind Press, 1994 and 1998)

Hephaistion of Thebes, trans. Eduardo Gramaglia and ed. Benjamin Dykes, *Apotelesmatics Book III: On Inceptions* (Minneapolis, MN: The Cazimi Press, 2013)

Holden, James H., *A History of Horoscopic Astrology* (Tempe, AZ: American Federation of Astrologers, Inc., 2006)

Hugo of Santalla, *Liber Aristotilis* (published by Dykes as *The Book of Aristotle*), in Dykes, trans. and ed., *Persian Nativities I* (Minneapolis, MN: The Cazimi Press, 2009)

Maternus, Firmicus, *Mathesis*, trans. and ed. James H. Holden (Tempe, AZ: American Federation of Astrologers, Inc., 2011)

Maternus, Julius Firmicus, *Matheseos Libri VIII [Mathesis]* (Stuttgart: B.G. Teubner, 1968)

Pingree, David and E.S. Kennedy eds., *The Astrological History of Māshā'allāh* (Cambridge, MA: Harvard University Press, 1971).

Pingree, David, "Māshā'allāh's (?) Arabic Translation of Dorotheus," in *La Science des Cieux: Sages, mages, astrologues*, Res Orientales Vol. XII (1999) pp. 191-209.

Pingree, David, trans. and ed., *The Yavanajātaka of Sphujidhvaja* Vols. I-II (Cambridge, MA and London: Harvard University Press, 1978)

Ptolemy, Claudius, Tetrabiblos vols. 1, 2, 4, trans. Robert Schmidt, ed. Robert Hand (Berkeley Springs, WV: The Golden Hind Press, 1994-98)

Ptolemy, Claudius, *Tetrabiblos*, trans. F.E. Robbins (Cambridge and London: Harvard University Press, 1940)

Rhetorius of Egypt, *Astrological Compendium*, trans. and ed. James H. Holden (Tempe, AZ: American Federation of Astrologers, Inc., 2009)

Schmidt, Robert trans. and Robert Hand ed., *Dorotheus, Orpheus, Anubio, & Pseudo-Valens: Teachings on Transits* (Berkeley Springs, WV: The Golden Hind Press, 1995)

Schmidt, Robert, *The Astrological Record of the Early Sages in Greek* (Berkeley Springs, WV: The Golden Hind Press, 1995)

Stegemann, Viktor, *Die Fragmente des Dorotheos von Sidon Vol. 1* (Heidelberg: Selbstverlag von F. Bilabel, 1939)

Theophilus of Edessa, trans. Eduardo Gramaglia and ed. Benjamin Dykes, *Astrological Works of Theophilus of Edessa* (Minneapolis, MN: The Cazimi Press, 2017)

Valens, Vettius, *Anthologies*, trans. Mark Riley (unpublished; circulated publicly as a PDF)

Valens, Vettius, *The Anthology*, vols. I-VII, ed. Robert Hand, trans. Robert Schmidt (Berkeley Springs, WV: The Golden Hind Press, 1993-2001)

西頓的都勒斯：占星詩集（烏瑪·塔巴里譯本）
Dorotheus of Sidon: Carmen Astrologicum
The 'Umar al-Tabarī Translation

作　　者｜班傑明·戴克 (Benjamin N. Dykes)
翻　　譯｜陳紅穎
審　　譯｜韓琦瑩、郜捷
編　　輯｜郜捷

版　　權｜郜捷
總 編 輯｜韓琦瑩
發 行 人｜韓琦瑩

出　　版｜星空凝視文化事業股份有限公司
發　　行｜星空凝視文化事業股份有限公司
銀行帳號｜【台灣】玉山銀行 (808) 成功分行
　　　　　收款帳號：0510-940-159890
　　　　　收款戶名：星空凝視文化事業股份有限公司
　　　　　【大陸】招商銀行上海常德支行
　　　　　收款帳號：6232620213633227
　　　　　收款戶名：魚上文化傳播（上海）有限公司
訂購服務｜skygaze.sata@sata-astrology.com
地　　址｜11049 臺北市信義區莊敬路 186 號
服務信箱｜skygaze.sata@sata-astrology.com

美術設計｜張曉君
印　　刷｜佳信印刷有限公司
總 經 銷｜星空凝視文化事業股份有限公司

二版一刷｜2023 年 11 月
定　　價｜980 元

ISBN 978-986-98985-1-5
有著作權·翻印必究

國家圖書館出版品預行編目 (CIP) 資料

西頓的都勒斯：占星詩集（烏瑪·塔巴里譯本）／班傑
明.戴克 (Benjamin N. Dykes) 編著；陳紅穎譯. -- 初版.
-- 台北市：星空凝視文化事業有限公司, 2021.03
432 面；15X21 公分

譯自：Dorotheus of Sidon : Carmen Astrologicum: the
'Umar al-Tabarī translation

ISBN 978-986-98985-1-5（平裝）
1. 占星術
292.22　　　　　　　　　　　　　　　109018401